한국의
1000원짜리
땅 부자들

어제도 내일도 부자들은 다 이들 중에 나온다!

한국의 1000원짜리 땅 부자들

김장섭·윤세영 지음

트러스트북스

저자들과의 인터뷰

10배 100배 수익률,
1000원짜리 땅 투자에 대해서 말하다

"인간의 지능은 창고에 보관된 화약이다. 화약은 자체적으로 점화할 수 없다. 반드시 외부에서 제공되는 불꽃이 있어야 한다." –〈톰 소여의 모험〉 작가 '마크 트웨인'

새로운 기록을 달성하는 선수들도 따라쟁이다. 하늘 아래 새로운 것은 없다. 누구를 베낄 것인가? 어떻게 베낄 것인가? 결국 제대로 베끼기(Copycat)도 실력이다. 새로운 기회는 기존 시장의 중심부에 있는 것이 아니다. 그 시장의 변방에 존재한다. 새로운 상품을 창조하려면 기존에 있던 카테고리에서 출발하여 변방으로 밀고 간다. 기존 카테고리에 기반을 두면서도, 그 경계의 가장자리에 최대한 가깝게 위치시킨다. 그러면서 기존 경계를 끊임없이 밀고 나간다. 기존 카테고리에서 분화하여 새로운 카테고리를 만들어낸다. 중심을 흔드는 것은 중심에 있지 않고 변방에 있다. 투자 세계에서도 동일한 법칙이 적용된다.

주변에서 아파트로 10배 수익을 냈다고 하는 사람은 보지 못했다. 하지만 땅 투자로 10배 수익을 냈다고 하는 이야기는 심심치 않게 들을 수 있다. 이제 아파트, 오피스텔, 상가 투자에서 땅으로 건너가 보자. 우리가 희망의 꿈을 접지 않고 시간이란 자본을 잘 활용한다면 아직도 10배, 100배 수익률이 남아있는 투자처는 많다. 그런 사례들과 방법들을 정리했다. 인터뷰 말미에는 잘 된 서울구경이 남산 전망대에서 시작하듯 대한민국 미래지도를 그린 고 김석철 교수님에게 대한민국 국토개발의 큰 그림[빅 픽처; big picture]을 배운다.

책을 기획한 윤장래가 묻고, 저자들이 답하다.

인터뷰어:기획총괄 윤장래
인터뷰이:김장섭(조던), 윤세영(농지오케이)

−부동산 전방위 실전투자 전문가 조던 김장섭
−40년 경력 토지(농지, 산지) 투자전문가 농지오케이 윤세영

왜 땅을 사야 하나요?

땅(토지)을 사는 이유는 땅을 통해 돈을 번 사람이 많기 때문입니다. 물론 주택을 통해서도 돈을 벌고 상가를 통해서도 돈을 벌었습니다. 하지만 땅을 통해 돈을 번 사람이 훨씬 큰 금액을 벌었다는 사실에 주목해야 합니다. 땅은 정해진 가격이 없습니다. 반면 주택이나 상가는 정해진 가격이 있습니다. 주택은 특히 국토교통부 실거래가 시세나 서울부동산정보광장 등에서 실거래 가격을 알 수 있습니다.

예를 들어 1억짜리 아파트라면 1000만원에 살 수 없고 그렇다고 100억에 팔 수도 없습니다. 즉 싸게 살 수도 비싸게 팔 수도 없죠. 결론적으로 큰돈을 벌 수 없다는 뜻입니다. 그러나 땅은 다릅니다. 실거래가라는 것 자체가 고무줄과 같습니다. 공시지가라는 것이 있기는 하지만 어떤 땅은 공시지가보다 1/10의 가격에도 살 수 있고 어떤 것은 공시지가의 10배에 팔리기도 합니다. 실거래가라는 것 자체가 없다고 봐야 합니다.

평당 1,000원에 사서 평당 100만원에 파는 것도 가능합니다. 즉 1,000배가 오르는 것도 가능하다는 얘기죠. 그러나 주택은 어디 그렇습니까? 예를 들어 서울 마포 망원동에 빌라를 내가 전세 2억을 끼고 일반매매로 실투자금 5,000만원을 들여서 2억5천만원에 샀습니다. 그런데 10년이 지나고 그 빌라가 100억이 될 것이라고 생각하는 사람이 있을까요? 없습니다. 적은 돈을 들여서 많이 오를 수 있는 것이 땅(토지)입니다. 그래서 부자가 되려면 꼭 땅(토지)을 사야 합니다.

월급쟁이도 땅에 투자할 수 있나요?

오 서기(주무관)는 시골 면사무소에 근무하는 공무원입니다. 농사짓는 집안에서 태어나 고향 면사무소에서 근무하게 되었습니다. 결혼하고 분가할 때 다른 사람들처럼 땅 한 떼기 받지 못하고 그저 집 한채 받아 살림을 시작하였습니다. 어려서부터 농사를 해왔으므로 이웃 주민들에게 주변에 있는 농지를 임대하여 3천여평의 농사를 지으면서 근무했습니다. 봉급으로는 생활비와 농사 경비를 충당하고 새벽이나 저녁은 물론 휴일에도 틈나는 대로 농사일을 했습니다.

가을에 추수하면 55가마 정도 쌀을 수확하게 됩니다. 도지(임대료)로 15가마를 주고 40가마 정도 남았습니다. 벼를 농협에 수매하거나 도정해서 쌀로 팔면 대략 600만원 정도 수입을 올릴 수 있었습니다. 농사짓는 비용을 적금을 붓듯이 투자하여 연말에 목돈을 타는 투자를 한 것입니다. 이렇게 농사를 짓다 보니 내 땅에 대한 욕심이 났습니다. 그동안 봉급과 농사를 지어 얻은 돈 1천만원 정도가 모이자 6천만원 정도 하는 농지를 경매로 낙찰 받아 내 땅을 마련한 것입니다. 부족한 돈은 대출받았습니다. 수확 후에는 몇 년간 대출금을 갚아 나가고 다시 돈이 생기면 땅을 사고 이렇게 투자를 반복하고 있습니다.

1,000원짜리 땅으로 부자가 정말 가능할까요?

1,000원짜리 적은 돈으로 땅 부자가 되어 잘살고 싶다면, 세 단계를 따라해야 합니다. 우선, 부동산은 물론 경제 전반에 대하여 평상시 꾸준하게 관심을 갖고 흐름을 파악할 줄 알아야 합니다. 다음으로는, 부자로 잘 살고 싶다면 한푼 두푼 푼돈을 아껴서 종자돈 즉 투자자금을 마련해야 할 것입니다. 끝으로, 기회가 되면 투자를 실천하고 자식 키우듯이 잘 보듬고 가꾸고 키워서 꾸준하게 수익을 얻거나 달라고 하는 사람들에게 넘겨주고 자산 이득을 취하면 됩니다.

하루 1,000원씩 모으면 한 달이면 30,000원이 되고 1년이면 365,000원이 됩니다. 언제 모아서 부자 꿈 이루겠느냐고 할 것입니다. 그러나 우리 주변에는 비록 이렇게는 아니지만 유사하게 실천하여 땅을 가진 사람들이 있습니다. 부동산에 관심을 갖고 취미생활을 하면서 차근차근 종자돈을 모으면서 살다보면 경제의 흐름도 알게 되고 주변에 좋은 사람들이 많아져서 투자의 기회가 주어지게 될 것입니다.

부자들의 답변입니다. "돈 생기면 땅을 사둔 것이 어느 날 큰돈이 되었다." "작은 돈도 아껴 쓰고 한푼 두푼 조금씩 모았다가 어느 정도 돈이 모이면 땅을 산 것밖에는 없다." 비결치고는 단순합니다.

나는 지금도 젊은이들이나 투자자들을 만날 때면 근검절약하고 작은 돈을 소홀히 하지 말고 꾸준하게 관심을 갖고 부동산 정보와 지식을 축적하고 종자돈과 투자자금을 준비하다가 기회가 주어지면 투자를 실천하라고 말합니다. 아무리 좋은 씨앗도 뿌리지 않으면 결실을 거두지 못하고, 아무리 좋은 씨앗도 아무 때나 아무 곳에나 뿌려서는 제대로 거둘 수 없습니다.

농지오케이 윤세영, 농지업무 담당공무원에서 부동산전문가로 변신

나의 멘토Mentor, 이李 사장님과의 인연으로 공무원에서 부동산전문가로 변신하게 되었습니다. 1988년 경기도 부천시로 발령을 받아 농지 업무를 담당하면서 인연을 맺게 되었죠. 나의 인생에서 가장 큰 영향을 준 사람 중의 한 명입니다.

이 사장님은 젊어서부터 직장에 다니면서 농지를 사서 농사를 지었는데 돈을 벌어 모이면 땅을 사고, 땅을 산 후에는 농사 짓기를 반복하다 보니 개발이 될 만한 곳이 보이더랍니다. 그래서 사 놓으면 길이 나고 또 택지로 개발이 되고 보상을 받으면 인근에 다시 사고 해서 불리다보니 땅 한 평 없던 이 사장님은 돌아가시기 전에 본인과 가족명의로 구입하신 땅이 농지가 15만㎡(45,375평), 임야가 30만㎡(90,750평)나 되었습니다.

가장 최근에는 부천에서 이루어진 오정물류단지에서 4만㎡(12,100평) 이상의 보상을 받았는가 하면, 제가 산골짜기에 몇 천원에 구입해 주었던 농지는 전철역세권이 들어서면서 평당 1천만원대 땅으로 변하는 등 투자에서 남다른 귀재였습니다. 또한 경기도 시흥시와 인천 계양구 서운동에서 도로 보상으로, 2000년대 초에 구입한 경기도 포천시 땅은 도로가 나면서 그야말로 대박을 내는 것을 보면 참으로 경이롭기까지 합니다. 정말 땅을 보는 눈이 신기에 가깝고 저절로 존경스럽기까지 할 정도입니다. 특별히 도시계획 등에 대한 공부를 한 것도 아닌데 타고난 능력이 있는 것은 그동안 여러 곳을 보고 투자를 한 경험의 결과가 아닌가 싶습니다.

나는 이 사장님 덕분에 땅 보는 눈을 뜨게 되었습니다. 2000년 초에 '파주LCD공단'이 들어온다고 할 때입니다. 도저히 어디에 어떻게 투자해야 할지 몰라 사장님께 물으니 다짜고짜 차에 타라고 하더니 수원 기흥의 삼성전자 앞에다가 내려놓고는 "돈 있지?" 하고는 가버리는 것이었습니다. 영문을 모르고 하루를 소일하다가 그냥 집으로 왔더니 다음날 사무실로 와서는 "내가 이럴 줄 알았다고" 하며, 다시 타라고 하더니 또 수원에다가 내려놓고 오는 것입니다. 그래 삼성전자 주변을 보라는 것 같은데 한 번은 보자 하고 수원역으로 용인으로 돌며 영통지구를 돌아보고 며칠 동안 빵빵거리며 보고 나니 정문과 후문 그리고 주변의 개발 모습이 조금씩 보이는 것이었습니다.

그러고 나서 경기도 파주시 월롱면으로 가서 돌아보니 대략 여기다 하는 곳이 보였습니다. 당시 대부분의 전문가들은 월롱역 주변을 추천했는데 그게 아니었던 거죠. 그때 땅을 보는 눈이 확 떠졌습니다.

조던 김장섭, 대한민국 부동산 투자의 미래

어떻게 새로운 투자처를 찾을까요? 사람들이 본격적으로 몰려들기 전을 투자시기로 봅니다. 이런 곳은 자료를 모아서 찾아야 합니다. 여러 방법이 있는데 경매사이트를 통해 모으는 방법이 있습니다. 향후 오를 만한 곳이 어딘지 조사해야 합니다. 어느 지역이 GRDP(Gross regional domestic product: 지역내총생산)가 높은지, 인구는 많은지, 산업단지는 많은지, 기업이 얼마나 들어가 있는지, 기업이 차지한 면적은 얼마인지 등 인터넷으로 찾아 엑셀로 정리하는 과정을 거칩니다. 자료를 많이 모으면 막연히 했던 생각과 다른 결과가 나오는 경우가 많습니다. 오류를 범할 확률이 적고 뜻밖의 장소나 물건을 찾을 수 있게 되는 것입니다. 또, 사람을 만나고 모임을 찾는 일입니다. 하지만 자료는 스스로 만들고 판단도 스스로 해야 합니다. 투자 정보를 취합하여 객관적인 데이터로 만들어 비교분석하고 최고의 투자처가 어딘지 알아내는 것은 나 자신의 책임입니다. 다음은 책과 신문입니다. 마인드를 키우고 남들이 자료를 어떻게 수집했나를 알 수 있고, 신문을 통해 현재의 흐름을 짚어나갈 수 있습니다. 이렇게 하면 투자 실수를 많이 줄일 수 있습니다.

떠도는 정보는 많은데 대부분은 불확실하죠. 그 중 하나의 확실한 투자처를 찾는 게 목표가 되어야 합니다. 수익률, 접근성, 미래발전성 등을 놓고 유추, 연관, 비교하여 판단 가능합니다. 내가 알고 있는 사실은 나만 아는 게 아닙니다. 시장도 이미 포화 상태이므로 이제 들어간다 해도 그리 먹을 것이 많지 않습니다. 새로운 길을 찾아야 하죠.

일단 저질러야 알 수 있습니다. 물건을 하나라도 사봐야 좋은지 나쁜
지 판단할 수 있겠죠. 아무리 머릿속의 내공이 도사 수준인들 실행에
옮기지 않는 것보단 아무 생각 없이 지르고 오는 사람이 백 배 낫습
니다. 현장에서 느낄 수 있는 것은 매우 많습니다. 또 실수를 통해 얻
은 경험은 앞으로도 부동산 투자를 하는 데 있어 큰 자산이 될 것입
니다. 실수하지 않으려면 일단 간접경험을 많이 쌓아야 하고, 실수가
나오게 된 배경을 파악해야 합니다. 트렌드를 잘못 읽지 않았는가도
생각해 봐야 합니다. 트렌드를 읽는 투자의 핵심은 저평가입니다. 최
소 비용을 투자해서 최대 효과를 얻으려고 노력해야 합니다.

부동산 투자는 오르면 팔고 다시 새로운 곳, 새로운 종목으로 갈아
타야 합니다. 그래야 새로운 투자처를 발견할 수 있습니다. 혹은 내
가 산 부동산이 완전한 형태의 수익성 부동산이 아닐 수도 있기 때
문입니다. 최후까지 살아남을 가장 완벽하고 안전한 부동산이자 투
자처는 서울의 역세권빌딩이고, 그곳으로 가기 위해 트렌드를 따라
투자하는 것입니다. 그리고 우리는 돈이 많지 않습니다. 돈이 없으
니 돈을 벌려면 자료 찾고 생각하고 사서 오르면 팔고 새로운 투자
처를 찾는 노력을 지속해야만 내 자산을 불릴 수 있습니다.

누가, 땅 투자를 해야 하나요?

여유자금이 있는 사람이 땅 투자를 해야 합니다. 그럼 여유자금이 없으면 못하느냐? 할 수 있습니다. 그러나 돈을 벌 수는 없습니다. 왜 여유자금으로 투자를 해야 할까요? 여유자금이란 없어도 되는 돈이기 때문입니다. 즉 묻어놓을 수 있는 돈을 뜻합니다. 이런 면에서 서민은 독한 각오가 필요합니다.

서민들은 돈이 항상 모자라기 때문에 급한 일이 생기면 투자에 들어있는 돈을 허물어 써야 합니다. 그러면 묻어놓는다는 의미는 무엇입니까? 절대 팔지 않고 최소한 10년 이상을 가지고 갈 것을 묻어놓는다는 의미로 해석할 수 있습니다. 무리하게 많은 돈을 묻어놓아서 나중에 깰 수밖에 없도록 만드는 것이 아니라 아주 작은 돈이라도 이 돈 없어도 된다고 생각하고 작은 돈을 저축한다고 생각하고 묻어놓는 것입니다.

그럼 땅은 왜 여유자금을 가지고 장기간 투자를 해야 할까요? 왜냐하면 누구도 내일 일은 알 수 없기 때문입니다. 내일 일을 알 수 없는데 투자하는 것은 마치 장님이 지팡이 없이 길을 가는 것과 같습니다. 이러니 잠시 잠깐은 돈을 벌 수 있으나 장기간 꾸준하게 돈을 벌기는 어렵습니다. 내일 일도 알 수 없는데 10년 후의 일은 알 수 있는가? 아주 어렴풋하게나마 알 수 있습니다. 그것을 흐름 혹은 트렌드라 부르죠. 반드시 올 세상에 대해 알고 투자를 한다면 나중에 크게 오를 수 있습니다. 그런데 어떤 것이 오를지에 대해 확실하지 않으니 여러 개 혹은 수십 개를 꾸준히 사 모으면 언젠가 그 흐름대로 그 시기가 오면 큰돈을 벌 수 있는 것입니다.

토지, 노동, 자본에 대한 깊은 생각

우리는 태어나서 먹고 자라고 배웁니다. 그리고 일하며 부양하고 늙고 병들어 죽게 되죠. 우리가 앞으로 어떻게 살아야 하는가에 대한 보편 진리에 대해 학교에서는 배우지만 경제적인 활동에 대해서는 제대로 배운 바가 없습니다.

배운 바가 없기 때문에 남 탓만 하면 될까요? 지금이라도 깊이 생각해서 앞으로 어떻게 살아야 할지에 대해 생각해야 합니다. 학교를 졸업하고 취직을 합니다. 그때부터 우리는 경제활동이라는 것을 합니다. 경제활동은 그럼 왜 하는가? 먹고 살기 위해서입니다. 먹고 사는 것은 어떤 것인가? 노동을 통해 돈을 번다는 것. 우리는 그렇게만 배웠습니다.

그러나 사실 노동보다는 자본이나 토지(지대)로 돈을 벌어야 더 많이 벌고 쉽게 벌 수 있습니다. 그런데 왜 자본이나 토지로 돈을 벌지 않고 노동으로 버느냐, 자본이나 토지로 돈을 벌려면 부모가 물려줘야 가능하기 때문입니다. 그런데 그런 부모는 많지 않고 우리가 벌어서 그런 부모가 되어야 합니다. 그리고 그런 부모 밑에서 태어났다고 하더라도 경제관념이 없다면 그 부를 제대로 지키지 못합니다.

어떻게 해야 하는가? 꼭 해야 할 분야가 땅(토지) 투자입니다. 왜냐하면 10배 100배 오르는 것이 땅(토지)밖에 없기 때문입니다. 땅(토지) 투자는 어떻게 해야 하는가? 싼 가격의 토지를 투자하되 남들이 쳐다보지 않는 토지에 주목해야 합니다. 맹지, 분묘기지권, 공유지분, 그린벨트 등과 같이 남들이 볼 때 쓸모없는 곳에 길이 있습니다. 오르는 공시지가를 주목하고 농지연금과 임야 등을 잘 이용하면 큰 수익을 거둘 수 있습니다.

누가 진짜 부자인가요?

서울 역세권에 빌딩을 가지고 있는 사람입니다. 최소 30억에서 50억 하는 꼬마빌딩 정도는 가지고 있어야 부자입니다. 그럼 어떻게 가질 수 있을까요? 방법은 한 가지입니다. 땅(토지)에 투자해서 원금의 10배 50배 100배는 벌어야 빌딩을 살 수 있습니다. 최소 3억에서 5억을 투자해 30억에서 50억이 되어야 하는데 그러려면 10배가 올라줘야 합니다. 그러면 꼬마빌딩을 살 수 있습니다. 적은 금액으로 시작해서 강남에 빌딩을 사려면 땅으로 시작해야 가능성이 가장 높겠죠.

꼬마빌딩의 월세는 얼마나 될까요? 30억 정도면 월 800만원 정도 나옵니다. 그럼 30억 벌기 힘들까요? 당연히 힘듭니다. 30억은 월급을 모으거나 임대사업을 해서 벌 수 있는 돈이 아닙니다. 월급쟁이는 연봉 1억 정도 되어도 월급쟁입니다.

그가 30년간 꼬박 벌어야 30억이 됩니다. 물론 레버리지를 일으키면 됩니다. 그렇지만 15억 정도의 레버리지를 일으키면 이자가 월세를 까먹어서 실제로 손에 쥐는 돈은 별로 없습니다. 30억 정도 현금으로 투자할 수 있어야 됩니다. 그러려면 월급쟁이면서 투자에 나서야 합니다. 물론 200만원 버는 월급쟁이도 마찬가지입니다. 월급쟁이, 자영업자, 임대사업자 이들이 부자가 되는 방법은 이렇습니다. "① 여유자금으로 ② 땅(토지)투자 → ③ 30배 차익 → ④ 빌딩 투자 → ⑤ 부자"

어떤 사람이 땅에 투자를 해야 하나요?

월급쟁이, 자영업자, 임대사업자 등 우리 모두 투자해야 합니다. 생활비를 쓰고 남는 돈을 땅에 투자해야 합니다. 여기서 투자는 조금은 다른 개념입니다. 투자란 저축의 개념과도 같습니다. 만약 1990년대라면 투자를 해야 할까요? 저축을 해야 할까요? 저축을 해야 합니다. 왜냐하면 저축의 이자가 10%를 훨씬 넘었습니다. 만약 20%의 이율이라면 원금이 2배 되는 시간이 딱 4년입니다. 그러니 굳이 투자를 할 필요가 없고 저축을 하는 것만으로도 큰 투자가 되었습니다.

지금은 아닙니다. 저금리, 저성장시대입니다. 시티은행에서 내놓은 금리는 0.01%까지 떨어졌습니다. 이러면 원금의 2배가 되려면 무려 13,600년이 걸립니다. 이 말은 바꾸어 말하면 내가 맡긴 돈이 일을 안 한다는 것입니다. 돈이 일을 안 하면 누가 일을 해야 할까요? 바로 내가 일을 해야 합니다. 내가 일할 시기는 정해져 있습니다. 60세 이상은 일하기 힘들고 웬만하면 50세 전후에 제2의 직업을 찾아야 합니다. 우리가 살아야 할 날은 일할 수 있는 기간의 2배입니다. 50년을 쓰기만 하면서 살아야 합니다. 그러니 지금과 같은 시대에는 투자를 하지 않고 저축만 하는 것은 바보짓입니다.

투자를 하려면 많이 오르는 것에 묻어두어야 합니다. 월급쟁이, 자영업자, 임대사업자가 제대로 된 마인드만 가지면 노후 걱정 안 하고 살 수 있습니다. 빨리 제대로 된 개념을 가져야 합니다. 미래를 생각하고 저축하듯이 투자해야 합니다. 땅(토지)을 사면 절대 팔지 않는 투자원칙을 가져야 합니다. 절대 팔지 말라는 말은 100배가 올라도 팔지 말라는 얘기가 아니고 50% 올랐을 때는 팔지 말라는 얘기입니다.

땅으로 저축을 한다는 말이 무슨 뜻이죠?

자투리 땅만 사서 부자가 된 사람들이 많아요. 예를 들면 충청도에 팔우회라는 초등학교 동창 모임이 있었다고 합니다. 그 분들은 조금 특이하게 동창회가 돈을 모아 놀러 갈 생각을 해야 하는데 그렇지 않고 회비로 땅을 샀다고 합니다. 그런데 회비로 땅을 사려고 하면 많은 돈이 아니잖아요? 그래서 자투리 땅으로만 샀다고 합니다. 자투리 땅이니 아무 쓸모없는 땅이고 아무도 쳐다보지 않는 땅이잖아요? 그러니 싸게 살 수 있었죠. 그렇게 사 모으기를 몇 십 년째, 꽤 땅이 모였다고 하더군요. 그러다가 땅이 수용이 되어서 일부가 팔렸대요. 그런데 놀라운 일이 벌어졌습니다. 지금까지 산 땅의 가격을 그 땅 하나가 충분히 커버하고도 남았다더군요. 그래서 그 다음부터 파는 땅은 순전히 남는 것이죠. 그러고도 계속해서 땅을 샀다고 합니다.

다른 이야기 하나 더. 인천에 똥을 푸는 할아버지가 있었대요. 그런데 그 할아버지 예전에 머슴을 살았던 사람이라 땅에 대해 한이 맺혔던 분이었대요. 그래서 똥을 푸고 남은 돈으로 인천에서 제일 싼 땅을 샀다고 합니다. 무려 한 평에 10원 정도였대요. 지금의 구월동이란 곳인데 그곳은 돌산이라 농사도 못 짓는 그런 땅이었대요. 예전에는 농사 못 지으면 땅으로써 가치가 없었죠. 사실 그 때 당시 애들 먹는 아이스케키가 5원이었으니 말 다했죠. 그러기를 몇 십 년 했는데 인천시청이 예전에는 동인천에 있었거든요. 그런데 말이 안 되잖아요? 동인천은 인천의 서쪽 끝인데 동인천이라고 하니 말이에요. 거의 월미도와 차로 20분 정도 거리밖에 안 떨어진 곳이었죠. 그러니 인천시청은 도시균형발전 차원에서 시청을 인천의 중심으로 이전을 하게 됩니다. 그곳이 구월동이었죠. 오히려 돌산이라 지반이 튼튼해 시청이나 인근 건물을 올리기에 안성맞춤이었다고 합니다. 아이러니하죠? 게다가 농사도 안 지으니 수용하기도 땅값이 싸서 좋았고요. 그래서 그 똥푸는 할아버지는 땅으로 벼락부자가 되었습니다. 이런 경우도 토지로 저축을 한 경우죠.

농사를 짓다가 왜 부자가 되는 줄 아세요? 왜냐하면 농사를 지으면 팔 수가 없어요. 무슨 말이냐면 농사를 지으면 땅이 생산수단이 되는 것이잖아요? 그러니 땅값이 올랐다고 팔면 돈 벌 수단 자체가 없어지는 것입니다. 그러니 땅값이 올라도 팔 수가 없죠. 그러다가 수용이 되는 거예요. 농사를 짓다 수용이 되면 대토를 하면 되요. 그럼 세금을 안 냅니다. 그리고 다른 곳에 가서 농사를 지을 수 있잖아요? 그러니 서초동에서 포도농사를 짓다 부자 된 사람 같은 경우가 되는 겁니다.

서초동에 포도농사를 짓다가 수용되어서 성남으로 갔는데 또 성남이 분당으로 개발이 되어서 대토를 해서 다시 용인으로 갔는데 용인이 또 개발이 되어서 엄청난 부자가 된 경우 말이죠. 그러니 농사를 짓다가 부자가 된 경우가 전부 이런 경우입니다. 지금도 공시지가는 꾸준히 매년 오르고 있으니 토지로 저축을 하는 것이 가능합니다.

왜 우리나라 땅 값은 올라가는가요?

우리나라 땅이 오르는 이유는 세 가지입니다. 첫째 도심지 확장, 둘째 공업지 확장, 셋째 도로나 철도 증설입니다. 도심지 확장은 기존 구도심이 인구 확대 때문에 계속해서 늘어나는 경우와 신도시로 택지를 공급해서 늘어나는 경우입니다. 그래서 신도시 예정지에서 대대로 농사를 짓다가 벼락부자가 된 경우를 볼 수 있습니다. 공업지는 산업단지가 생기면 생산한 제품을 수출하면서 공업지가 확장되고 배후도시가 커지면서 연쇄 확장되는 것입니다. 도로나 철도는 국토의 균형발전과 원활한 물류 유통을 하기 위해 매년 증설되고 있습니다.

공업지와 도로 확장은 지방 땅값을 올려놓았고요. 도심지 확장은 서울을 비롯한 도심지의 확장 및 신도시 택지개발이 일어났습니다. 그래서 땅값이 올랐습니다. 땅을 사는 것이 돈을 버는 확실한 방법이었습니다. 그러면서 소위 졸부라는 사람들이 생겨났습니다. 그래서 이들은 모두 부자가 되었습니다.

부자들은 땅을 사면 쉽사리 팔지 않는가요?

자신이 생각하는 가격이 될 때까지 팔면 안 됩니다. 신념이 있어야 합니다. 오를 때까지 기다릴 수 있는 신념 말입니다. 신념을 가지고 끝까지 팔지 말아야 합니다. 그러려면 여러 가지가 있어야겠지만 가장 중요한 것은 안정된 소득입니다.

부자는 왜 땅으로 될까요? 부자가 되는 공식입니다. 쪼가리 땅(적은 지분의 땅)으로 부자가 된 사람이 있었습니다. 그는 땅 투자를 한 지 수십 년이 지났습니다. 그 사람이 사는 땅은 남들이 쳐다보지 않는 쪼가리 땅이었습니다. 그런데 어떻게 그런 쓸모없는 땅으로 부자가 되었을까요? 그는 농사를 짓는 농부입니다.

그 사람은 농사를 지어 생활비를 쓰고도 남았습니다. 남는 돈을 가지고 어려운 사람을 도왔습니다. 어떻게 도왔는가 하면, 한 번도 그는 남의 땅을 사러가지 않고 돈이 급한 사람이 자신의 땅을 사달라고 하면 그 때야 샀습니다. 몇 평 안 된 땅도 있고 옆으로 기다랗게 된 땅도 있고 하니 쓸모없는 땅이 대부분이었습니다. 남들은 그런 땅은 쳐다보지도 않으니 돈이 급한 이는 이 땅이라도 사서 자기 급한 사정 좀 봐 달라고 했습니다.

그래서 주변 땅값보다 절반 정도 된다면 그 사람 도와주는 셈치고 사줬다고 합니다. 그렇게 땅을 사 모았습니다. 그럼 그 땅을 산 돈은 어떤 돈인가요? 여유자금입니다. 생활비를 쓰고 남는 자금으로 남의 급한 사정 도와준 결과입니다. 그러다보니 매달 땅이 생겼고 그렇게 시간이 가고 땅을 모으다보니 수십만 평이 되었습니다. 이제는 세월이 흘러 매일 그런 땅들이 팔리고 수용되면서 땅 부자가 되었습니다. 땅으로 저축해서 만기 적금 타듯 현금이 꾸역꾸역 들어오고 있습니다.

자투리 땅 투자 실제 예를 들어주십시오

자투리 땅에 투자하는 분을 소개하겠습니다. 사실 이 이야기를 하기는 매우 조심스러운 부분이 있습니다. 우선 일반인들은 섣불리 하지는 말라는 말을 하고 시작하려고 합니다. 도심에서는 도로가 아니라면 이런 땅을 발견하기 어렵습니다. 그러나 도시주변이나 시골에서는 흔하게 나올 수 있는 물건입니다. 자투리 땅, 즉 소규모 땅은 일반 매물보다는 경·공매로 많이 나옵니다. 지분으로 되어 있는 땅들이 많고 쓸모없는 구석쟁이 작은 땅들이기 때문입니다.

도로나 하천 등 사업으로 자투리가 나올 때 매수 청구를 합니다. 그냥 남는 경우에는 잔여지를 수용 당시에 접근하면 수용가에 매입해야 합니다. 시간이 지난 후에 접근하면 수용가는 물론 주변시세의 절반 이하에도 구입을 할 수가 있습니다. 그야말로 쓸모없는 땅이기 때문입니다. 그런데 이런 게 효자가 되는 경우가 도로 확장으로 수용이 되면 대박을 칩니다. 또는 주변에 신도시 등 택지개발이나 휴게소나 물류창고 등을 건설하려는 경우 대박을 맞구요.

자투리는 아니지만 공유 지분(공동 등기) 땅에 투자하는 것도 소액투자로는 아주 좋은 방법입니다. 일반 매매에서도 그렇고 경·공매에서도 지분으로 나오는 산이나 농지는 낙찰가율이 매우 낮습니다. 아주 저렴하게 투자하는 경우 평당 1,000원에도 구입할 수가 있습니다. 정말 낮은 가격에 대출을 끼면 더 낮게도 가능하지만 불행하게도 그 지분 땅에서는 더군다나 소규모 땅에서는 대출이 불가하니 자금을 다른 곳에서 융통하여 투자를 해야 합니다.

지분 투자를 하고 투자금을 회수하는 방법은 부동산전문가들의 강의에서 많이 들어서 잘 알고 있을 것입니다. 잘하면 3년 정도면 투자금의 2~3배는 남길 수 있는 투자법입니다. 하지만 개인적으로 좋은 방법은 아니라고 생각합니다. 돈 버는데 너도 좋고 나도 좋고 여유롭고 너그러운 마음으로 투자를 즐겨야 합니다.

자투리 땅 투자는 다른 이들을 돕는다는 심정으로 해야만 좋습니다. 못 팔아서 쩔쩔매는 그런 사람들의 땅을 사주거나 아니면 경·공매로 처분을 하는데 아주아주 낮게 내려가니 나라도 사 주어야 하겠다는 심정으로 투자를 해야 합니다. 마냥 기다리는 투자를 할 수도 있고 중간에 처분 방법을 궁리하며 투자금을 회수하는 방법도 있을 것입니다.

이런 방법으로 적은 돈으로 적금을 붓듯이 하나 둘씩 투자를 하다 보면 장롱 속에는 등기문서가 수북이 쌓일 것이고 하나씩 없어지면서 주머니엔 돈이 두둑이 쌓이게 되겠습니다.

이북에서 내려온 이 분은 남의 농사일은 물론이고 온갖 잡일을 다 하면서 근근이 모은 돈으로 산비탈이나 구렁텅이 등 싼 농지를 평당 몇 백원 할 때부터 사들였다고 합니다. 그렇게 사들이고는 농지로 잘 개간하고 가꾸고 그러다가 돈이 모이면 또 사면서 땅을 하나둘씩 늘려 나갔습니다. 이러는 과정에서 자투리의 땅들은 아주 싸게 구입할 수가 있었습니다. 이곳저곳 싸게 나오는 땅들도 사게 되었다고 합니다.

그러다가 경기도 부천시가 개발이 되면서 자투리로 사놓았던 땅들이 모두 개발되고 환지를 받아서 건물을 짓고 또 팔아서 다른 농지도 사고 자투리 땅은 계속해서 사주고 이렇게 지금껏 투자를 하였더니 남들은 평생 한번 탈까 말까 한 수용보상금을 수시로 타먹게 되고 이곳도 개발 저곳도 개발하면서 수익을 창출하여 지금 전국에 보유한 땅이 아마도 백만평은 넘을 것으로 추산합니다.

물론 이렇게 모두 개발되거나 수용되는 것은 아닙니다. 그냥 수십년간 제대로 활용도 못하고 방치되어 있다시피 한 땅이 더 많습니다. 그렇지만 하도 많다보니 수용 등이 많고 또 인근 땅을 개발하거나 사용하려고 하면서 매도 요청하는 게 많다는 것입니다. 그렇기 때문에 당장 무얼 하려는 투자가 아니라 여유 돈으로 기다림의 투자를 할 수 있어야 합니다.

적은 돈을 모아서 하는 공동투자도 가능한가요?

경매학원 동기인 최씨 일행 10명은 매주 토요일 스터디 모임을 합니다. 한 달에 1인당 10만원씩 투자금을 모았다고 합니다. 한 달에 100만원이고 1년이면 1200만원이라는 돈이 모여졌습니다. 개인적으로는 적은 돈이지만 모이니 경매로 투자를 할 수 있는 자금이 되었습니다. 8개월이 조금 넘은 때에 감정가가 1억1천만원인 빌라를 2회차에 경매로 9천만원에 낙찰 받고 8천만원을 대출 받아 1억원에 매도하여 1천만원의 차익을 실현했습니다. 이렇게 몇 번의 경매 투자를 하면서 실패도 있었지만 2년이 지나니까 투자 자금이 8천만원이나 되었습니다.

그때 우리도 땅을 해보자는 제의가 있었고 마침 도로가 나는 땅이 경매로 나왔는데 해당 시청에 확인을 해보니 1년 안에는 보상이 나갈 것이라는 소식을 들었습니다. 물건을 공시지가의 1.2배, 감정가의 70%선에서 받을 수 있었습니다. 규모는 크지 않은 850㎡의 농지라서 가지고 있는 돈 중에서 4천만원과 회원 6명이 6천만원으로 총 1억을 투자하였고, 11개월만에 보상금을 2억5천만원을 받아서 양도세와 대출금 이자 등 들어간 비용을 제하고도 9천만원의 순수익을 거두었으니 연 100% 수준의 투자수익이었습니다. 대단한 성과죠.

도로계획은 경매정보지나 대법원경매 사이트에서 물건에 대한 정보를 파악하면서 도시계획확인서를 보고 확인했습니다. 거기서 그치지 않고 도로 관련 부서를 직접 찾아가 도로가 언제 날 것인지, 예산은 세워져 있는지 등을 상담을 통하여 확인했습니다.

이렇게 혼자 투자하기 어려우면 믿을 만한 사람들과 공동으로 투자하는 것도 좋습니다. 함께 공부도 하면서요. 백짓장도 맞들면 낫다고 하죠. 여러 사람이 모이면 나는 미처 몰랐던 투자처를 새롭게 알 수도 있습니다. 돈이 없다고, 땅 투자가 어렵다고만 말할 것이 아니라, 이처럼 동지를 찾아 땅 투자를 시작해 보는 것은 어떨까요. 그러면 땅 투자라는 것이 큰돈이 드는 것도 아니고, 생각보다 어렵지 않다는 사실을 깨닫게 될 것입니다. 주변에 땅 투자를 하는 사람들 중 '땅 투자가 이렇게 쉬운 것이었나. 부자들이 큰돈으로 투자하는 곳이 땅인 줄 알았는데 그게 아니었다니', 하며 뒤늦게 안 자신이 후회된다는 사람들이 많습니다.

땅 투자는 큰돈이 필요하지 않는가요?

큰돈이 들 것이라 지레짐작하여 망설이는 사람이 많습니다. 아닙니다. 오히려 땅은 적은 돈을 들여 사는 것이 가능합니다. 예를 들어

월 300만원 받는 월급쟁이가 있다고 칩시다. 도대체 얼마를 저축할까요? 300만원 중 270만원은 생활비와 애들 교육비로 쓰고 나면 30만원 남으면 많이 남습니다. 1년을 모아도 300만원밖에 안 됩니다. 그럼 주택이나 상가를 살 수 있을까요? 아니요. 절대 살 수 없습니다. 웬만한 서울의 빌라나 아파트와 같은 경우는 3억이 훨씬 넘어갑니다.

주택을 사려면 갭투자를 할 수밖에 없겠죠. 3억짜리 빌라의 대출을 최대한 받고서 잔금과의 차액을 보증금으로 메우는 수밖에 없습니다. 그리고 싸게 살 수 없고 비싸게 살 수 없습니다. 주택을 사는 것은 리스크가 커지는 것입니다. 돈을 벌 수도 없을뿐더러 싸게 살 수도 없고 무조건 갭투자를 해야 하는 것이죠. 그런데 갭투자가 안 좋은 것이 무엇입니까? 역전세난이 나거나 대출을 많이 받고 투자를 했는데 공실이 나는 경우가 되겠죠. 그런 일이 흔하게 일어나는 것이 주택과 상가입니다.

그런데 가장 안전한 투자가 있다면 어떤 투자일까요? 대출을 끼지 않고 투자하는 것이 아닐까요? 월급 300만원 중 남는 30만원을 은행에 저축하면 어떻게 될까요? 아주 안전한 투자가 되겠죠. 그런데 요즘에 금리가 얼마인가요? 1.5% 남짓이잖아요? 투자로써는 좋지 않습니다. 원금을 2배로 만드는데 70년이 걸려요. 이것은 돈이 일을 안 한다는 뜻이잖아요? 이렇게 은행에 예금하는 것은 지금은 투자가 아닙니다. 그럼 월 30만원씩 25년을 모은다고 생각해 보세요. 30만원 X 12달 X 25년 이면 9천만원입니다. 그런데 이것이 만약 10배가 오르면 9억이 됩니다. **땅은 공시지가만 해도 평균적으로 20년이 지나면 적게 올라도 4배, 많이 오르면 몇 백배가 됩니다. 얼추 10배 정도는 오릅니다. 많이 올라 부자가 될 가능성이 있고 오히려 안전한 것이 주택이 아니라 땅이 되는 것입니다.**

그리고 땅은 소액으로도 살 수 있습니다. 경매로 사는 것이죠. 주택은 3억 정도는 되어야 좋은 주택을 사지만, 땅은 몇 천만원 수준에서도 좋은 땅을 살 수 있습니다.

그렇다면 땅은 아무 땅이나 살 수 없지 않습니까?
땅은 어떻게 사야 합니까?

그렇습니다. 땅을 사더라도 지금까지와는 다른 방식으로 사야 합니다. 목적이 있어야 한다는 것이죠. 지금까지 우리나라의 땅 투자는 항상 성공했습니다. 땅으로 돈을 번 사람들이 있었고 그 사람들은 증거가 있습니다. 우리가 흔히 주변에서 볼 수 있고 소문으로 들을 수 있는 사람들 즉 졸부들입니다. 예전에 시골에서 공부 잘하면 어떻게 됩니까? 서울로 올라오죠. 그래서 서울에 있는 대학에 다니겠죠. 그럼 대학등록금이 좀 비쌉니까? 그러니 시골에 계신 부모님들은 시골 땅을 팔겠죠. 그래서 대학등록금 댔습니다. 그러다가 나중에 대기업 들어가고 결혼해서 서울에 아파트 한 채 얻어서 그럭저럭 살아갑니다. 애들 교육비, 생활비 쓰다가 보면 남는 돈 별로 없고 집 한 채 덩그러니 남습니다.

그런데 만약 그분 초등학교 동창회 나갔다고 칩시다. 그러면 그 중에 공부 못해서 고등학교만 겨우 나오고 아버지 일 도와서 농사를 짓기만 했는데 그 친구 세종시로 토지 수용되거나 혁신도시, 기업도시 등으로 편입되어서 벼락부자 된 친구들이 훨씬 많지 않습니까? 그렇게 된 것이 우리나라의 산업화, 도시화 때문이죠. 산업화, 도시화란 뭐냐? 우리나라가 신흥국에서 선진국으로 진입하였기 때문에 일어난 토지개발입니다. 그 농사를 짓던 친구는 몰랐지만 우리나라는 수출지향적으로 수출을 많이 해서 선진국이 되었습니다. 그런데 수출이 잘되면 어떻게 되겠습니까? 계속해서 공업지역을 개발하겠죠? 그러니 공업지역이 인근지역까지 확장이 일어납니다.

토지는 공업지역 인근이 계속 개발이 되는 것입니다. 그리고 수출로 돈을 벌었으면 기본적으로 잘살고 싶다는 욕구가 일어납니다. 집도 좀 큰 집에 살고 싶고 좋은 옷 입고 싶고 말이죠. 그래서 도시가 팽창을 하는 것이죠. 그것이 도시화입니다. 서울도 계속 커졌고 인천광역시 같은 경우도 계속 커졌습니다. 커지면서 택지개발하고 도로 깔고 철도 깔면서 토지의 가치가 올라간 것이죠. 수용도 많이 되었고요. 땅으로 돈을 벌게 된 것이죠.

그러나 요즘에는 이런 공식이 딱 들어맞지 않습니다. 현대자동차는 1998년도 이후에 우리나라에 공장을 짓지 않아요. 왜냐하면 우리나라의 인건비가 너무 비싸져서 공장을 지으면 오히려 우리나라에서 만든 자동차가 국제경쟁력이 떨어집니다. 그래서 해외에 공장을 짓는 것이죠. 해외에 공장을 지으면 토지의 개발이 안 되는 것이고 그렇게 되면 땅값 상승에 한계가 있습니다. 그래서 지금은 전국토가 기대 수익을 주지는 않습니다. 지역분석을 해야 합니다. 모든 투자가 그렇듯이, 땅 투자에서도 먼저 공부를 하면서 간접투자를 하고 여유자금으로 실제 투자를 해야 합니다.

땅 투자 방법 중에 농지연금 투자가 있다고요?

돈이 남으면 농지연금을 들 수 있습니다. 3억짜리 땅에 109만원의 연금이 나옵니다. 이 경우는 농민이어야 하는데, 5년간 농부로 있어야 하므로 60세엔 모두 팔아 땅을 사고 농사를 5년간 지어 65세부터 농지연금을 받으면 되는 것입니다. 농지를 소유하고 5년 이상 농사를 지으며 농업인을 유지하면 됩니다. 땅은 공시지가가 계속 올라가므로 죽을 때까지 지가가 오를 수도 있습니다. 만약 최초 계약 시 지급하기로 한 돈을 죽을 때까지 주고 부동산 값보나 너 쓰면 나라가 손해를 보고, 만약 덜 쓰고 죽으면 자식에게 물려줄 수도 있다고 합니다.

농지연금은 65세 이상 농민이며 5년 이상 자경을 한 농민이 연금을 타는 제도입니다. 땅을 사되 나중에 은퇴를 하면 농사를 지을 요량으로 땅을 사는 것이죠.

투자법은 다음과 같습니다. 예를 들어 농지의 공시지가 9억일 때 300만원의 연금을 받을 수 있는데 요즘은 금리 1%대의 시대죠. 그러면 10억을 은행에 맡기면 매월 얼마를 받을까요? 세금 등을 제외하면 월 100만원 정도입니다. 그런데 9억인 농지는 300만원의 농지연금을 받으니 은행예금보다 훨씬 유리합니다. 게다가 경매 등으로 구입하면 잘하면 70%대에도 도로가 접해 있으며 농사를 지을 수 있는 제법 괜찮은 농지를 받을 수 있죠. 그렇게 농지를 구입하고 농사를 5년간 지으면 6억3천만원에 낙찰 받아 300만원의 농지연금을 받을 수 있는 것입니다.

얼마나 유리합니까? 은행에서는 10억을 가지고도 월 100만원밖에 나오지 않는데, 농지연금은 더 적은 돈을 들이고도 은행의 3배에 해당하는 연금을 탈 수 있으니까요. 그리고 농지연금은 연금을 타면서 농사를 지으면 농작물도 고스란히 내 수입으로 잡히니 1석2조입니다.

꼭 벼를 심을 필요는 없어요. 과일나무나 약용작물 같은 다년성 작물을 재배해도 됩니다. 그래서 열심히 식구들과 주말마다 농사도 짓고 애들 학습에도 도움이 되고요. 가을에는 그것을 팔아서 돈도 벌면서 노후까지 대비하는 것이죠. 그리고 비싼 돈을 들여서 주택을 사는 것보다 적은 돈을 들이고도 많이 오를 가능성이 있고요. 게다가 돈을 별로 안 들이니 실패 확률도 현저히 떨어집니다.

그리고 100억 이상을 번 부자는 죄다 토지에서 나왔습니다. 주택이나 상가를 사고팔아서 100억 이상을 번 사람은 거의 없다고 보면 됩니다. 그러나 토지는 이런 경우가 흔합니다. 그러니 안전하면서 노후를 대비하는 일석이조의 경우라 볼 수 있습니다.

땅 투자, 소액으로도 가능할까요?

경매사이트에 들어가 보면 맹지라 하더라도 멀쩡한 땅이 많아요. 개발계획을 보고 투자하는 것보다는 자신이 농사를 지을 수 있는 땅위주로 보면 1억 이하에서도 얼마든지 좋은 땅이 많습니다. 주택이나 상가를 사는 것보다는 훨씬 적은 가격에도 충분히 농사를 지을수 있는 땅이 있습니다. 그리고 땅으로 저축을 하면 훨씬 더 부자가될 확률이 높아요.

특별히 많이 오르는 땅이 있나요?

많이 오르는 땅은 도시기본계획을 보면 나와 있습니다. 앞으로 개발될 지역은 이미 시의 2030도시기본계획을 보면 개발방향이나 개발계획이 정해져 있는 경우가 대부분입니다. 그러니 장기적으로 보고 개발이 될 곳을 선점하는 것이 유리합니다.

대한민국 미래지도를 그린 김석철 교수님에게 큰 그림[빅 픽처; big picture]을 배운다

한국을 대표하는 건축가 김석철 명지대 석좌교수가 2016년5월12일 별세했다. 그는 24세에 김수근 건축연구소에서 '종묘-남산 간 재개 발계획'에 참여하면서 도시계획가로서 첫 발을 디뎠다. 26세에 한국 최초의 도시계획인 여의도 마스터플랜을 주도했다. 서울대 · 경주 보문단지 마스터플랜을 거쳐 쿠웨이트 자하라시에 1,800세대 주거 단지를 짓는 국제지명현상에 당선되기도 했다.

그가 남긴 건축물도 숱하다. 39세에는 세계적인 건축가들과 경쟁을 벌여 '예술의전당' 설계를 따냈다. 2002년 대통령선거를 시작으로 5 년마다 국토 디자인의 청사진을 그려 제안했다. 청계천 복구 등을 담은 서울 재설계를 시작으로 청사진은 점점 한반도 전역으로 확대 됐다. 2012년에는 『한반도 그랜드 디자인: 2013 대통령 프로젝트』를 출간했다. 세종시를 중추로 지방권을 자립시키고 수도권을 혁신하 며 북한도시를 건설하는 안까지 담았다.

『한반도 그랜드 디자인』p287-331, '새로운 한반도 공간전략을 찾아 서'(창작과 비평 135호, 2007년 2월, 한신대 이일영교수와 인터뷰 전재) 위주로 몇 문 단을 발췌 인용한다.

저자들과의
인터뷰

"과도한 토지비용으로 중소기업은 수도권에 투자할 수 없고 삶의 터전인 공동주택은 가계부채만 키워, 일할 곳도 잘 곳도 없는 사람들이 수도권 인구의 상당수를 점하고 있습니다. 수도권은 전세계 도시권역 중 열 손가락 안에 드는 경제권이지만 기층계급의 주거와 산업의 입지는 갈수록 좁아지고 있습니다."

"충청, 호남, 영남의 남부 지방권은 인구 2500만에 소득 2만달러 전후입니다. 인구 2300만에 소득 2만7000달러인 대만과 인구 1600만에 소득 3만 달러인 네덜란드 못지않은 조건을 갖추고 있지만 서울, 수도권에 종속되어 제 역할을 못하고 있습니다."

"해방 후 이런 공간전략에 결정적 변화를 가져온 것이 분단과 거대한 인구이동입니다. 이북인구가 넘어와 주로 서울에 정착합니다. 그리고 군사정부가 들어선 후 경제개발을 하면서 지방인구가 서울로 들어와 서울집중화 현상이 생겼죠. 이 과정에서 불균형발전이 시작된 겁니다. 어쨌든 나름의 효율성을 발휘하기는 했지만, 경부선 라인과 수도권으로 투자가 집중됩니다. 서해안은 완전히 봉쇄되고 북쪽은 휴전선으로 차단된 상태에서, 동남해안만이 열려 있고 수도권에 인프라가 집중된 상태에서 투자가 이루어졌거든요. 그건 분단과 이데올로기 장벽을 전제로 한 것이었죠. 그때 호남인구가 대거 구미, 울산, 포항 등 경상도로 옮겨갑니다.

이때의 성과는 산업클러스터가 만들어졌다는 것입니다. 일본의 식
민정책이 지역의 고유성이나 문화의 연속성보다는 한반도 전체의
효율적 관리에 중점을 두었듯이, 개발독재기의 산업화 과정에서도
이왕 투자된 곳에 연관산업을 집중하는 클러스터 형식을 취했습니
다. 포항, 울산, 구미 일대 그리고 수도권 주변에 투자를 집중했던
것은, 한편으로는 남북이 분단된 상황에서 미국과 일본에 종속된 처
지를 미래에도 받아들이기로 전제한 거죠. 따라서 어떤 점에서 효율
적이지만 한계도 있습니다. 제대로 된 민주정부라면 그렇게 하기 어
려웠겠죠."

"도시연합을 주장했는데 문제는 어디다 그런 도시를 만드는가 하는
것이죠. 내부 구조개혁이든 신도시건설이든 결국 토지 창출이 문제
죠. 그간에는 경부선축 동쪽의 한강변과 강남을 개발함으로써 토지
를 창출해 지난 이삼십년 동안 경제성장에 따른 주거 수요를 확보했
거든요. 이제 새로운 공간이 필요한데, 봉쇄되어 있던 경부선 서쪽
한강변과 차단되어왔던 북쪽 한강변의 새로운 토지를 창출해야 합
니다."

"우리나라에서 행정중심복합도시를 계획할 때 1천만평을 수용하는
걸 보고, 저는 정책추진자들이 음흉한 속내를 가지고 있거나 사고가
황폐하거나, 둘 중 하나라고 생각했습니다. 현실적으로 과천 정부청

사가 이전하는 데 50만평 이상은 필요하지도 않은데, 그렇게 엄청난 토지를 수용하여 결과적으로 부동산 투기자본을 만들어낸 이유가 뭔지 모르겠습니다."

"서남해안에 각별한 관심을 갖고 있는 것 같은데. '남한이 원래부터 경부선 축으로 개발된 게 아닙니다. 20세기 초 일본 육군이 쿠테타로 정권을 장악하면서 그 계획이 바뀐 것이죠. 우리나라 국도 1호가 목포-서울 간 아닙니까. 해방 당시 목포 인구 중 한국인이 10퍼센트가 넘지 않았다는 사실을 아는 사람이 별로 없습니다. 그만큼 서남해안은 잠재력이 큽니다. 중국과 바로 연결되지 않습니까. 한반도의 숨은 잠재력과 가능성이 거기 있습니다.'"

2부

그들은 어떻게 땅 부자가 되었는가? ___ 183

3부

어떻게 땅 투자를 할 것인가? _____ 229

4부

농부가 아니어도 관심 가져야 할,
농지연금 땅 투자법 _____ *321*

1부

한국의
1000원짜리
땅 부자들

: 평범한
우리 이웃들의
대박 이야기

1억으로
1000억대 부자가 된
대구의 법무사

대구에 사는 법무사 최법무(가명)씨의 얘기다. 대구에서 법무사를 하는 그는 매일같이 똑같은 일상에 지쳐 있었다. 1977년 초쯤 아버지께서 돌아가시면서 물려주신 땅이 팔리는 바람에 1억이 생겼다. 처음에는 대구법원 인근에 건물을 살까 하여 돌아다녔다. 사무실로 쓸 만한 건물 말이다. 그러나 생각을 바꿨다. 나중에 오를 만한 땅을 사는 것이 더 낫다는 생각이 들었다. 왜냐하면 건물은 사는 순간 감가상각으로 인해 가격이 떨어지는데 땅은 매년 공시지가가 오르기 때문이다. 게다가 건물은 이것저것 신경 쓸 일이 많을 것 같았다.

그래서 직업이 법무사이니 대구법원 근처를 돌아다니며 땅의 가격을 알아보았다. 그때 당시 법원 근처 땅은 평당 50만원 수준이었다. 1억이라고 해봐야 땅을 200평밖에 못 사는 것이었다. 평당 50만원이면 현재도 비싼 땅인데 나중에 평당 1천만원까지 올라갈까 생각하니 불가능하다는 생각이 들었다.

차라리 평당 1000원짜리 땅이면 나중에 100만원까지 갈 수도 있지만, 평당 50만원짜리는 5천만원이 되는 것은 아무래도 힘들어 보였다. 그래서 그 길로 대구에서 가장 싼 땅을 사기로 마음을 먹었다.

그 중에 마음에 드는 땅이 하나 나왔다. 화원읍 일대의 땅이었다. 사실 그곳은 구역만 대구이지 대구 시내와는 너무 많이 떨어져 있었고 교통수단도 그리 좋지 못했다. 게다가 인근에는 대구교도소가 있어서 사람들 인식도 좋지 않았다. 그래서 그런지 그곳 임야의 땅값은 평당 1000원 정도였다.

사실 대구 법원의 땅은 이미 너무 비싸서 별로 오를 것 같지 않았고, 반면 대구교도소 인근의 땅은 너무 싸서 장기간 보유했을 때 오를 수도 있다고 생각했다. 그래서 그는 평당 1000원을 주고 10만평을 1억에 매입했다.

그 후로 그 땅은 잊어버리고 살았다. 30년이 지난 2007년 즈음이다. 건설회사에서 전화가 왔다. 무슨 일인가 물어보니 땅을 팔란다. 얼마냐 물어보니 평당 100만원에 팔라고 했다. 머릿속으로 계산해보니 10만평X100만원=1000억원이었다. 속으로 너무 놀라 입이 다물어지지 않았다.

그러나 그는 결국 일부만 팔고 나머지는 팔지 않았다. 왜냐하면 더 비싼 가격에 팔 수 있을 것이라 생각했기 때문이다.

땅으로 저축하여 수백억 번
영종도 버스기사와
똥 푸는 할아버지 이야기

우리나라에서 어떤 종목에 투자했을 때 가장 많은 돈을 많이 벌었을까? 주택일까? 상가일까? 아니다. 토지다. 토지는 주택과 다른 특징과 장점이 있다. 싸게 살 수 있다는 점이다. 주택은 싸게 살 수 없나? 그렇다. 싸게 살 수 없다.

왜냐하면 주택은 많은 사람들이 사고팔기 때문에 가격이 어느 정도 정해져 있다. 그러나 토지는 거래도 드물뿐더러 가격도 개별적이다. 임야인지 전·답인지에 따라 다르고, 도로에 붙어있는지 맹지인지에 따라 다르고, 그 위에 분묘가 있는지 나무가 있는지 농사를 지을 수 있는지에 따라 다 다르다. 그렇게 개별적이니 남들이 찾지 않는 땅을 산다면 싸게 살 수 있다.

그리고 공시지가는 주택에 비해서 많이 오르는 특성이 있다. 왜냐하면 주택은 이미 가격이 비싸서 1억원 하는 아파트가 2억이 되어 2배가 되는 것은 힘든 데 비해, 토지는 평당 1000원짜리가 2000원만 되어도 2배가 되는 것은 얼마든지 가능하고 100배, 1000배가 되는 경우도 허다하다. 그러니 토지를 사는 것이 주택을 사는 것보다 부자가 될 확률이 높은 것이다.

주택을 사서 수백억원을 번 사람은 없으나 토지를 사서 수백억원을 번 사람은 있다. 그리고 직접 농사를 짓는다면 양도소득세 측면에서도 훨씬 유리하다. 주택은 양도가액이 8천8백만원을 넘어가면 38%의 세금을 내는 데 비해 토지는 8년 동안 농사를 지으면 양도세를 1억까지 감면을 받을 수 있다.

실질적으로 약 4억의 양도차익이 있어야 세금 1억을 내니 4억의 양도차익이 있는 토지를 팔면 양도세가 없는 것이나 다름없다. 그러니 주택보다 토지가 세금이 더 유리한 것이 아닌가? 그러면 주택보다 토지가 불리한 것이 무엇일까? 잘 팔리지 않는다는 점이다.

그러나 이 경우도 꼭 불리하다고 볼 수만은 없다. 왜냐하면 팔리지 않으니 오래 보유할 수 있고 오래 보유하니 나중에 개발이 되어서야 팔 수 있다. 따라서 양쪽으로 좋은 것이다.

영종도에서 버스기사를 하는 백원만(가명)씨가 있었다. 예전에는 영종도가 아무것도 없는 조그만 어촌 마을이었다. 주로 동네 어르신들이 버스를 이용한다. 이런 저런 이야기를 버스기사와 나눈다. 그래서 버스기사는 동네 사정을 잘 안다. 동네 어르신들이 땅을 가지고 농사를 짓는데 농사의 약점이 춘궁기다. 가을에 추수를 하니 가을에는 돈이 많으나 봄에는 돈이 별로 없다. 그래서 예로부터 봄이면 보릿고개라는 춘궁기가 있었다.

그런데 동네에서 농사짓는 사람들 죄다 아들과 딸들을 외지로 유학을 보냈는데 등록금은 봄에 내야 하니 농사와 등록금의 상성이 맞지 않는다. 지금처럼 나라에서 대출을 해주는 것도 아니고 말이다. 그러니 버스기사가 그분들의 사정을 알고 월급을 헐어 보태주었다. 그런데 막상 가을 추수가 끝나도 돈을 못 갚는 사람이 한둘이 아니었다. 그래서 하는 수 없이 돈 대신 땅을 받기 시작했다. 시간이 지나면서 버스기사의 땅은 하나둘 늘어났다. 매년 반복되는 패턴이었다. 그러기를 수십 년. 버스기사 자신도 자기 땅이 어디에 어느 만큼 있는지도 잘 모를 정도로 꽤 많은 양이 되었다.

이후 드라마와 같은 일이 일어났다. 그가 가진 땅들이 일부는 인천공항으로 수용이 되었고, 또 나머지 땅들은 영종 신도시에 편입이 되면서 소위 벼락부자가 되었다.

이와 비슷한 이야기가 있다. 인천 시청이 들어선 구월동 인근에서 똥을 푸는 할아버지 이야기다. 똥을 푸는 동자풍(가명)씨는 6.25때 부모를 잃고 혈혈단신으로 내려와 온갖 고생을 다했다. 구두닦이, 신문배달, 건설일용직 등 닥치는 대로 일을 했던 것이다. 그래도 살림살이가 나아지지 않았다. 그러다가 결국 남의 집 똥을 푸는 일까지 하게 되었다.

예전부터 동자풍씨의 꿈은 자신 소유의 땅을 한 평이라도 갖는 것이었다. 그런데 현실은 어떤가. 자신이 번 돈으로는 농사를 지을 만한 땅 한 평을 사기도 힘들었다. 결국 농지가 아닌 아무 땅이나 사서 보유라도 해보자는 목표가 생겼다. 그동안 죽을힘을 다해 벌어둔 얼마간의 돈을 탈탈 털어서 말이다.

그래서 인천에서 가장 싼 땅을 찾아 돌아다녔다. 그 당시 시청이 동인천에 있었는데 인천으로 보면 서쪽 제일 끄트머리 쪽에 위치하고 있었다. 그러니 동쪽 끝과 북쪽 끝인 땅은 행정구역상 인천이기는 하지만 인천이라고 볼 수 없는 곳들이었다. 그래서 동자풍씨는 지금의 남동구인 곳의 작은 돌밭을 사기 시작했다. 이유는 단순했다. 당시 그곳이 인천에서 제일 쌌기 때문이었다.

인천 중심지에서 멀고 땅이 돌로 뒤덮여 있어서 아무 쓸모없는 땅이었다. 땅이 무려 평당 10원밖에 되지 않았다. 당시 아이들이 먹는 아이스케키가 5원이었으니 정말 싸다고 볼 수 있었다.

동자풍씨의 수입은 한 달 몇 천원 수준이었다. 그러나 그는 생활비를 아끼고 아껴 그 돌밭을 계속해서 샀다. 그러기를 30년. 이제는 제법 큰 땅을 소유하게 되었다.

그러다가 인천이 발전하면서 동쪽으로도 인구 분산이 많이 되었고, 더구나 인천시청이 너무 서쪽 끝에 치우쳐져 있다는 이유 때문에 시민들의 민원도 지속되었다. 결국 인천시청을 옮기는 계획을 세우게 된다. 그러다가 결국 시청 자리로 낙점이 된 곳이 인천에서 가장 싼 곳이며 암석이 많아 지반이 튼튼한 현재의 남동구 지역이 되었다. 동자풍씨는 하루아침에 엄청난 거부가 되있다.

그러나 그는 아직도 고급승용차 트렁크에 곡괭이 등 농기구를 싣고 다니며 남의 밭농사를 짓는다. 일을 하지 않으면 병이 난다며 아들, 며느리가 말리는데도 굳이 노동을 한다. 점심 지나 오후가 되면 며느리가 고급승용차를 끌고 참을 주러 온다.

한 우물만 팠더니
우물에서
노다지가 펑펑

        김평야(가명) 씨는 김포에서 몇 대에 걸쳐 농사만 짓고 사는 사람이다. 비록 부자는 아니었지만 그래도 비교적 여유 있는 농가에서 해방둥이로 나고 자라 중학교만 졸업하고 어려서부터 농사를 지어왔다. 부자라 할 수는 없지만 그래도 20여 마지기의 논(13,000㎡)을 가지고 있어서 밥을 먹고사는 데는 지장이 없었다.

        어려서부터 배운 것이라고는 죽을힘을 다해 농사일에 전념해야 한다는 목표의식뿐이었다. 그는 이 하나의 정신으로 그저 농사일에만 매달리며 살았고 60년대 개발 붐이 일기 전에는 장리[(長利), 춘궁기 등에 양식이 모자라는 사람이 추수하면 장리로 갚기로 하고 빌리는 벼. 장리란 원칙적으로 연 5할의 이자를 말한다]를 놓고 받아들여서 돈을 불렸고, 그렇게 불린 돈으로 이웃에서 매물로 나오는 논이나 밭들을 사들였다. 그가 논과

밭을 사들인 이유는 농사를 더 열심히 지어 소출을 늘리기 위함이었을 뿐 다른 목적은 없었다. 그 때문에 논밭이 늘어도 그는 자신의 본업인 농사를 소홀히 하지 않았다. 오히려 일만 많아졌다. 60년 초부터 그렇게 사들인 땅들이 60여년이 다 되어가면서 30만㎡나 되었다. 어엿한 땅 부자가 되었지만 그는 눈만 뜨면 논밭에서 일을 하는 농부가 더 잘 어울린다.

주변에서 개발 소문이 퍼지면서 "땅값이 올랐으니 가진 땅 다 팔고 다른 일을 하자"고 부추기는 사람들도 많았다. 언제까지나 농사일을 하며 고되게 살 것이냐고, 이제 그만큼 땅을 넓혔으면 그만할 때도 되지 않았느냐는 충고의 목소리들이 많았다. 그도 그럴 것이 주변에서는 땅을 팔아 목돈을 마련한 후 도시로 나가는 사람들이 많았다. 지긋지긋한 농사에서 벗어나 성공하는 것처럼 보였다.

하지만 그는 요지부동이었다. 천성이 농사꾼인지라 오로지 농사일에만 매달렸다. '농사를 빼면 잘하는 일이 없다'는 편이 오히려 그에게 맞는 말이었다. 그의 머릿속에는 땅이란 계속 사 모아서 늘려가는 것이지, 팔아서 이문을 남기는 개념이 아니었다. 남들이야 무엇을 어떻게 하든 그에게는 땅에서 자라 땅을 일구며 사는 농사꾼의 유전자로 가득했다.

그러던 어느 날 그가 가진 땅의 1/3에 가까운 9만㎡의 땅이 신도시로 편입이 되었다. 일부는 보상을 받고 일부는 택지로 땅을 받게 되었고, 일부는 주거지역으로 편입이 되어 보상과 대토로 받은 땅이 상업지역에 1천㎡, 주거지역에 6만㎡에 이르렀다. 그 중 일부는 공장이 지어져 월 임차료만 2,400만원이나 나온다. 하지만 주거지역에서는 공장을 할 수가 없다고 이주하라고 하고 또 주거지역 나대지는 주거용도로 개발해서 사용하라고 하는 통에 지금은 이 땅을 어떻게 활용해야 할지에 대하여 고민에 고민을 거듭하고 있다. 농사만 짓던 사람이라서 어떻게 해야 할지 자신이 없지만, 전문가의 도움을 받아 잘 가꾸고 보존하여 가장 효과적인 이용법이 무엇일지 고민하고 있다.

지금 그는 택지지구 내의 땅 61,000㎡을 비롯하여 그 연접한 지역에 있는 경지 정리된 논 9만㎡, 산 8만㎡를 보유하고 있으니 어림잡아 시가로 환산해 보면 5~6백억에 달할 것이다.

〈지금도 소유하고 있고 개발된 지역인 불로지구〉

비슷한 사례로 무안에 사는 이농부(가명)를 들 수 있다. 그의 부모님은 남의 집 머슴으로 어려운 환경에서 태어났다. 집안이 가난하니 소학교(지금의 초등학교)도 제대로 나오지 못하고 어려서부터 남의 집 일을 하면서 농사만 짓고 살았다. 머슴 새경(머슴이 주인에게서 한 해 동안 일한 대가로 받는 돈이나 물건)으로 받는 쌀 10여 가마를 모으고 모아서 주변에 나오는 갯벌 땅을 사들여 개간하였다. 남들은 농사짓기가 힘들다며 방치하는 땅들을 그는 오히려 싼 값에 사들여 개간을 하고, 그곳에서 농사를 지었던 것이다. 그에게 갯벌을 개간하는 일 따위는 아무 것도 아니었다. 땅이 늘어난다는 사실 하나만으로도 세상을 다 가진 기분이었다.

그러다가 경지정리가 되면서 농사짓기가 한결 수월해졌고 전라남도 도청이 들어오면서 남악도시로 개발이 된다는 소문이 나면서 땅값이 오르기 시작하였다. 주변의 많은 사람들이 좋은 값에 논을 팔고 목포로 나가서 장사도 하고 건물도 샀지만, 농사밖에 모르는 이농부씨는 그저 묵묵히 농사만 지을 뿐이었다.

남악도시가 개발이 되면서 보상금도 받게 되었지만, 그는 남들이 다하는 것처럼 수익형 부동산이라고 불리는 건물을 사지 않았다. 오히려 이웃인 영암과 해남의 논들을 계속하여 구입했다. 그리고 또 그곳에서 농사를 지었다. 이처럼 농지를 구입하다 보니 본인과 가족 명의로 몇 십만㎡의 농지를 소유하게 되었으며, 그 규모가 가히 기업농이라고 말할 수 있을 정도이다. 지금도 그는 매년 농지를 사들이고 있다. 수익형 부동산이 대세라지만 그에게는 딴 세상이다. 하지만 따지고 보면 이렇게 오랫동안 땅 투자를 하며 불리고 늘리는 것이 또한 수익형이 아니고 무엇이겠는가.

일반적으로 1,000㎡의 논에서 생산되는 쌀은 450kg 정도다. 여기서 경영비용으로 30% 가량이 들어가고 나머지가 수입이 된다. 물론 땅값을 넣고 계산하면 쌀에서 얻는 수입이 터무니없이 적을 수 있지만 어쨌든 1년이면 60여만원 정도의 수익을 얻을 수 있다. 100,000㎡로 환산하면 6천여만원이라는 계산이 나온다.

그렇다면 이렇게 벌어들인 수입을 생활비와 투자로 나누어 생각해 보자. 생활비 일부를 제하고도 인근의 농지 3~4천㎡를 살 수 있는 자금이 남는다. 매년 땅을 사기에는 어려움이 있으므로 2~3년 단위로 모아서 투자를 한다면 1만㎡ 단위로 구입이 가능한 규모다. 이렇게 하면 땅도 늘고 쌀의 생산량도 늘어난다.

이농부씨는 지금도 농사에 전념하면서 값싼 농지를 사들여서 농사를 짓고 있으니 땅이 늘어나는 속도는 훨씬 빨라졌다. 땅이 많아지면서 소출도 많아지고 자연히 수익도 늘어난다. 땅을 살 여력이 매년 조금씩 늘어난다는 의미다. 금융투자와 비교한다면 마치 복리처럼 땅이 늘어난다는 계산이 나온다. 그가 땅부자가 된 이유가 바로 여기에 있다. 부지런히 주어진 일에 전념한 결과 땅이 땅을 키우는 역할을 하여 자신도 모르는 사이에 부농이 되었던 것이다.

그는 70이 넘었지만 아직도 일선에서 농사를 짓는다. 그를 만나면 노인이 아니라 청년이라는 생각이 든다. 얼마 전에 돌아가신 친구의 아버님이 생각난다. 90이 넘으신 연세에도 경운기를 빌려 달라고 하면 "네가 무얼 아니? 내가 가서 해 주마!" 이렇게 말씀하시고는 직접 경운기로 밭을 갈아 주시기도 했다. 물론 얼마만큼 드리는 용돈을 그냥 받기가 미안해서 그렇게라도 하시는 것이지만 그만큼 정정하게 일을 하신다는 말이다. 그러니 나이가 농사에는 큰 문제는 아닌 듯하다.

이 두 가지 사례에서 우리는 공통점을 찾을 수 있다. 다른 곳에 한눈팔지 않고 그저 농사일만 하면서 한푼 두푼 모았고 그 모은 돈으로는 다시 농지를 사들였으며, 주변 땅값이 오르든 개발이 되든 개

〈소유하고 있던 땅이 개발된 남악신도시〉

의치 않고 수용이 될 때까지 그저 땅을 지키고 있었다는 사실이다.

물론 운이 좋아서 가지고 있던 땅이 개발도 되고 좋은 가격에 보상도 받을 수 있었다. 어쩌면 하늘의 도움이 조금은 필요한 일인지도 모른다. 하지만 동서고금에 땅으로 부자가 된 사람들을 보면 한 우물을 파면서 자기 일(농사)에 최선을 다하고, 일로 벌어들인 돈은 땅으로 저축을 하면서 결국 큰 부자가 되었다는 사실이다.

땅 투자란 마치 농사를 짓는 것과 비슷하다. 정직한 땅에서 일한 만큼 소득을 올리겠다는 우직한 목표의식이 시간이 지나면서 땅 부자의 꿈을 실현시키는 촉매제로 작용한다. 땅을 사서 몇 년 안에 무엇을 하겠다는 단기적인 목표보다는 멀고 길게 보면서 내가 살아 있는 동안, 혹은 내 자녀대에서 땅값이 오르면 좋고, 아니면 계속 보유해도 좋다는 느긋한 마음이 땅 부자들 탄생시킨다. 그러다가 예기치 않은 호재가 발생하면 예상보다 이른 시점에 땅 부자의 대열에 올라설 수 있다.

그래서 눈에 보이는 싼 땅을 하나씩 매입하다 보면 그 중에서 호재가 불쑥불쑥 튀어나오면서 "제발 비싼 값에라도 땅을 팔라"는 연락이 오기 시작한다. 그러면 원하는 가격에 그 땅을 팔고 또 다른 땅을 사두는 방식으로 땅을 늘려간다. 땅의 선순환이 평생 지속되는 것이다. 자녀에게도 이 방식대로 물려주면 대규모의 땅을 가진 일가를 이룰 수 있다.

아직도
1,000원짜리 땅 투자
가능한가?

1,000원짜리 땅 부자들이라는 말을 듣고 몇 가지 의문이 들 것이다. '1,000원짜리 땅에 투자해서 큰돈을 번다는 것이 정말 가능할까? 1,000원짜리 땅 부자들이 과연 있을까? 강남이 개발되기 전, 1960년대나 가능했던 이야기가 아닐까?' 하고 부정적인 의견이나 의문이 들 것이라 생각한다.

과거에는 땅에 투자하여 부자가 된 사람들이 부지기수로 많았다. 마치 전설처럼 땅으로 수백억대 자산가가 되었다는 이야기가 전해 내려온다. 고도성장기에는 몇 십원, 몇 백원 하는 땅을 사 두었더니 개발이 되거나, 도시화가 되면서 땅값이 수백 수천 배로 올라 소위 자고 일어나니 벼락부자가 되었다는 이야기가 실제로 존재했다. 그만큼 과거에는 1,000원짜리 땅으로 부자 대열에 오른 사람들이 우리 주변에도 많았다.

하지만 과거는 과거일 뿐이다. 중요한 것은 '현재도 1,000원짜리 땅을 사서 부자가 될 수 있는가'이다. 대부분의 사람들이 과거에는 가능했지만 지금은 전혀 불가능하다고 말한다. 대한민국 경제가 고도성장기를 지나 정체기에 접어들었는데, 과연 가능한 이야기일지 의문이 든다. 이렇게 의문을 품는 것은 당연하다. 하지만 문제는 그런 근거 없는 의문에 휩싸여 부자가 되는 기회를 날리고 있다는 사실이다.

지금도 그런 땅을 찾아 부지런히 발품을 팔고 있는 사람들이 많다는 사실을 알아야 한다. 그들은 누가 뭐라고 하던 남들이 다 안 된다고 할 때 기회의 땅을 찾아 '대박의 날'을 준비한다. 이 땅에 사람이 사는 한 도시는 계속해서 생겨나고 확장되며, 중앙과 지방정부의 정책이 변하고, 길이 새로 뚫리며, 산지가 농지가 되고, 농지가 주거용 토지가 되기 때문이다. 이밖에도 땅의 용도가 바뀌는 사례는 수없이 많다.

일반서민이 적은 수입으로 부자가 되는 유일한 방법이 바로 땅이다. 땅 투자는 일부 돈 많은 부자들이나 하는 그들만의 리그가 아니냐고 반문할지도 모른다. 하지만 사실이 아니다. 싼 땅도 많고, 땅을 매매하기도 쉬우며, 작은 규모의 땅을 적금처럼 얼마든지 모아갈 수 있다. 땅에 관심을 가지는 사람들이 적을 뿐 땅을 매매하기가 어렵거나 큰돈이 드는 일은 아니다. 일례로 100만원이면 1000원짜리 땅을 1천 평을 살 수 있다. 조금 비싼 1만원짜리 땅이라 해도 1백 평의 땅을 살 수 있다. 그렇게 조금씩 모아가면 된다.

이 책에는 그렇게 부자가 된 사람들의 이야기를 근거로 만들어졌으며, 그들의 방법을 독자들이 이해하기 쉽도록 풀어썼다. 그러니 지금이라도 땅에 관심을 갖고 실천하면 누구나 부자의 사다리에 올라탈 수 있다. 몰라서 안 했을 뿐 길이 없는 것이 아니다.

'아무리 그래도 1,000원짜리 땅이면 소액인데, 그렇게 적은 돈으로 투자가 가능하겠느냐'고 생각할 수 있다. 그래서 소액으로 투자하여 부를 키워 온 사람들의 이야기를 먼저 소개하여 당신의 우려와 의문을 풀고자 한다. 그들은 원래부터 대단한 부자들이 아니었으며, 투자감각을 타고난 사람들도 아니었다. 그저 평범한 우리의 이웃이었다. 그들이 가능했다면 당신도 가능하지 않겠는가? 그들이 해낸 일을, 나는 불가능하다고 재단하지 말자. 나도 할 수 있고, 나도 그들만큼 큰 부자가 될 수 있다는 꿈과 희망을 가져보자. 그리고 부자가 되는 그 길을 향해 한발씩 내디뎌 보기를 바란다.

1,000원짜리, 그러니까 소액으로 시작해 땅 부자가 되고 싶다면, 다음의 세 단계를 따라야 한다. 우선, 부동산은 물론 경제 전반에 대하여 평상시 꾸준하게 관심을 갖고 흐름을 파악해야 한다. 다음으로는, 푼돈이라 생각되는 돈일지라도 한푼 두푼 아끼고 모아서 종자돈

즉 투자자금을 마련해야 한다. 끝으로, 기회가 오면 투자를 실천하고 자식 키우듯이 잘 보듬고 가꾸고 키워서 꾸준하게 수익을 얻어야 하며, 그 땅을 달라고 간청하는 사람들에게 넘겨주고 자산 이득을 취해야 한다(땅을 사놓고 기다리면 간청하는 사람들이 하나 둘 모여든다).

경제에 관한 꾸준한 관심

땅 부자로 잘 살기 위해 실천해야 할 방법 중 첫째는 부동산과 경제 전반에 대한 관심을 취미로 갖는 것이다. 전업투자자(직업으로 하는 투자)로 살기보다는 지금 하는 일에 최선을 다하면서 돈을 벌고, 부동산 관련해서 취미처럼 시간을 조금씩 내서 관심을 갖는 것이다. 평상시 부동산 강의나 세미나에도 참여하고, 주변에 아파트 분양하는 곳이 있으면 그냥 지나치지 말고 모델하우스에 방문해 이것저것 확인해 보라. 나들이 간다는 생각으로 가족과 함께 방문하면 배우자나 아이들의 경제교육에도 크게 도움이 될 것이다. 이렇게 지금 당장 할 수 있는 일들을 하나둘씩 실천해 가다보면 어느 순간부터는 조금 더 관심이 많아지게 되고 나도 모르는 사이에 부동산은 물론 경제 전반에 대한 깊이가 상당 수준에 도달해 있을 것이다.

하루 1천 원, 1만원 모아서 종자돈 마련하기

지식만 많고 실속은 없는 속빈 강정이 되지 않으려면 한편으로는 투자를 위한 종자돈을 마련해야 한다. 수입을 늘리기는 어려운 일이므로 당장 실천할 수 있는 종자돈 마련 전략은 근검절약이다. 하루에 만원을 아끼면 종자돈 만원이 불어난다. 전원짜리 땅 10평을 모으는 효과다. 실제로 그처럼 될지는 부딪혀 봐야 알 일이지만, 그런 마음으로 절약을 해야만 목표의식이 생기고, 실천력이 배가 된다.

사람들은 대부분 푼돈 관리에 소홀하다. '그거 모아 봐야 얼마나 되겠느냐'고 생각하기 쉽다. 하지만 싼 땅을 사서 부자가 되려는 사람에게 푼돈이 과연 푼돈일까. 땅으로 부자가 된 사람들이 그렇게 생각했다면 그들은 지금도 그저 농사꾼이거나 직장인이거나 집 한 채 겨우 가진 서민에 머물러 있을 것이다. 불도저 같은 그들의 실천 정신을 본받아야 한다. 수입을 늘리기 어려운 시대, 푼돈을 잘 관리해야만 부자가 될 수 있다는 사실을 절대 잊어서는 안 된다. 푼돈으로 싼 땅을 사서 수백배 수천배의 수익을 거두려는 전략적인 사고를 가져야 하고, 유지발전 시켜야 한다.

이미 땅이 수십만 평에 이르는 땅 부자들 대부분이 지금도 나와 만나면 몇 만원 쓰기를 주저하고, 기름 값이 아깝다며 먼 거리를 걸어서 가는 경우가 많다. 실제 몇 백원이 아까워서라기보다는 근검절약이 몸에 배어 나온 행동일 것이다. 부자들의 아껴 쓰는 사례는 너무 많아서 이 곳에 쓰다 보면 책 한 권 분량이 나오고, 너무나 눈물

겨워 '도대체 인생을 그렇게까지 살아야 하나'라는 회의감마저 든다. 앞서 가는 사람들도 그처럼 노력하는데, 이제 막 시작하려는 당신의 입장에서야 오죽하겠는가.

하루를 살다 보면 최소한 커피 한 잔은 마셔야 하고, 담배 한 갑에, 퇴근 후 술 한 잔, 출근이 늦어지면 택시, 아니면 좋은 차를 소유해야 하거나, 거기서 더 커지면 최소한 체면은 세워야 하니 은행에 대출을 받아서라도 몇 평 이상의 집이 필요하다. 집을 채우고 있는 온갖 물건들도 얼마든지 절약의 대상이 될 수 있다. 전기, 가스 등 그 수를 헤아릴 수 없다. 남들과 키 맞추기를 하거나 삶의 수준을 생각하다가는 아무리 시간이 지나도 경제사정이 나아질 수 없다. 아니 오히려 사정은 나빠질 뿐이다. 일생 동안 돈을 벌 시간은 한정적이다. 어느 순간이 되면 나이가 차고 체력이 다하여 더 이상 일할 수 없는 상황이 온다.

서민으로 살아갈 것인가, 지금부터라도 부자의 사다리를 올려다볼 것인가는 전적으로 자신의 의지에 달려 있다. 그리고 가장 먼저 실천할 수 있는 일이 바로 근검절약이다. 그러니 이제부터는 밥값보다 비싼 커피를 마시며 삶의 여유와 의미를 찾기보다는, 그것을 포기하지 않으면서도 돈을 아낄 수 있는 다양한 방법들을 고민해 보자. 커피를 끊을 수 없다면 원두를 사서 마셔도 된다. 몸에도 좋지 않고 가족과의 화목도 깨기 일쑤인 술을 줄여가 보자. 그리고 술에 쓰는 돈도 얼마든지 더 줄일 수 있다. 비싼 안주 대신 싼 안주를 먹으면서 '내 땅이 몇 평 늘었구나' 하며 사고의 전환을 할 수 있다.

생활 속에서 1,000원을 절약하면 1,000원어치의 부동산 주인이 될 수 있다. 고민하고 결단하면 하루에 몇 천원에서 몇 만원, 가족생활의 구조까지 고치면 한 달에 몇 십만원을 절약할 수 있다. 그 돈을 땅으로 환산하여 목표의식을 잃지 않는 원동력으로 삼아야 한다.

"십여 년 전부터 출근 길 꼭 은행에 들려 5,000원씩 저금을 하는 남자가 있다. 바로 기아자동차 상계지점에 근무하는 이원창 과장이다. 왜 굳이 매일 은행에 가서 저금을 하는 걸까? 그것도 왜 늘 5천원일까?

자동차 영원사업의 스트레스를 온전히 담배 두 갑에 의존해 살아오던 그가 건강의 적신호가 켜지자 독한 마음을 품고 담배를 끊기로 한 후 매일 같이 담뱃값을 저금해온 것이다. 십여 년 전부터 시작되어온 이 일의 흔적은 통장 20개로 남아 있다. 자신과의 약속 하나만으로 해온 일이기에 성실하다 못해 참 고집스럽기까지 하다.

언젠가 꼭 좋은 일에 써야지 하던 중 지난 해 10월 성민복지관(서울시 노원구 소재 장애인종합복지관)을 찾아 금연통장에 모아둔 금액 중 일부인 500만원을 후원했고 올해도 역시 500만원을 후원했다."

성민복지관, 나눔천사이야기(2016.11.08)에서

하루 5천원의 힘은 약하지만 시간이 쌓이고 이자가 붙으면 그 힘은 결코 무시할 수 없는 정도까지 자란다. 절약을 실천할 수 있는 날은 바로 오늘부터다. 가지지 못한 우리는 가진 자들과 똑같이 해서는 그들을 따라 잡을 수가 없다. 가진 자들보다는 몇 배 몇 십 배 몇 백 배로 절약하고 노력을 해야 겨우 따라 갈 수 있는 것이 현실이다. 어느 정도의 단계에 오를 때까지는 좀 더 절약하고 노력할 필요가 있다. 빌게이츠는 "가난하게 태어난 것은 당신의 잘못이 아니지만, 가난하게 죽는 것은 당신의 잘못이다"라고 말했다. 지금 한 살이라도 젊을 때 모아서 나이 들어 조금은 편하고 여유롭게 사는 방법을 찾아야 하지 않을까 한다.

우리 속담에 "생일날 잘 먹자고 열흘 굶을 수 있느냐"는 말이 있다. 지금도 잘 먹고 잘 살고 나중에도 그래야 한다고 하겠지만 그것은 부모 잘 만난 사람들이나 꿈속에서나 가능한 일이고 우리의 현실은 그러하지 않다. 지금 잘 먹고 잘 살면, 후에는 못 먹고 못 살게 된다는 사실을 알아야 한다.

그렇다면 돈을 아껴 모을 수 있는 돈을 계산해 보자. 하루 1,000원을 아끼면 한 달이면 30,000원이 되고 1년이면 365,000원이 된다. 하루 1만원을 아끼면, 1년에 365만원이라는 돈이 종자돈이 된다. 목표가 있는 사람에게는 연말에 365만원이 온전히 종자돈 통장에 모이지만, 목표가 없는 사람에게는 스펀지에 물이 스며들 듯 어디론가 사라지고 없어지는 돈밖에 되지 않는다. 있어도 되고 없어도 되는 돈만 잘 모아도 땅에 투자할 돈을 충분히 모을 수 있다는 계산이 나온다.

땅 투자 실천

종자돈을 모아도 실천하지 않고 망설이기민 해시는 땅 부자가 될 수 없다. 실제로 자금은 있는데 땅 투자를 망설이는 경우가 많다. 정말 수익이 날지, 혹은 다른 투자가 더 나은 수익을 주는 것은 아닌지 고민이 많아진다. 이런 이유 때문에 앞서 근검절약을 강조하였다. 어차피 없는 셈 치고 모은 돈이니 한번 저질러 보는 용기가 필요하다. 땅 투자가 본래 사놓고 까맣게 잊어야 하기 때문에 근검절약으로 새로 창출된 자금을 이용해 싼 땅을 사고, 마치 원래부터 나에게는 없던 자산인 것처럼 관망하는 자세로 땅을 사가면 좋다. 당장 무언가를 하겠다는 목표보다는 땅을 사는 시점에는 남의 일처럼 큰 고민 없이 실천하는 편이 좋다. 언제 어느 곳에서 어떤 호재가 나올 것인가에 몰두하기보다는 여러 곳에 싼 땅을 넓게 포진시키는 전략이 성공확률을 높여준다. 언제 어디서 어떤 호재가 나올지 예측하기 어렵고, 예측을 한다 해도 실현될 가능성과 실현까지 걸리는 시간이 다 제각각이기 때문이다. 얕은꾀를 쓰기보다는 우직하게 끝까지 밀고나가는 사람이 성공한다.

이 책에 소개하는 땅 부자들도 다 그렇게 부자가 되었다. 부동산에 관심을 갖고 취미생활을 하면서 차근차근 종자돈을 모으면서 살다보면 경제의 흐름도 알게 되고 주변에 좋은 사람들이 많아져서 투자의 기회가 주어진다. 그러면 큰 고민 없이 땅에 적금을 붓듯 투자하였다. 그리고 시간이 지나면 그렇게 산 땅이 많아지고, 팔 기회가 오게 된다.

우리도 이제 한번 실전에 도전해 보자. 욕심내지 않는다면 손해볼 일이 없다. 그리고 전문가나 주변의 모임 등으로부터 의견을 들어가면서 잘 키우고 가치 있게 만들어 보자. 수익형으로 만들어서 수익을 올리던지, 필요로 하는 사람들에게 잘 팔아서 자산을 형성해 보던지 나의 능력에 맞게 수익도 실현해 보자. 그런 후에도 투자를 멈추지 말고 평생 지속해 보자. 당신의 인생에 어떤 변화가 오는지 확인하는 날이 반드시 오리라 생각한다.

지금도 평당 1,000원짜리 땅, 혹은 1만원대의 저렴한 땅들이 많다. 관심과 준비, 실천할 의지만 있다면 중장기적으로 보고 투자할 땅들이 눈에 들어올 것이다.

땅 부자들은
이렇게
투자한다

　　　　　　　책을 준비하면서 내 주변에 있는 땅 부자 30여분을 만나 부자가 된 이야기를 다시 들어 보았다. 또, 그동안 부동산업에 종사하면서 수많은 부자들을 만날 기회가 있었다. 나는 기회가 될 때마다 결례인 줄 알지만 조금만 친해지면 부자로 잘사는 사람들에게 어떻게 부자가 되었는지? 어떻게 종자돈을 마련했는지? 물어보는 버릇이 있다.

　부자들의 답변은 한결같이 "돈이 생기면 땅을 사둔 것이 어느 날 큰 돈이 되었다"였다. "작은 돈도 아껴 쓰고 한푼 두푼 조금씩 모았다가 어느 정도 돈이 모이면 땅을 산 것밖에는 없다"는 답변이었다. 비결치고는 너무나 단순하다. '정말 그것밖에 없어'라는 허망함마저 든다.

　나는 지금도 젊은이들이나 투자자들을 만날 때면 근검절약하고 작은 돈을 소홀히 하지 말며, 꾸준하게 관심을 갖고 부동산 정보와 지식을 축적하고 종자돈과 투자자금을 준비하다가 기회가 주어지면 투자를 실천하라고 말한다. 아무리 좋은 씨앗도 뿌리지 않으면 결실을 거두지 못하고, 아무리 좋은 씨앗도 아무 때나 아무 곳에나 뿌려서는 제대로 거둘 수 없다.

왜 부자들은 부동산투자로 그 첫발을 시작하는 것일까? 우선, 저금리일수록 '돈'의 흐름은 급격하게 둔해진다. 일반 서민은 경제가 안 좋다고 하면 바로 하는 것이 가정 내 수요를 줄이는 일이다. 최대한 지출을 줄이면서 가지고 있는 것을 지키기 위해 노력한다. 그런데 부자들의 투자법은 조금 다르다. 지금 부동산 부자들이라 알려진 사람들이 부자의 길을 걷게 된 시기는 바로 '1997년 IMF'와 '2008년 금융위기'였다. 위기를 거치며 부자로 거듭났다는 의미다. 지금 그와 비슷한 징조가 일어나고 있다. 저금리 기조를 유지하던 미국이 금리를 올리기 시작한 것이다. 그러니 투자를 준비하는 사람에게는 절호의 찬스가 오고 있는 셈이다.

일반 서민들이 하나라도 더 지키기 위해 허리띠를 졸라매고 있을 때, 우리나라 경제에는 온갖 알짜 매물들이 헐값에 시장에 등장하였다. 현재의 부동산 부자들은 이 기회를 놓치지 않았다. 남들이 위기라며 투자를 축소할 때, 평소라면 절대 쳐다보지도 못할 부동산을 급매나 경매를 통해 헐값에 사들였다. 그리고 위기가 지나고 나면 언제 그랬냐는 듯이 부동산들은 다시 제 가격을 되찾는다. 그 차익이 곧 그들의 종잣돈이 된 것이다.

또다시 IMF나 금융위기 같은 일이 닥치지 말라는 법이 없다. 두 위기 당시 미국이 저금리 기조를 유지하다가 2~3년간 금리를 올리고 그 후 2년 후에 우리에게는 IMF와 금융위기가 닥쳤다. 2017년 현재, 얼마 전까지 저금리 기조를 유지하던 미국이 금리를 올리기 시작하였고 2018년까지 금리를 올리겠다고 발표하였다. 그 2년 후 우리에게 어떤 일이 벌어질지 벌써부터 걱정이 앞선다. 하지만 투자자인 우리에게는 위기는 곧 기회다. 허리띠만 졸라맬 것이 아니라, 부자가 될 기회로 삼아야 한다. 물론 투자를 하기 전까지는 종자돈을 마련하기 위해 근검절약해야 한다. 그러다가 기회가 오면 과감히 투자하여 기회를 움켜쥐어야 할 것이다.

땅 부자들은 위기일 때도 호황일 때도 '가치 있는 것에 투자'하는 원칙을 저버리지 않는다. 우리가 당장 100억대 부동산 부자들처럼 강남의 노른자 땅이나 빌딩에 투자할 수는 없다. 하지만 아직 커 나갈 일이 더 많은 지방 땅과 서울 외곽지역에 수많은 땅들이 존재하고 있다는 사실을 기억하자.

거기다가 부동산시장이 소강상태에 접어드는 이즈음에 우리나라는 '국토종합계획'과 '2020도시기본계획'들을 새롭게 만들어야 할 중차대한 시기에 접어들었고, 많은 시군들이 이미 '도시기본계획'을 2020년 등으로 변경하고 있으며, 그 와중에 새로운 개발계획 등이 나오면서 투자를 할 곳들이 새로 나오고 있다.

땅 부자들은 부동산이 과열 양상을 보일 때는 안정적 수익에, 위기일 때는 시장에 떨어진 알짜배기 부동산에 크게 주목한다. 따라서 지금부터라도 금리 인상 등에 따른 긴축적이고 안정적인 자금 운용을 하면서 근검절약하며 종잣돈을 모으고, 종잣돈을 모은 후에는 경제상황에 따른 유연한 투자에 임하다 보면 어느새 달라진 나의 삶의 방식과 한곳에 쌓인 등기필증들을 보게 될 것이다.

아래 기사를 보면 많지 않은 사람들이 땅에 계속 투자하면서 지속적으로 땅을 늘려가는 모습을 확인할 수 있다. 대부분이 적은 돈으로 시작해 현재의 땅을 일구었다. 관심을 놓지 않는다면, 주식처럼 위험하지도 않고, 채권이나 적금처럼 느리지도 않으면서 결국 큰 부를 안겨주는 투자가 바로 땅 투자다.

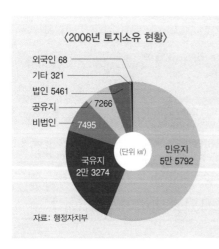

〈2006년 토지소유 현황〉

외국인 68
기타 321
법인 5461
공유지 7266
비법인 7495
국유지 2만 3274
(단위 ㎢)
민유지 5만 5792

자료: 행정자치부

"1% 땅부자가 사유지 57% 소유"

우리나라 전체 인구의 약 1%인 50만 명이 개인토지의 56.7%를 소유하고 있어 토지 편중현상이 여전한 것으로 나타났다. 이는 서울시 면적(605㎢)의 45배에 달하는 규모다. 특히 토지 소유자 중 상위 999 명은 여의도 면적(8.4㎢)의 171배, 전체면적의 3%에 해당하는 1438㎢를 보유하고 있는 것으로 조사됐다. 또 인구 4899만 명 중 토지 소유자는 27.9%인 1367만 명으로 파악됐다.

24일 행정자치부가 공개한 '2006년 토지소유 현황'에 따르면 우리나라 국토 면적은 9만 9678㎢이며, 이 중 개인이 소유하고 있는 민유지가 56%인 5만 5792㎢로 가장 많았다. 이어 국·공유지 3만 540㎢(30.6%), 외국인 등 기타 7884㎢(7.9%), 법인 5461㎢(5.5%) 등의 순으로 조사됐다.

개인별로는 상위 999명이 1인당 평균 143만 9242㎢를 보유하고 있는 것을 비롯,▲상위 1000~5000명이 3.8%(1846㎢) ▲상위 5000~1만 명 2.8%(1351㎢) ▲상위 1만~5만명 11.2%(5454㎢) ▲상위 5만~10만명 8.0%(3860㎢) ▲상위 10만~50만명 미만 27.9%(1만 3543㎢) 등이다.

토지소유자 1인당 평균 보유 면적은 3548㎡로 나타났다. 토지소유자 중 우리나라 전체 인구의 1%가 조금 넘는 50만명이 전체 개인 토지의 56.7%를 소유, 전년도의 57.0%에 비해 0.3%포인트 줄어들었다.

연령별로는 50대가 27%, 60대 25%, 40대 19% 등이었다.

〈서울신문 2007년 10월 25일자〉

간척지와 야산개발,
무에서 유를 창조한
기업형 땅 부자들

김상속(가명)씨와 상담하면서 알게 된 땅 부자 사례를 소개한다. 지금은 개인의 간척사업이 쉽지 않지만 그 옛날에는 어느 정도 관심이 있고 능력이 있으면 가능했다고 한다. 아버지가 간척으로 일군 농지는 30만㎡. 그 땅을 이번에 상속 받게 되는데 어떻게 하는 것이 좋겠느냐는 상담이었다.

간척지는 대부분 농지로 사용하고 있었고, 일부는 양식장, 또 일부는 수산물 가공공장으로 사용되고 있었다. 상속재산은 공시지가로도 50억대가 넘었다. 상속자는 배우자와 자녀 3명이었다. 당시 비사업용토지는 양도세가 60%였던 시절이었다. 법정상속지분으로 상속을 한다면 적어도 상속세가 15억대에 이르는 큰 돈이었다. 따라서 협의분할로 하여 상속세를 절세하고 실제 활용도 유용하게 하도록 하였다.

수산물 가공공장과 양식장은 작은 아들 2명이 상속을 하는 것으로 하고 농지는 배우자와 장자가 상속을 하는 것으로 하였다. 물론 규모가 이보다 적은 3만㎡ 미만이었다면 영농자녀가 상속하는 방안도 있었겠지만 면적이 24만㎡나 되었으니 불가했고, 또한 자녀나 배우자가 재촌자경하는 영농 종사자가 아니었으므로 이 또한 불가한 처지였다.

재촌자경(在村自耕)

직역하면 '농촌에 거주하면서 직접 농사짓는다'는 뜻. 하지만 실제 의미는 복잡하다. '재촌'은 농지 소재지와 같은 시·군·구에 실제 거주하거나, 농지 소재지로부터 직선거리로 20㎞ 이내에 있는 연접 시·군·구에 거주하는 경우를 말한다. '자경'은 농지에서 농작업의 2분의 1 이상을 본인이 직접 해야 한다는 의미다.

[네이버 지식백과]

바다를 막아서 간척한 농지로 땅 부자가 된 기업들은 대표적으로 '현대의 서산간척지'가 있다. 그밖에 지금은 '청라지구로 변한 동아매립지' 그리고 요즈음 한창 건설중인 '배곧신도시의 한화매립지' 등이다. 이렇게 무에서 유를 창조한 기업형 땅에서 간척지에 투자해 땅 부자가 되는 사례는 적지 않다. 하지만 위의 경우처럼 개인이 간척사업을 한 경우는 '당진의 제일농장' 등에서처럼 5~60년대에 시행되었던 사업들이다. 지금도 이런 틈이 있다면 한번쯤 도전해 보는 것은 어떨까 한다.

정부에서 시행한 대규모 간척사업과 그 지역주민에게 환지해주어서 간척지 주변에 살다가 몇 백원도 안 되는 땅을 불하받아 부자 된 사례들은 서해안 일원에서는 얘깃거리도 되지 않는다. 하지만 이제는 간척 사업이 많지 않고 환경보호 등으로 어려워진 상황이다. 그렇다고 불가능한 일은 아니니 투자기회가 오면 실행할 수 있도록 관심을 가져야 할 것이다.

간척지와 비슷한 땅 부자들로 야산개발사업을 들 수 있다. 70년대

〈우리나라의 대표적인 기업형 간척지인 서산간척지〉

말부터 80년대까지 정부에서 적극 추진한 야산개발사업으로 거의 쓸모없던 산을 가지고 있던 사람들이 전(밭)으로 변경된 땅 부자들이 되었고 지금도 이런 개발지들은 잘 활용되고 있다. 야산을 개발하여 전(밭)으로 만들어 쓸모없던 땅이 옥토가 되었고, 부자들이 탄생하는 기회로 작용했던 것이다.

고창에서 사는 정부자(가명) 역시 이런 혜택을 입은 사람들 중 한 명이었다. 선산으로 쓰려고 1,000만원도 안 되는 돈으로 장만해 두었던 야산 20만㎡가 개발로 인하여 전(밭)으로 바뀌면서 별안간 부농의 대열에 합류하였다. 당시 가치로만 10여배가 상승하였다.

이렇게 개간된 밭에서 특용작물 등을 재배하면서 얻은 수익으로 정부자는 고창 인근은 물론이고 대전, 세종시 등 개발이 예상되는 지역 땅에다 투자를 하였다. 그렇게 하여 지금은 농지가 60만㎡가 넘는 넓은 땅을 소유한 몇 안 되는 땅 부자가 되었다. 한편 나이가 들어가면서는 현금 흐름을 좋게 하기 위하여 서울, 부천, 인천 등의 상가에 투자하여 연소득 3억 이상의 수익을 내는 수익형부동산을 보유하게 되었다. 그 밑바탕은 땅에서 받은 보상금 등으로 마련하였으니 이를 땅 부자라고 아니할 수가 없다.

이렇게 정부에서 하는 각종 사업으로 인하여 불모지에 불과한 간척지나 야산이 쓸모 있는 농지 등으로 개발되고 여기서 다시 주거 등 신도시로 개발되는 과정에서 땅 부자들은 계속해서 생겨나고 있는 것이다.

그러므로 정부에서 추진하는 각종 사업들이나 개발계획 등을 보고 좋은 투자로 대응하면 땅 부자가 될 기회는 과거의 일이 아니라 앞으로도 많이 있으리라 생각한다.

〈 야산개발로 이룬 땅 모습〉

직장 다니며·사업하며 땅 모으기, 적금타기식 땅 투자 스토리

오 서기(주무관)는 시골 면사무소에 근무하는 공무원이다. 농사짓는 집안에서 태어나 고향 면사무소에서 근무하게 되었다. 결혼하고 분가할 때 다른 사람들처럼 땅 한 떼기 받지 못하고 그저 집 한 채 받아 살림을 시작하였다. 어려서부터 농사를 해왔으므로 이웃 주민들에게 주변에 있는 농지를 임대하여 3천여 평의 농사를 지으면서 근무를 하였다. 봉급으로 생활비와 농사 경비를 충당하고 새벽이나 저녁은 물론 휴일에도 틈나는 대로 농사일을 하였다.

가을에 추수하면 55가마 정도 쌀을 수확하게 된다. 도지(임대료)로 15가마를 주고 40가마 정도 남았다. 벼를 농협에 수매하거나 도정해서 쌀로 팔면 대략 600만원 정도 수입을 올릴 수 있었다. 농사짓는 비용을 적금을 붓듯이 투자하여 연말에 목돈을 타는 투자를 한 것이다. 이렇게 농사를 짓다 보니 내 땅에 대한 욕심이 났다. 그동안 봉급과 농사를 지어 얻은 돈 1천만원 정도가 모이자 6천만원 정도하는 농지를 경매로 낙찰 받아 내 땅을 마련하였다. 부족한 돈은 대출로 해결했다. 그리고 수확 후에는 몇 년간 대출금을 갚아 나가고 다시 돈이 모이면 땅을 사는 방식으로 투자를 반복하였다.

10여 년이 지난 지금 그의 재산은 어떤 변화를 겪고 있을까? 공무원으로만 사는 주변 동료들은 자산이나 여윳돈이 거의 없는 실정이다. 그는 이미 농지가 1,500여 평이다. 가치로 보면 3억이 넘는다. 그는 이렇게 하여 투자의 첫 단계(종자돈 모으기)를 넘었다. 이후부터는 그 굴러가는 규모가 기하급수적으로 늘어난다. 돈의 마력이랄까? 시간이 갈수록 수입이 커졌고 돈이 돈을 벌어주는 시스템이 작동하기 시작했다.

구 분	오서기	공서기	비고
10년 전 자산액	집 한 채	집 한 채	두 사람의 재산 동일
연간 봉급액	3500만원	3500만원	기본 수입 동일
부수입	연간 600~1200만원	0	농사를 통한 부수입 발생
불어난 자산	3억대 논 1500평	저축 5천만원	집가치 상승은 반영 안함
현재 자산액	3억원	5천만원	

오 서기는 처음부터 이렇게 한 것일까? 아니다. 그에게는 반면교사가 있었으니 바로 동네 선배인 조 서기였다. 지금은 면장으로 모시지만 그 선배는 맨주먹으로 시작해 농사일을 시작했고, 면 서기를 성실히 이행하면서 불굴의 의지로 살아왔다. 40년이 되어가는 지금은 면 내에서 유지로 통한다. 후배인 오 서기가 했던 것처럼 봉급을 받으면서 한편으로는 농사를 짓고 가을에 목돈이 생기면 대출을 끼고 다시 농지를 사고 그러다가 대출금을 다 갚으면 또 다시 농지를 샀다. 지금은 농지가 1만여 평에 이르고 일부 농지는 전용해서 임대를 주어 연간 소득이 억대가 훨씬 넘는다.

이를 유심히 지켜보고 따르던 오 서기는 조 서기를 그대로 따라 한 것밖에 없다. 선례가 있으니, 그저 따라서 실천한 것이다. 그 결과 면 서기 10년 만에 남들보다 월등한 차이를 보이는 자산을 보유하게 되었다. 아마 앞으로 20여 년 후 정년을 앞두고 있을 즈음에는 수십억대의 자산가로 변해 있을 오 서기를 만나게 될 것이다. 이미 돈을 버는 구조를 알았으니 향후 기하급수적으로 불어날 자산의 규모가 눈에 들어올 것이다. 그는 오늘도 행복한 꿈을 꾼다. 비단 돈이 많아서가 아니라 늘 할 수 있는 일이 있어서다. 그리고 돈이 많으니 이런저런 유혹에도 넘어가지 않고 오로지 멸사봉공의 정신으로 공직에 근무할 수 있다. 여기서 우리는 한 가지 투자교훈을 얻을 수 있다. 바로 시대가 변해도 땅 투자의 기본은 바뀌지 않는다는 사실이다.

사업을 하시는 분들이 참고하면 좋은 사례가 있다. 2000년 1월경 소규모 공장을 운영하는 친구 두 분과의 만남과 그 이후 그들의 투자 이야기다. 두 사장님은 업종도 같고 지역도 같고 규모도 거의 비슷한 수준이었다. 당시 IMF를 벗어나 약간의 여유가 생기고 부천지역에서 공업지역을 추진한다는 소문을 듣고 투자를 할까 하고 사무실에 방문하여 인연을 이어가게 된 분들이다.

이때 두 분 모두 5천여만원의 여유 돈이 있었다. 이 지역에 대한 개발 소문을 이미 들은 터였다. 그런데 투자를 실행하는 단계에서 두 분의 운명이 나뉘었다. 김사장님은 7천여만원을 대출 받아 1억2천만원을 부동산에 투자했다. 반면 원사장님은 회사설비에 5천여만원을 투자했다. 이후 사업이 잘되어 김사장님은 1년여만에 대출금을 갚을 수 있었다. 당시에 유행한 저금리 대출을 받아 공장을 지을 수 있는 녹지지역의 땅 500평을 3억에 추가 구입을 하였다. 이때에도 원사장님과 함께 사려고 했으나 원사장님은 최신 설비를 보강하는 데 쓰고 부동산 투자를 하지는 않았다.

이렇게 15년이 지난 2015년 말 결과는 어떻게 변해 있을까? 김사장은 그동안 개발한다고 하던 지역에 시가로는 8억여원이 되는 1,200평의 논(답)을 갖고 있다. 처음 투자금은 1억2000만원이다. 다리가 놓여지고 개발이 된다는 강화 삼산면에다 시가로 3억여원이 되는 2,000여평 땅을 갖고 있다. 그는 부천에서 제일 좋다는 주상복합에 살고 있다. 또, 녹지지역에 구입했던 농지는 공장(제조업)으로 개발하여 지금은 25억대의 부동산으로 키워서 대략 시가로 36억의 자산이 되었다. 물론 지금도 많은 대출금이 남아 있고 그동안 이자로도 상당한 돈이 지출되었지만 그래도 투자로 상당한 부를 축적하게 되었다. 그런데 원사장님은 투자를 하지 않고 시설 개선에만 치중을 하였기에 그 이후 추가적인 자산 증가는 거의 없는 실정이다.

또 하나 요즘같이 공장의 일거리가 줄어들 때 김사장이 일을 더 많이 할까 원사장이 더 일을 많이 할까? 아이러니하게도 김사장이 더 일을 많이 하게 된다. 그 이유는 자본주의사회에서는 여유가 있는 사람을 더 신뢰하고 일을 맡겨도 신뢰가 가는 사람에게 맡긴다고 하면 이해가 갈지 모르겠다. 실제로 요즈음은 김사장이 밀려오는 일거리를 원사장에게 주어서 함께 살아가고 있으니 참 우리네 삶이 어느 것이 정답인지 모르겠다. 이것이 '투자의 힘'이다.

지난 15년간 김사장과 원사장의 투자결과를 비교해 보자.

구 분	김사장	원사장	비 고
투자 시 자산	집과 공장	집과 공장	
투자사례	개발지역 논 1200평 강화 땅 2000평 녹지지역 땅 500평(공장개발)	저축 등	집과 공장 제외
투자결과 평가액	36억(대출 12억) 공장임대 월수입 1300만원	2억 정도 추정	

아내의 통 큰 결단으로 산 땅,
토지보상금으로
돌아오다

　　　　　　　　　　부동산에 대해서는 학교에서 제대로 배우지도 못했고 사회에 나와도 누가 알려 주지 않는다. 대부분의 사람들은 결혼을 하고 집을 준비하면서 부동산에 처음 눈을 뜬다. 그때서야 부동산이 우리네 삶과 밀접하다는 사실을 알게 된다. 이때라도 빨리 깨우치고 부동산에 관심을 가지면 잘살게 되지만 그때도 깨우치지 못하면 그저 그렇게 살 수밖에 없는 것이 우리네 서민의 일생이다.

　　나월급(가명)씨를 보자. 그는 월급쟁이다. 땅 투자는 큰돈이 있어야만 하는 줄로만 알고 있던 나월급씨는 이사를 하면서 친분을 쌓은 부동산사무실을 수시로 드나들며 부동산이 무엇인지 조금씩 깨닫게 되었다. 그가 처음 부동산에 관심을 갖게 된 계기는 우연이었다. TV

에서 YG엔터테인먼트 양현석대표가 힐링캠프라는 프로그램에 나와서 "8년간 부동산사장님과 김치찌개를 먹었다"는 인터뷰가 나왔다. 그때 '나는 지금 무얼 하고 있나?' 마치 망치로 얻어맞은 듯한 생각이 들었다. 주변에 부동산을 잘 아는 사람도 없고 해서, 이후 집을 중개해 준 부동산사무소를 드나들기 시작했다.

부동산중개업소에 드나들던 어느 날, 땅을 사러 오신 아주머니를 따라 함께 가게 되었다. 사장님의 설명과 그 아주머니의 이야기를 들으며 부동산은 건물이 아니라 땅을 해야 하겠다는 생각을 갖게 되었다. 그러나 땅을 사려면 아무래도 큰돈이 있어야만 할 것 같은 생각이 들었고 언제 그런 돈을 모아서 나도 땅 주인이 되어보나 하는 생각을 갖게 되었다.

그런데 우연치 않게 그에게도 기회가 왔다. 부동산사장님이 "이번에 주변 분들과 함께 땅을 구입하는데 함께 공동으로 투자해 볼 의향이 없느냐"는 것이다. 그런데 여유 자금이 하나도 없으니 그저 웃고 말았다. 집에 와서 아내에게 하소연 반, 기대 반 섞인 이야기를 했다. 그런데 아내가 "얼마가 필요한데?" 하고 묻는 것이다. "글쎄 난 돈이 없어서 물어보지도 못했어, 그리고 아마도 큰돈이 있어야만 하겠지" 하며 시큰둥하게 대답했다.

다음날 오후 아내가 그 부동산사장님을 만나겠다는 것이다. 그리고 만나서 얼마가 있어야 하느냐고 물으니 총 3억 정도가 들어가는데 곧 개발이 될 지역이라서 3~5년 정도면 보상이 나올 것이고, 일부는 대출로 하기 때문에 큰돈은 필요 없고 지금 필요한 1억2천만원 정도에서 지금 4명이 하려고 하니까 3천만원 정도를 부담해야 하고, 대출금 이자는 1년에 200만원 정도라고 한다. 적금 붓듯 3~5년을 기다리면 두 배 정도는 될 것이라는 설명도 덧붙였다. 지금 세 사람은 되었는데 한 명이 아직 안 되어서 함께 투자할 사람을 물색중이라는 것이다. 아내는 대뜸 "그거 제가 할께요" 하고 나섰다. 나월급씨는 '우리가 돈이 어디 있다고 저러나' 하는 생각에 겁부터 났다. 그리고 대출금 이자에 대한 걱정도 되었다.

여하튼 이런저런 사연으로 아내가 3천만원이라는 거금을 동원하였고, 나월급씨도 얼떨결에 땅 투자 대열에 참여하게 되었다. 이자라야 1년에 200만원 정도이니 적금을 붓는다는 심정으로 하자는 아내의 설득에다 땅 명의를 나월급씨로 해주겠다는 것이다. 지금도 그 투자 자금이 어디서 나왔는지 나월급씨는 모른다. 땅 투자는 돈이 있고 정보가 있고 그것을 잘 아는 사람만 하는 줄 알고 있었는데, 이렇게 우연치 않게 알게 된 사장님과 친하게 지내다 보니 그에게도 행운인지 불행인지는 모르지만 기회가 주어지기도 한다는 사실을 알게 되었다.

여기서 나월급씨는 부동산사장님을 어느 정도 신뢰할 수는 있지만 이것이 소위 말하는 기획부동산이 아닌가 의심도 들었다. 또 그 개발계획이란 것이 무엇인지도 궁금해서 물었지만 아직은 확실한 계획은 아니란 답변을 들으면서 망설인 것도 사실이다. 당시 나월급씨가 투자하려는 지역은 상공회의소에서 공업지역으로 개발할 계획이라는 소문이 나 있었다. 하지만 그 소문은 이미 10여년 전부터 나돌던 정보였다. 그동안 소문만 무성하고 추진은 되지 않았기에 의심이 들 수밖에 없었다.

아내의 통 큰 결심으로 투자대열에 합류한 나월급씨는 함께 투자한 사람들과 가끔 만나서 밥도 먹고 휴가도 같이 가면서 친형제처럼 가까워졌다. 다른 투자자들과 부동산사장님은 이미 오래 전부터 이렇게 지내면서 공동으로 투자를 해왔고, 부동산으로 남들보다 훨씬 큰돈을 벌고 있다는 사실도 알게 되었다.

그런데 땅 잔금을 치루고 며칠이 지났을 무렵, 개발 기사가 신문에 보도되었다. 개발계획이 발표된 후 개발 지정고시를 할 때까지 땅값이 뛰기 시작했다. 나월급씨는 말로만 듣던 땅 투기가 일어나는 현장을 직접 목격하게 되었다. 구입을 하자마자 개발계획이 발표가 되었고, 지구지정이란 것이 되고 보상 통보와 개발이 추진이 되는데 4년이 흘렀으며, 보상금을 받게 되었다.

3억에 구입한 그 땅에서 토지보상금으로 받은 돈은 6억이었다. 대출금 1억8천만원을 빼도 4억2천만원이라는 돈이 투자자 네 명의 손으로 들어왔다. 그동안 이자를 제하고도 1인당 1억원 정도가 되었다. 투자금 3천만원에 그 동안의 이자가 8백만원이 조금 안 되고 결국 6천만원이라는 거금을 4년 만에 벌었다. 그는 믿기지가 않았다.

'어떻게 3천만원으로 대출을 받고 해서 4년여 만에 6천만원, 200%의 수익을 낼 수가 있는지' 하는 생각이 들었다. '나 같은 월급쟁이가 1년 동안 죽어라 적금을 들어 보았자 1천만원 모으기도 힘든데 3,000만원과 대출이자 200만원으로 연간 1,500만원, 4년간 6천만원을 벌 수가 있는지' 도저히 이해가 되지 않았다. 이래서들 부동산에 투자를 하고 땅 투자를 하는구나 하는 생각을 하게 되었다.

나월급씨의 투자법과 일반인의 투자법 비교

구분	나월급 투자법	동료 재테크
투자금액	30,000,000원	30,000,000원
4년간 재테크	8,000,000원 이자지출	10,000,000원 이자수입 및 저축
투자실천 결과	100,000,000원	40,000,000원
순수익	62,000,000원	10,000,000원

이번 투자를 계기로 나월급씨는 지금도 투자를 지속하고 있다. 나월급씨는 우연한 기회에 관심을 갖게 되었고 그로 인해서 투자정보를 알게 되었으며 투자의 기회도 잡을 수 있었다. 또한 전문가를 활용하는 것, 내가 알고 있는 지식만으로는 한계가 있다는 것, 내가 하는 일에서는 내가 최고이듯이 다른 분야에서는 전문가를 적극 활용하는 것이 나에게는 더 유리하다는 사실을 알게 되었다. 지금 나월급씨는 다른 동료에 비하여 상당한 부를 이루고 잘 살고 있다.

** 토지수용에 대한 이해 **

토지수용사업 범위

공익사업을위한토지등의취득및보상에관한법률에 정해져 있는 공익사업

토지수용을 할 수 있는 공익사업은 공익사업을위한토지등의취득및보상에관한법률(이하 "토지보상법"이라 한다)에 그 종류가 자세히 정하여져 있으며 여기에 해당하는 경우에도 국토해양부장관이 특별히 수용을 할 수 있는 사업으로 인정을 해야만 수용을 할 수가 있습니다.

- 토지보상법에 정해져 있는 공익사업

  - 국방·군사에 관한 사업

  - 관계법률에 의하여 허가·인가·승인·지정 등을 받아 공익을 목적으로 시행하는철도·도로·공항·항만·주차장·공영차고지·화물터미널·삭도·궤도·하천·제방·댐·운하·수도·하수도·하수종말처리·폐수처리·사방·방풍·방화·방조(防潮)·방수·저수지·용배수로·석유비축 및 송유·폐기물처리·전기·전기통신·방송·가스 및 기상관측에 관한 사업

  - 국가 또는 지방자치단체가 설치하는 청사·공장·연구소·시험소·보건 또는 문화시설·공원·수목원·광장·운동장·시장·묘지·화장장·도축장 그 밖의 공공용 시설에 관한 사업

- 관계법률에 의하여 허가·인가·승인·지정 등을 받아 공익을 목적으로 시행하는 학교·도서관·박물관 및 미술관의 건립에 관한 사업
- 국가·지방자치단체·정부투자기관·지방공기업 또는 국가나 지방자치단체가 지정한 자가 임대나 양도의 목적으로 시행하는 주택의 건설 또는 택지의 조성에 관한 사업
- 제1호 내지 제5호의 사업을 시행하기 위하여 필요한 통로·교량·전선로·재료적치장 그 밖의 부속시설에 관한 사업

개별법률에 정해져 있는 공익사업

토지보상법에 정해져 있는 사업외에 개별법률에서 특별히 수용을 할 수 있는 사업으로 정하여진 경우에도 수용이 가능합니다.

- 개별법률에서 수용이 가능하도록 정해진 공익사업
  - 도시계획시설사업(국토의계획및이용에관한법률 제95조)
  - 택지개발사업(택지개발촉진법 제12조)
  - 하천사업(하천법 제76조)
  - 전원개발사업(전원개발촉진법 제6조의2)
  - 학교시설사업(학교시설사업촉진법 제10조)
  - 산업단지개발사업(산업입지및개발에관한법률 제22조)
  - 관광지조성사업(관광진흥법 제61조)
  - 철도사업(도시철도법 제5조)

- 도시개발사업(도시개발법 제21조)

- 도로사업(도로법 제49조의2) 등

토지수용절차

도지수용을 하기 위하여 사업시행자는 먼저 공익사업 편입 토지소유자와 보상에 관하여 협의를 하여야 하고 협의가 이루어지지 않을 때에 비로소 수용을 할 수 있으며, 2003년도에 종전의 공공용지의취득및손실보상에관한특례법과 토지수용법을 통합하여 토지보상법이 제정·시행되면서 이원화된 절차가 다음과 같이 일원화 되었습니다

- 협의매수대 수용비율 (면적기준 10년평균)

  ※ 자료출처 : 서울지방토지수용위원회 홈페이지

** 개발계획은 어떻게 알아내나? **

①주변에 소문이 돈다. ->〉②언론에 나온다. ->〉③개발계획을 발표한다. ->〉④개발이 추진된다. 개발 계획은 아래와 같이 제시되고 추진된다. 일부는 변경하여 추진한다.

①국토종합계획 ->〉②광역도시개발계획 ->〉③시도종합개발계획 ->〉
④시군도시기본계획

시가화예정용지에 투자한 대표적인 사례 - 판교신도시 2동탄

판교신도시는 이미 2000년 도시기본계획에서 시가화예정용지로 지정이 되어 있었다. 그것이 무엇인지를 대부분 잘 몰랐고 극히 일부만 알았기 때문에 땅에다 투자를 하지 못했던 것이다. 그때 그 판교지역에 투자했던 분들은 부자가 되었지만 지금도 땅을 치고 있다. 비교적 싸게 보상을 받았다고 생각하기 때문이다.

다시 최근 사례, 요즈음 핫한 지역인 2동탄을 보자. 여기서는 지면상 다설명할 수 없으나 이 지역은 2012년 10월 13일 도시기본계획이 승인되었고 2013년 2월 5일에 홈페이지에 공고하였다.

그러나 역시 아무도 관심을 갖지 않았기에 대부분의 사람들은 이제야 몇십배씩 경쟁률이 치솟는 택지 분양에 뛰어들고 있는 것이다. 지금은 공공사업으로 인한 택지개발지구 등에서 단독(근생)택지 330㎡나 상업용지 1000㎡를 대토로 받을 수 있는 제도가 있기 때문이다.

해당고시는 아래처럼 도시정책과에 들어가면 확인이 가능하다.

적은 돈을 모아모아, 공동 땅 투자로 큰 꿈을 꾸는 사람들

경매학원 동기인 최씨 일행 10명은 매주 토요일 스터디 모임을 하면서, 한 달에 1인당 10만원씩 투자금을 모았다. 한 달에 100만원, 1년이면 1200만원이라는 돈이 모여진다. 개인적으로는 적은 돈이지만 돈이 모이니 경매에 투자할 수 있는 자금이 되었다. 스터디 모임이 8개월을 넘어갈 즈음 감정가가 1억1천만원인 빌라를 2회차 경매로 9천만원에 낙찰 받았다. 그때까지 투자금으로 모은 돈은 8백만원. 부족한 돈 8천만원은 대출로 해결하였다. 이후 1억에 매도하여 1천만원의 차익을 실현하였다. 이렇게 몇 번의 경매 투자를 하면서 실패도 있었지만 2년이 지나자 순수한 투자 자금은 8천만원이 되었다.

그때 '우리도 땅을 해보자'는 제의가 있었고 마침 도로가 나는 땅이 경매로 나왔다. 해당 시청에 확인해 보니 1년 안에는 보상이 나갈 것이라고 한다. 물건을 공시지가의 1.2배, 감정가의 70%선에서 받을 수 있었다. 규모가 크지 않은 850㎡의 농지라서 투자금으로 모아 온 돈 중에서 4천만원을 충당하고, 회원 중 6명이 각 1천만원씩 6천만원을 더해 총 1억을 투자하였다. 11개월만에 보상금으로 받은 금액은 2억5천만원. 양도세와 대출금 이자 등 비용을 제하고도 9천만원의 순수익을 거두었다. 연 100% 수준의 투자수익이었다.

도로계획은 경매정보지나 대법원경매 홈페이지에서 물건에 대한 정보, 즉 도시계획확인서를 보고 확인했다. 도로 계획과 추진상황에 대해서는 도로 관련부서에 직접 찾아가 언제 날 것인지, 예산은 세워져 있는지 등을 상담을 통해 확인하였다.

그 후 도로 보상으로 일부 구간은 지급이 되고 일부 구간은 지급이 안 된 땅 1,983㎡가 경매로 나오자, 2억의 대출을 받아 2억5천만원에 낙찰을 받았다. 일부 구간도 곧 도로 보상이 될 것이라는 확인을 받고 투자를 하였으나 1년 반이 지나도록 보상이 되지 않아 속을 태우고 있다. 투자 당시 그 지역의 거래가는 ㎡당 17만원 수준에서 현재 20만원 정도까지 오르면서 금액으로는 1억5천만원 가량의 시세차익이 발생한 상황이다.

보상금은 어떻게 나올지 궁금하다. 통상 도로 보상의 경우 거래시세가 반영되고, 공시지가의 1.5배 수준 이상이니 3억은 넘고 3억5천만원까지도 조심스레 기대해 본다. 물론 2년간의 이자와 수용보상이 된 후 양도세를 제외하고 나면 수익은 줄어들지만 그래도 2년만에 자기자본(5천만원) 대비 200% 정도의 수익은 거둘 수 있지 않을까 기대해 본다.

구분	투자액	수익예상액	비고
경매로 구입	2억6천만원 낙찰가 2억5천만원 비용 1천만원 (자기자본 5천만원+대출2억)		
현재거래가			약 4억
보상예상가		약 4억 2년 이자 및 양도세 추정 5천만원 순수익 9천만원 예상	

처음에는 경매로 스터디 모임을 시작했지만, 우연한 기회에 땅을 사고팔면서 땅에 대한 생각이 바뀌었다. 땅이란 본래 돈이 있는 사람들의 전유물로 목돈이 들어가는 줄로 알았다. 하지만 직접 경험해 보니 생각보다 적은 돈으로 땅을 사고팔 수 있다는 사실에 놀랐다. 특히 2년간 대출금 2억에 대한 이자로 연 4.1%인 70만원이 조금 안 되는 금액을 적금 붓듯이 공동으로 투자를 하고 수익을 낼 수도 있다는 사실을 알고는 땅 투자 재미에 푹 빠져 들었다. 마치 투자의 신세계를 만난 듯했다.

집이나 상가 등만 대출이 나오는 줄 알고 있었는데

땅도 거래가액의 50% 정도는 대출이 가능하고, 경매나 공매로 할 경우에는 80~90%까지도 대출이 된다는 사실을 이번에 알았다. 다만 제2금융권이라서 주택에 비해 이자가 조금 높은 게 흠이기는 하다.

수용보상지역의 투자는 보상금 지급시기를 어느 정도 예상하고 투자를 하면 투자금이나 추가 부담에 대한 계획을 미리 예견할 수 있기 때문에 대응이 가능하다. 어떤 상황이든 계획에서 다소 변동이 있을 수는 있지만 변수가 자주 일어나지는 않는다.

한편으로는 그동안 자주 사고팔던 방식을 지양하고, 작은 빌라들을 대출을 끼고 경매로 받아서 월세로 놓고, 받은 월세는 빌라와 땅 투자 과정에서 발생한 대출금 이자를 갚는 데 사용을 하였다. 이렇게 세팅을 해놓으니 투자를 하면서도 이자부담이 없는 이상적인 투자 포트폴리오가 구성되었다. 투자에서는 이자 부담이 없도록 해야 한다. 돈의 흐름에 대한 선순환구조를 만들어야 한다. 이처럼 선순환구조가 만들어지면 투자자로서 한 단계 성장하는 계기가 된다. 이미 만들어놓은 수익을 발판으로 보다 공격적이고 확장성이 높은 투자가 가능해 지는 것이다.

구분	투자액	수익액	대출이자액	비고
농지투자	자기자본 5,600만원 대출 2억		월 67만원	
빌라투자	자기자본 4천만원 대출 1억2천만원	월 95만원	월 26만원	

스터디 모임 사람들도 마찬가지였다. 관심을 갖고 직접 투자까지 하다 보니 투자물건을 보는 눈이 뜨이기 시작했고, 리스크를 줄이면서도 투자영역을 확대할 방법들이 떠올랐다. 우선 수용보상지역에 대한 관심이 한층 높아졌다. 그래서 요즘은 산업단지 개발지역에 대한 수용개발에 관심을 갖고 최적의 물건을 찾는 중이다. 이런 지역에는 수용보상 중 '대토'라는 제도가 있다. 대토를 받아 공장을 짓고 임대사업을 하면 일정수익을 고정적으로 얻을 수 있다. 고정적인 수입이 발생하면 이를 발판으로 그 이후에는 보다 과감한 투자를 실행할 계획이다. 특별히 수용지역 토지투자는 꿩 먹고 알 먹는 매력 덩어리라고 생각한다.

수용지역의 대토란?

공익사업 등으로 토지가 수용되는 지역에서 현금보상 대신 토지로 일정 면적을 받는 것을 말한다. 농지를 4년 이상 재촌자경하고 다른 농지를 취득하는 '농지대토'와는 다른 개념이다.

공익사업을 위한 토지를 토지로 보상할 시, 보상하는 토지가격의 산정 기준 금액은 다른 법률에 특별한 규정이 있는 경우를 제외하고는 일반분양 가격으로 한다. 토지 소유자에게 토지로 보상하는 면적은 사업시행자가 정하며 그 보상면적은 주택용지는 990㎡, 상업용지는 1,100㎡를 초과할 수 없다. 이렇게 보상된 토지는 소유권이전등기를 마칠 때까지 전매(매매, 증여, 그 밖의 권리변동을 수반하는 모든 행위 포함. 상속 및 개발전문부동산투자회사에 현물출자하는 경우는 제외함)할 수 없다. 이를 위반한 때는 토지 대신 현금으로 보상할 수 있다.

소비에 몰두하는 사람
VS.
묻어두고 기다리는 사람

부동산을 많이 가진 사람들을 '땅 투기로 부자가 된 졸부'쯤으로 여기고, 정직하지 못한 사람이라는 굴레를 씌워 색안경을 끼고 보는 풍토가 아직도 남아 있다. 냉정하게 생각해 보았으면 한다. 땅이라고 하는 부동산은 동서고금을 막론하고 인류가 살아오면서 우상향 흐름을 한 번도 깨지 않았다. 그 과정에서 끊임없이 오르고 내리고를 반복하지만, 결국 시간이 지나고 나면 오르는 것이 땅의 속성이다. 아마도 부동산이 우리 삶에서 필요 없어지게 되거나 우주로 확장되어 부동산의 부증성(不增性, 부동산의 자연적 특성 중 하나로, 토지는 물리적 양을 임의로 증가시키지 못한다는 뜻)이라는 특성이 해소되지 않는 한 이 진리는 변하지 않을 것이다.

투기나 투자를 통해 땅의 주인이 바뀌거나, 혹은 원래의 주인이 그대로 가지고 있어 매매가 형성되지 않았다 하더라도 땅의 가치는 경제력의 상승과 함께 오를 수밖에 없다. 언제나 수요가 창출되기 때문이다. 만약 땅 거래가 이루어지지 않는다면 그야말로 선조로 부터 땅을 내려 받은 군주가 대한민국 최고의 부자가 되었을 것이다. 혹은 땅의 미래가치를 이해하고 쓰지 않는 논을 오랜 시간 동안 땅에 묻어 둘 수 있는 사람들만의 독점 점유물이 되어 더 큰 부의 편중을 야기하게 되었을 것이다.

하지만 땅의 매매가 이뤄지고, 규모가 작은 땅도 구입할 방법이 있기 때문에 서민들에게도 기회가 주어지고 있다. 땅 부자들을 보면 대부분 적은 돈이라도 허투루 쓰지 않고, 먹을 것 안 먹고 근검절약 하여 종자돈을 만든다. 남들이 차를 바꾸거나 해외여행을 하거나 명품가방을 사거나 좀 더 큰 아파트나 좀 더 넓은 집에 투자할 때에, 그들은 땅을 사서 갖고 있으면 아무리 어려운 일이 있어도 먹고 살 수는 있겠다는 일념으로 미래를 생각하며 땅에 묻어 두는 것이다. 땅은 땅에서 나는 소출만큼이나 정직하다. 땅은 투기가 아니기 때문에 땅에 묻어 두는 동안은 그 땅을 잘 관리하면서 한편으로는 자신의 일을 열심히 하면서 보존하고 지켜가는 것이다. 그래서 땅 부자들은 남들이 '땅거지가 되었다'고 핀잔을 해도, 긴 시간을 버티어 내고 있는 것이다. 땅에 묻어둔 돈을 쓰고 싶은 마음이야 어찌 없겠는가.

수도권에서도 70년대에는 몇십원 몇백원 하는 땅부터 90년대까지도 아니 지금도 몇천원 하는 땅들이 부지기수로 널려있다. 이 기회의 땅 앞에서 남들은 그동안 모아온 돈이나 대출을 받아 장사를 할 동안, 땅을 선택했다는 차이가 있었을 뿐이다. 이렇게 획득한 땅을 잘 관리하면서 직장이나 사업장에서 열심히 일을 하여 돈을 모으고, 모인 돈으로 다시 땅을 사면서 지내온 것이다. 땅 부자와 땅을 가지지 못한 일반인들의 차이가 일면 큰 것처럼 보인다. 그래서 땅을 가진 부자들을 보면 부러워만 할 뿐 자신도 그렇게 될 수 있다는 사실은 알지 못한다. 대단한 능력을 발휘해 땅 부자가 되었을 것이라고 지레짐작한다. 혹은 투기가 적중하여 운 좋게 현재에 이르렀다고 폄하할 뿐이다. 하지만 사실은 사소한 차이였을 뿐이다. 돈을 그때그때 소비하느냐, 땅에 묻어두고 기다리느냐 하는 기다림과 인내심의 차이일 뿐이었던 것이다.

1998년 IMF 직후 명예퇴직한 가수왕(가명)과 나사원(가명)의 이야기를 통해 한번 비교해 보자. 가수왕은 1억을 가지고 IMF 직후에 한참 바람이 일었던 노래방을 차렸다. 나사원씨는 수도권 외곽의 논(답) 2,000㎡를 5천만원에, 산(임야) 6,000㎡를 5천만원에, 총 1억을 주고 구입했다. 그리고 공장에 취직하여 매달 150만원으로 생활했다.

노래방을 차린 가수왕은 하루 매출이 30만원, 월 900만원 정도였고, 여기서 월세 100만원과 종업원 월급 등으로 100만원, 기기관리비와 공과금 등으로 100만원 정도가 지출되었다. 매출에서 이런저런 비용 300만원을 제외하면 월 600만원 정도의 순수입이 발생했다.

5년이 지난 후 노래방을 그만두고 음식점을 하려고 정리해 보니 보증금과 권리금을 받아도 회수된 돈은 7천만원밖에 되지 않았다. 처음 투자했던 원금 1억에서 3천만원이 줄어들었다. 지난 5년간 비용을 제하고도 연간 7,200만원에, 5년간 총 3억6천만원을 벌었는데, 그 돈이 다 어디로 갔는지 수중에는 한푼도 남아 있지 않았다. 벌이가 좋으니 반 이상은 생활비로 썼고, 나머지 반도 출처가 불분명한 곳에 스펀지처럼 흘러들어가 버렸다. 이리저리 해서 대출금 1억을 받아 1억7천만원으로 음식점을 하게 되었다. 또 다시 10여년이 흐른 지금 음식점은 그럭저럭 먹고 살 만큼의 수입은 되는데 모은 돈은 별로 없는 상황이다.

　한편 나사원은 어떻게 되었을까? 땅에다 1억원을 묻어 놓고는 틈틈이 농사도 짓고 직장도 열심히 다녔다. 적은 돈이지만 봉급으로 생활비를 충당했고, 농사를 지어 발생한 수입도 생활에 조금 보태었다. 18년이 지난 지금 나사원씨가 사 놓은 땅은 그다지 좋은 위치가

구분	가수왕	나사원	비고
1988년 퇴직금	1억	1억	
투자	노래방 1억 음식점 1억7천만원(대출 1억)	논 2000㎡ 5천만원 산 6000㎡ 5천만원	
그동안 수익	노래방 5년 3억6천만원 음식점 12년 5억 이상	17년 봉급 3억원	수입은 생활비 등 지출 잔고 없음
지금 환산	1억(보증금, 권리금)	15억(논 5억, 산 10억)	

아니었음에도 불구하고 수도권에서 벌어진 개발 등으로 인하여 땅값도 많이 올랐다. 5천만원에 샀던 논(답) 2000㎡는 5억여원, 5천만원에 샀던 산(임야) 6000㎡는 10억에 팔라고 하는데도 팔지 않는다. 그곳에 공장, 창고를 지어 임대를 놓을 생각이다.

아직도 땅 투자를 망설이고 있는가! 부자로 잘살고 싶은 꿈이 있다면 여유 돈이 생길 때마다 땅에다 투자하기를 바란다. 투자는 늦었다고 생각할 때가 가장 빠른 타이밍이다. 앞으로 몇 년을 더 살아야 할지 모르기 때문에 지금이라도 시작할 수밖에 없다.

지금 당장은 집도 없고 땅도 없더라도 꿈과 희망을 갖고 내일을 준비한다면 앞으로 10년 후 지금처럼 단 한 평의 땅도 없이 허망하게 보내지는 않을 것이다. 30년 40년 후 나이들어 있을 때, 팔아서 목돈을 챙기는 자산으로 활용하거나 개발 등을 해서 직접 또는 임대로 수익형으로 만들어 놓거나, 또는 매월 연금을 받는 그런 든든한 부동산인 땅이 당신을 든든하게 지탱해 줄 것이다. 단, 땅 투자라고 해서 아무 땅이나 사서는 안 된다. 땅값이 상승할 요인이 있어야 한다. 지금부터라도 땅에 대해 공부하면서 부자가 되는 꿈을 현실로 이뤄가기 바란다.

신문을 보면 월급을 한푼도 안 쓰고 몇 년을 모아야 집을 살 수 있다는 기사가 나온다. 아무리 열심히 일하고 저축을 해도 서민이 평생 모을 수 있는 돈은 5억이 채 되지 않는다. 하지만 푼푼이 모아서 땅을 저축하듯 사놓는다면 은퇴할 무렵이면 나도 모르게 그 녀석이 자라서 백만장자 이상으로 성장해 있을 것이다, 누구라도 백만장자가 될 수 있다. 준비하고 노력하는 자만이 그 특권을 누릴 수 있을 것이다.

길 없는 야산 맹지,
묘터로 투자해
2년 만에 10배

오지관(가명)씨는 경기도 양평지역에서 묘지나 집터를 잡아주는 지관(地官)으로 일을 하는 사람이다. 한학자 집안에서 태어나 농사일을 하는데 영 시원치 않고 그저 아는 소리 하며 동네 대소사에 참여하는 시골 선비다. 그러니 사는 형편이란 게 대대로 물려받은 논 몇 마지기로 그저 그렇게 살고 있다. 그런데 그의 집안에 홍복(洪福, 큰 복)이 생겼으니 그 이야기를 하고자 한다.

이런 할아버지를 보고 자란 손주 녀석이 있다. 서울에 나가 대학이란 물도 먹어보고 이런저런 사회생활도 하면서 대기업은 아니지만 중견기업에서 나름 자리잡고 살게 되었다. 돈을 조금 모아 둔 게 있어서 그때나 지금이나 열풍이 불고 있는 부동산에 관심을 갖게 되었다. 남들처럼 경매다 개발이다 하는 교육도 받고 투자 모임에도 참여를 해 보았다. 그러나 집안 내력 때문인지 투자는 엄두를 못 내고 있는 소시민이다.

그러던 중에 경매 정보지를 보니 고향 인근 양지바른 산 밑에 아주 적은 밭 231평이 나온 것이다. 경매 교수님도 시큰둥하게 넘어가는데 고향 땅이라 시골 내려가는 길에 한번 현장을 답사하게 되었다. 우연은 필연을 만드는 것인가. 왜인지는 모르지만 그 땅이 마음에 쏙 드는 것이었다. 할아버지에게 어깨 너머로 들은 바가 있어서인지 묘자리로 너무나 좋아보였다. 아버지를 모시고 다시 찾아가서 보았더니 "네가 어떻게 이걸 찾았느냐"고 하시면서 명당은 아니지만 길지는 분명하다고 하신다. 혼자만 알고 그때부터 자금 계획과 경매 절차를 다시 한 번 되짚어 보며 낙찰 받을 궁리를 하게 되었다.

감정가는 2,400만원인데 산 밑에 위치한 맹지(盲地)에다가 또 부동산시장이 얼어붙어 있던 때라 몇 번 유찰이 되고 감정가의 33% 수준인 최저가가 787만원이었다. '한 번 더 유찰되기를 바랄까, 이번에 입찰할까' 하며 경매 교수님에게 자문을 구하니 그걸 하느니 아파트를 사라고 한다. 하지만 계속 마음이 끌리고 하고 싶은 마음이 굴뚝 같았다. 마침 동문체육대회에서 부동산 전문가인 선배를 만나 어떻게 하면 좋을지 상담을 받게 되었다. 전문가 선배는 그 물건이라면 이번에 꼭 입찰해야 한다고 말하고 투자를 할 거면 입찰가를 1,000만원대에 해야 하는데 940만원대로 한번 해보자고 했다. 머리를 싸매고 고민한 결과 936만원에 입찰을 하였다. 3명이나 응찰을 하였고 2만원이라는 아주 근소한 차이로 짜릿하게 낙찰을 받을 수 있었다. 약간의 사례비와 등기비용을 포함하여 1,000만원에 그의 첫 번째 투자스토리가 쓰여졌다. 원하던 땅을 가진 기쁨은 더없이 컸다. 사실 실제로 투자한 돈은 500만원 정도이고 나머지 500만원은 처가의 도움을 받았다.

맹지(盲地)란?

지적도상에서 도로와 조금이라도 접하지 않은 토지를 말한다. 타 지번으로 사방이 둘러싸여 있으므로 자루형 대지라고도 한다. 지적도상으로는 도로에서 직접 진입할 수 없으나 실제로는 사람은 다닐 수 있고 차량으로는 들어갈 수 없는 토지인 경우가 많다.

[네이버 지식백과]

구입한 땅을 명의이전까지 완료한 후, 할아버지를 찾아가 그 땅을 사게 되었다고 말씀을 드렸고, 혹시 묘지로 사용하실 분이 있으면 팔게 해달라는 부탁을 드려놓았다. 1년이 조금 지난 어느 날, "묘지로 사용을 하려고 한다"면서 1억을 줄 테니 그 땅을 팔라는 연락이 왔다. 소유기간이 2년이 안 되었기에 계약은 바로 진행하고, 잔금은 6개월 후 2년이 지난 후에 소유권을 넘겨주는 조건으로 계약을 하였다. 그쪽에서는 지금 80%를 주고 잔금은 6개월 후에 하는 것으로 하자고 한다. 2년도 안 되어 1천만원이 1억이 되는 순간이다. 순수 투자금 5백만원을 생각하면 20배에 달하는 엄청난 수익이다. 지금은 화장을 많이 하지만 얼마 전까지만 해도 많은 사람들이 매장을 선호했고, 지금도 일부는 매장을 고집한다. 묘지로 쓰기에 좋은 땅은 그 값을 더 주고도 사려는 수요가 있기 때문에 그 가치는 수요자에 따라 달라지는 것이다. 더구나 사전에 장지 준비가 안 된 가족들은 당장에 묘지로 쓸 땅을 구할 때는 시가보다도 높은 가격에 구입하는 경우도 많다. 장지 구할 일이 갑자기 발생하는 경우가 많기 때문이다.

'부동산 투자에는 이런 일도 있구나. 열심히 일해서 월급 타고 적금으로 조금씩 모아서 부동산을 사려고만 했는데. 이래서 땅을 사는 거로구나' 하며 땅에 대해 관심을 갖는 계기가 되었다. 관심을 갖고 찾다 보면 큰 돈 없이 나도 땅을 살 수 있고, 돈도 벌 수 있다는 생각을 갖게 되는 사건이었다. 이 사건 이후 손주는 꾸준히 부동산 공부에 열을 올리고 있다. 부동산을 보러 다니는 게 취미라고 말할 정도가 되었다. 이제는 어엿한 부동산 투자자라고 말할 수 있지 않을까 한다.

실제로 나는 2000년대 초까지 충남 일원에서 경매나 급매로 2~3천만원대에 나온 작은 야산이나 산 밑에 있는 농지 등을 사서 그 지역에 묘지로 쓰려고 하는 사람들에게 좋은 값을 받고 매매하여 재미를 보았다. 아직도 충남 이남 지역에서는 화장보다 매장을 선호하는 문화가 남아 있다. 음택(묘지)이나 양택(집이나 사업장)은 명당을 원하지만 명당이란 누구에게나 주어지는 게 아니며 또 흔하게 주어지는 것도 아니다. 명당이란, 몇 대가 덕을 쌓아야 주어지는 것이라는 말이 있다.

지금은 전통적인 명당의 조건보다도 좋은 묘자리는 도로 즉 차에서 내려서 5분 이내에 도착할 수 있는 정도로써 양지바른 곳이라고 말할 수 있다. 여기에 뒤에는 산이 있고 앞에는 들과 물이 있다면 배산임수로 아주 좋은 묘터라고 할 수 있다. 주산과 안산 등 사신사가 갖추어져 있다면 이를 명당이라 칭해도 무방하리라. 반드시 매장을 원하는 어르신들이 있다면 얕으막한 산이나 산 밑의 농지 등을 눈여겨보고 구입하면 지금의 명당으로 손색이 없을 터이다.

사신사(四神砂)란?

풍수지리(風水地理)로 지세(地勢)를 살필 때, 전후좌우에 있는 네 개의 산. 이 사신사의 위치에 따라 명당(明堂)의 지형과 지세를 파악한다.

[두산백과]

실천이 우선이다. 실력보다 실천이다

오지관씨 손자 사례를 보면 우연히 일어난 일처럼 보인다. 그러나 그렇지 않다. 우선 부동산을 사야 한다. 그런데 사지 않고 망설이면 성공이 없다. 물론 사지 않았으니 실패도 없을 테지만, 먼 미래로 보면 사지 않은 것은 실패로 보면 된다. 노동으로 사는 삶은 은퇴 이후에 대한 준비가 안 된 삶인데, 부동산이건 주식이건 사지 않으면 죽을 때까지 노동으로 수입을 충당해야 하기 때문이다. 그러니 사지 않고 망설이기보다 사는 것이 우선이다.

강의 시간에 투자처에 대해 말을 할 때가 있다. 반응은 두 부류로 나뉜다. 내일 당장 가서 사는 사람과 입에 떠 먹여줘도 못사는 사람. 경험상 당장 실천하는 사람이 약 1%라면, 입에 떠 먹여줘도 못사는 사람은 약 99%다. 극단적인 예이지만 투자처를 듣고 경매 1건이라도 받아오는 사람이 10년에 한 번 나올까 말까 하는 수준이다. 이론 공부만 하고 판례도 줄줄 외우면서 경매법정에 한 번 안 들어간 사람들이 대다수다.

예전 경기도 광주 재개발을 막 시작하려던 시기였다. 평당 500만원 하던 빌라가 평당 700만원까지 두 달 만에 뛰었다. 그런데 한 순진한 청년이 두 달이 지난 후에 왔다. 돈이 없는 이 청년은 평당 500만원짜리 빌라를 사려고 경기도 광주 시내를 돌았다. 처음에는 미친놈 소리도 들었다. 아니 지금 평당 700만원인데 500만원짜리가 어디에 있냐면서 말이다. 부동산에서는 그냥 700만원짜리를 사라고 했다.

그래도 그 청년은 평당 500만원짜리만 사겠다고 했다. 그 청년은 매일 부동산이 여는 시간에 맞춰서 하루는 송정동, 하루는 경안동, 하루는 역동 이런 식으로 부동산을 돌면서 얼굴도장을 찍었다. 아침에 커피도 타먹고 점심엔 자장면도 시켜먹고 저녁이 되어서야 집으로 퇴근했다. 나중에는 그 청년 얼굴을 모르는 부동산이 없을 정도가 되었다.

일이 이렇게 되자 광주 지역 부동산 사장님들 사이에서는 그 청년이 측은하다며 물건이 있으면 도와주자는 분위기가 감돌았다. 그렇게 두 달 남짓 지날 때쯤이었다. 어느 날 갑자기 오른 시세를 모르는 빌라 신축업자가 마침 평당 500만원에 빌라 한 동을 급매로 내놓았다. 물론 그 동네 부동산에서는 그 청년 한번 도와주자고 했다. 그래서 그 청년은 전세 끼고 평당 500만원에 3채를 구입했다. 청년은 잔금을 치르자마자 평당 700만원에 3채를 다 팔았다. 그런데 그 청년 정말 순진했을까?

명당이란?

살아서는 좋은 환경을 갖춘 집자리에서 살기를 원하고, 죽어서는 땅의 기운을 얻어 영원히 살기를 원했던 사람들의 땅에 대한 사고가 논리화된 것이 풍수지리설인데, 그 원리에 따라 실제의 땅을 해석하는 방법으로 간룡법(看龍法)·장풍법(藏風法)·득수법(得水法)·정혈법(定穴法)·좌향론(坐向論)·형국론(形局論) 등이 있다.

이 가운데 특히 명당을 상세히 논하고 있는 경우는 정혈법으로, 풍수에서 요체가 되는 장소인 혈(穴)은 음택(陰宅 : 묘소)의 경우 시신(屍身)이 직접 땅에 접하여 그 생기를 얻을 수 있는 곳이며, 양기(陽基 : 집)의 경우 거주자가 실제로 삶의 대부분을 얹혀 살게 되는 곳인데, 명당은 이 혈 앞의 넓고 평탄한 땅을 일컫는다.

산소의 경우 묘판(墓板), 주거지의 경우 주건물의 앞뜰을 내명당(內明堂)이라 하고, 이보다 더 앞쪽으로 비교적 넓은 땅을 외명당(外明堂)이라 부른다. 또는 4개로 나누어 소명당(小明堂 : 金魚水가 합치는 平坦이 있는 곳)·중명당(中明堂 : 案山의 안쪽)·외명당(안산의 바깥쪽)·내명당(청룡과 백호로 둘러싸인 안쪽)으로 부르기도 한다.

혈과 명당은 풍수의 전체계(全體系)에서 가장 중심이 되는 요소로서 구체적인 정혈의 방법 가운데에 명당정혈법(明堂定穴法)이 있다. 이에 따르면 명당은 넓고 평탄하고 원만해야 하며, 좁고 경사지거나 비뚤어지면 좋지 않고, 명당이 제대로 되어야 혈도 진혈(眞穴)이 된다고 한다.

살아서나 죽어서나 명당자리를 차지하려는 인간 모두의 갈망으로 인하여 사회적인 문제가 일어난 경우를 역사상 많이 볼 수 있는데, 이 중에서도 특히 국가를 새로 세울 때 풍수지리설에 입각하여 명당자리에 도읍을 정하였던 예가 고려의 개경(開京) 정도(定都)와 조선의 한양 천도이다. 이 경우 명당은 도성 안을 가리키는데, 땅을 보는 범위에 따라 명당의 범위도 달라질 수밖에 없다.

[네이버 지식백과]명당[明堂](한국민족문화대백과, 한국학중앙연구원)

꿩 먹고 알 먹는,
100세 시대
요양원 투자 이야기

'100세 시대'라는 말이 전혀 어색하지 않은 시대가 되었다. 사람이 100세까지 살 수 있다는 소식 외에도 우리나라는 베이비부머 세대가 은퇴를 시작하면서 고령층의 인구 비중이 유사 이래 최대치를 갱신하고 있다. 초고령사회로의 진입이 눈앞이다. 그에 따른 관련 산업이 유망할 것이라는 예측은 어렵지 않다.

요양원이든 병원이든 도심지 내에 있다면 편리성에서 매우 좋은 일이지만 반대로 자연친화적이고 쾌적한 환경을 원하는 경우도 있다. 어느 것이 더 좋으냐 나쁘냐는 개인적인 취향이나 환자의 상태에 따라서 달라진다.

여기서는 물 좋고 산 좋고 공기 좋은 전원형 요양원을 운영하는 나봉사(가명)씨에 대한 이야기를 하고자 한다. 사업과 봉사 그리고 땅 투자에 있어서 좋은 사례가 되지 않을까 하여 소개한다.

사회에서 이런 저런 일을 하면서 봉사활동을 많이 했던 나봉사씨는 가족 같은 분위기에서 노인들이 여생을 보내다가 생을 마감할 수 있는 요양원을 자그마하게나마 장만해 보고자 했다. 가진 돈이 많지 않으니 수도권에서부터 저 멀리 충청권까지도 찾아 다녔지만 마음에 맞으면 돈이 부족하고 돈이 맞으면 작은 농가밖에는 구할 수가 없었다. 간절히 원하면 얻게 되는가. 강원도 철원으로 놀러 갔는데 그 곳에서 인근에 나온 '축사와 밭' 3,000㎡를 3천만원에 판다는 정보를 얻게 되었고, 이곳에 요양원을 지을 수 있는지 자문을 받게 되었다.

요양원을 한다면서 축사를 구입한 이유는 무엇일까? 전 주인은 농업인으로서 축사를 지어서 가축을 길렀지만 이제는 축산업을 포기하고 팔려고 해도 잘 팔리지 않았다. 그러던 중 축사를 용도변경하면 다른 용도로 활용할 수 있다는 조언을 받고는 바로 계약을 했던 것이다. 땅을 구입한 후 축사를 주택과 사무실로 용도변경을 하고 850㎡를 분할하여 대지로 지목변경을 하였더니 땅값이 주변 대비 3배가 뛰었다. 그리고 나머지 땅에는 농사를 짓기 시작하였다.

재가요양원으로 등록을 하고 원생을 입소시키며 일을 시작했다. 요양원 운영에 대해서는 여기서 논외로 하고자 한다. 그리고 나니 시설이 부족하여 추가로 600㎡를 근린생활시설로 허가를 받아 확장을 하게 되었고 시설에 입소한 환우들을 위하여 산책과 등산을 위한 야산 4,500㎡를 4500만원을 주고 추가로 구입했다. 결국 적은 돈으로 요양원 시설을 마련할 수 있었고, 텃밭 1,550㎡와 각종 약용작물을 재배할 수 있는 야산 4,500㎡까지 구입하여 환우들이 나가서 흙을 만질 수 있는 기회도 제공하고 또한 입소한 식구들에게 좋은 먹거리를 직접 제공할 수 있었다. 뿐만 아니라 부식비나 보양음료 등을 자체생산할 수 있어서 운영비도 절감되었다. 그야말로 1석3조의 효과였다.

나봉사씨의 경우 적은 돈으로 자신이 평소 원했던 일을 하면서 땅값 상승이라는 수혜도 본 케이스다. 요양원을 팔 계획이 없어 땅값 상승에는 크게 개의치 않는 모습이지만, 예상보다 적은 금액으로 생각보다 큰 요양원을 운영할 수 있다는 사실만으로도 성공적인 투자라 할 만하다.

신의 한 수,
한 고수의
자투리땅 투자법

나의 멘토이자 땅 투자에 있어서 고수로 통하는 지인 분의 이야기다. 사실 이 이야기는 매우 조심스러운 부분이 있다. 우선 일반인들은 섣불리 따라하지 말라는 조언을 하고 싶다.

그는 항상 자투리땅에만 투자한다. 도심에서는 도로가 아니라면 이런 땅을 발견하기 어렵다. 그러나 도시주변이나 시골에서는 심심치 않게 나오는 물건이다. 자투리땅, 즉 소규모 땅은 일반 매물보다는 경·공매로 많이 나온다. 지분으로 되어 있는 땅들이 많고 쓸모없는 구석쟁이 작은 땅들이기 때문이다.

도로나 하천 등의 사업 과정에서 자투리가 나올 때 매수 청구를 한다. 수용 당시에 접근하면 수용지를 수용가에 매입해야 한다. 하지만 시간이 지난 후에 접근하면 수용가는 물론 주변시세의 절반 이하에도 구입을 할 수가 있다. 그야말로 쓸모없는 땅이기 때문이다. 그런데 이런 쓸모없는 작은 땅이 효자가 되어 돌아오는 경우가 많다. 도로 확장으로 수용이 되면 대박을 친다. 또는 주변에 신도시 등 택지개발이나 휴게소, 물류창고 등을 건설하려는 경우 대박을 맞는다.

자투리는 아니지만 공유지분(공동 등기) 땅 투자도 소액투자로는 아주 좋은 방법이다. 일반 매매에서도 그렇고 경·공매에서도 지분으로 나오는 산이나 농지는 낙찰가율이 매우 낮다. 아주 저렴하게 투자하는 경우 평당 1,000원에도 구입할 수가 있다. 정말 낮은 가격에 대출을 끼면 더 낮게도 가능하지만 불행하게도 그런 지분 땅에서는 더군다나 소규모 땅에서는 대출이 불가하니 자금을 다른 곳에서 융통하여 투자를 해야 할 것이다.

지분투자를 잘하면 3년 만에 투자금의 2~3배를 남길 수도 있다. 하지만 개인적으로 좋은 방법은 아니라고 생각한다. 너도 좋고 나도 좋고 여유롭고 너그러운 마음으로 투자를 즐겨야 하는데, 그런 투자가 쉽지 않다.

대신 자투리땅 투자는 다른 이들을 돕는다는 심정으로 하면 좋다. 못 팔아서 쩔쩔매는 그런 사람들의 땅을 사주거나 아니면 경·공매로 처분을 하는데 가격이 너무 낮게 내려가니 나라도 사주어야겠다는 심정으로 투자를 한다. 마냥 기다리는 투자를 할 수도 있고 중간에 처분 방법을 궁리하며 투자금을 회수하는 방법도 있을 것이다. 이처럼 작은 돈으로 적금을 붓듯이 하나 둘씩 투자를 하다 보면 장롱 속에는 등기문서가 수북이 쌓일 것이고, 하나씩 없어지면서 주머니엔 돈이 두둑이 쌓이게 된다. 물량공세라고나 할까. 싸고 작은 땅들을 깨알 같이 모아 어디서 터질지 모르는 호재를 기다리는 투자법이다.

이런 자투리땅이나 소액투자로 땅을 사놓고 불효자를 효자로 만드는 한 가지 방법이 있는데, 우선 금고를 하나 산다. 그리고 이 자투리땅의 등기권리증 수십 장을 금고 안에 넣어둔다. 그리고 자식들이 오면 금고를 슬쩍 열어 보이며, "나 죽으면 다 니들 꺼야"라고 한 마디만 하면 자녀들의 효도에 불이 붙는다.

이북에서 내려온 이 분은 남의 농사일은 물론이고 온갖 잡일을 다 하면서 근근이 모은 돈으로 산비탈이나 구렁텅이 등 싼 농지를 평당 몇백원 할 때부터 사들였다고 한다. 그렇게 사들이고는 농지로 잘 개간하고 가꾸고 그러다가 돈이 모이면 또 사면서 땅을 하나 둘씩 늘려 나갔다. 이러는 과정에서 자투리땅들은 아주 싸게 구입할 수가 있었다. 이곳저곳 싸게 나오는 땅들도 사게 되었다고 한다. 그러다가 부천시가 개발이 되면서 자투리로 사놓았던 땅들이 모두 개발되고 환지를 받아서 건물을 짓고 또 팔아서 다른 농지도 사고 자투리땅은 계속해서 사주었다. 이렇게 지금껏 투자를 했더니 남들은 평생 한번 탈까 말까 한 수용보상금을 수시로 타먹게 되고, 이곳도 개발 저곳도 개발하면서 수익을 창출하였다. 이 방법으로 지금 전국에 보유한 땅이 아마도 백만 평은 넘을 것으로 추산된다.

물론 이런 방식으로 모든 땅이 개발되거나 수용되는 것은 아니다. 수십 년간 제대로 활용도 못하고 방치되어 있다시피 한 땅이 더 많다. 그렇지만 그런 땅이 너무 많다보니 개중에 수용이 되는 땅도 나오고, 인근 땅을 개발하거나 사용하려고 하면서 팔기를 요청해 오는 경우가 많다는 것이다. 따라서 당장 필요한 돈이 아닌, 있어도 그만 없어도 그만인 여윳돈으로 물건이 나올 때마다 일단 사놓고, 마냥 기다리는 투자를 해야 한다.

타고난 투자자,
또 다른 나의
멘토 이야기

공무원 생활을 하던 내가 부동산전문가로 변신을 하게 된 데에는 여기서 소개하는 또 다른 멘토와의 인연이 크게 작용했다. 내 인생에 가장 큰 영향을 준 사람 중 한 명으로 그의 땅 투자 이야기를 풀어내 보고자 한다.

이분과 처음 인연을 맺게 된 때는 1988년 부천시로 발령을 받아 농지업무를 담당하면서부터였다. 당시 이 분이 찾아와 중동 신도시 개발 소문이 돌고 있는 지역에 논을 구입하겠다고 하는 것이었다. 이제 곧 개발을 하게 되면 논은 수용이 될 텐데 그곳에 왜 투자를 하느냐고 만류를 하자 그냥 농지취득자격증명만 해주면 된다고 하는 것이었다.

당시 배우자와 자녀에게 농지를 사주었는데 전혀 이해할 수가 없는 상황이었다. 나중에야 알게 되었지만, 이 또한 합법적인 증여를 위해서였다. 당시는 취득신고를 대부분 공시지가로 하는 시기였다. 따라서 공시지가로 신고하고 증여신고를 하면 실거래가보다 1/3 정도나 저렴하게 증여한 것으로 되니 증여세를 많이 절세할 수가 있었다. 추후 보상은 실가로 하니 그 차액인 2/3만큼의 증여세를 절세하면서 증여가 가능했던 것이다.

그런데 여기서 하려는 이야기의 핵심은 증여문제가 아니다. 이 사장님은 젊어서부터 직장에 다니면서 농지를 사서 농사까지 짓고 살았는데, 돈이 모이면 땅을 사고 땅을 산 후에는 농사를 짓다보니 어느 시점이 되자 개발이 될 만한 곳이 보였다. 그래서 사 놓으면 길이 나고 또 택지로 개발이 되었다. 보상을 받으면 그 돈을 다른 곳에 쓰지 않고, 다시 인근에 땅을 사면서 점차 불려나갔다. 그러다 보니 땅한 평 없던 신세에서, 얼마 전 돌아가시기 전에는 본인과 가족명의 땅이 전답을 포함해 농지가 15만㎡, 임야가 30만㎡나 되었다.

최근에는 부천의 오정물류단지에서 자식들이 4만㎡ 이상의 보상을 받았는가 하면, 몇 천원에 구입했던 산골짜기에 있던 농지는 전철역세권에 위치하여 1천만원대의 땅으로 치솟는 등 투자에서 남다른 실력을 뽐내었다. 또한 시흥과 서운동에서 도로 보상으로 2000년대 초에 구입한 포천의 땅은 도로가 나면서 그야말로 대박이 났다. 그 모습을 보면 참으로 경이롭기까지 하다. 정말 땅을 보는 눈이 신기에 가깝고 저절로 존경스러운 마음이 든다. 특별히 도시계획 등을 공부한 것도 아닌데 타고난 능력을 보이는 이유는, 그동안 여러 곳을 돌아보며 투자하고, 경험한 결과라는 생각이 든다.

내가 이 사장님을 멘토라고 칭하는 이유는 비단 투자실력 하나 때문만은 아니다. 이 사장님 덕분에 나 역시 땅을 보는 눈을 가지게 되었기 때문이다. 파주 LCD공장이 들어온다고 할 때인 2000년 초였다. 도저히 어디에 어떻게 투자해야 할지 망설이고만 있었다. 이 사장님이 때마침 놀러 오셨기에 물었다. "정말 잘 모르겠습니다." 그러자 이 사장님은 다짜고짜 차에 타라고 하시더니 나를 수원 기흥의 삼성전자 앞에다가 내려놓고는 "돈 있지?" 하고는 가버리시는 것이었다. 영문을 몰라 하루를 소일하다가 그냥 집으로 왔더니 다음날 사무실로 와서는 "내가 이럴 줄 알았다고" 하시며 다시 차에 타라고 하더니 또 수원에다가 내려놓고 가버리시는 것이었다. '그래 삼성전자 주변을 보라는 말 같은데 한 번은 보자'하고 수원역, 용인, 영통지구 등을 며칠 동안 빙빙 돌아다녔다. 그분의 의도가 어느 정도는 읽혀졌기에 발이 퉁퉁 부을 정도로 발품을 팔았다. 그러고 나니 정문과 후문 그리고 주변의 개발 모습이 조금씩 보이는 것이었다.

그리고 나서 파주 월롱으로 가서 돌아보니 대략 여기다 하는 곳이 눈에 들어왔다. 당시 대부분의 전문가분들은 월롱역 주변을 추천했는데 그게 아니었던 사실을 알게 되었고, 그때 땅을 보는 눈이 확 띄었다. 그러니 나의 영원한 멘토라 할 수밖에….

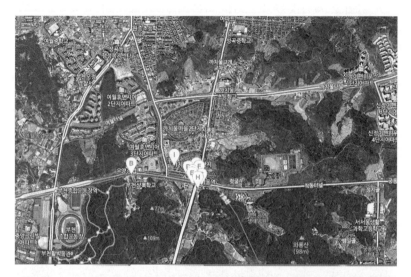

〈 현재의 까치울역 주변 〉

* 개발 전 사진을 구할 수 없어 현재의 모습을 싣는다. 휴먼시아 등 개발 전에는 도로도 없고 산골짜기에 불
  과했던 까치울역 주변

5형제의
눈덩이처럼 커지는,
스노우볼 투자법

　　　　　　　　　부동산 투자가 한창이던 2000년, 윤오영
(가명)씨 형제가 땅 투자를 하겠다고 찾아왔다. 가지고 있는 돈은 형
제가 모두 합해 2천여만원 남짓이었다. 당시 부천지역의 땅값은 3.3
제곱미터(1평)당 15만원이었다. 대체적으로 9천만원 정도에 물건들
이 거래되므로 적어도 4천여만원은 있어야 투자가 가능한 시기였다.

　이런 이야기를 쭉 해줬더니 무척이나 실망한 눈치였다. 그래서 혹
시 다른 형제나 이웃들과 함께 할 수 있겠느냐고 물으면서 조금 더
알아보고 오라고 했다. 지금 오르고 있는 상황이니 빨리 결정하는
게 좋겠다고 했고 일주일 후 5형제가 5천만원을 마련해 다시 찾아왔
다. 그 날로 8,800만원에 1,983㎡의 땅을 계약했다. 계약금과 중도금
으로 4천만원을 건네고 부족한 자금은 대출을 받기로 하였다. 한 달

후 잔금을 치르고 윤일영(첫째)씨의 명의로 땅 투자를 했다.

당시 구입한 땅은 공장지역으로 개발계획 소문이 돌고 있었다. 계약을 하고 언론에 보도가 되면서 예상대로 땅값이 뛰기 시작했다. 보통 소문이 도는 시기에는 땅 투자에 경험이 많거나 발 빠른 투자자들이 땅을 매입한다. 일반 투자자들은 언론을 통해 정보가 나와야 움직이기 시작한다.

개발예정지역 즉 개발지역에서의 가격 상승은 보통 '3승 법칙'이라 하여 ①개발계획이 나올 때 ②개발이 착공될 때 그리고 ③준공후에 오른다. 잔금을 치를 무렵에 돈이 조금 더 없느냐고 하니까 3천만원은 된다고 한다. 지난 번 논(답)에서 1,500만원과 이번 논(답)에서 7천만원 그리고 투자금 3천만원, 도합 11,500만원에 윤이영(둘째)씨의 명의로 또 하나의 논(답) 1983㎡를 구입하게 되었다.

이 지역의 땅값은 예상대로였다. 소문에 오르기 시작하더니 언론에서 발표가 되자 1년여 후에는 2배가 되었고, 3년이 지난 2003년에는 3.3제곱미터(평)당 40만원으로 2.7배가 상승했다. 일단 3년이 지난 윤일영(첫째)의 논을 2억4천만원에 매도한 후 대출금7,500만원을 상환하였다. 그리고 나니 1억6,500만원이라는 거금이 손에 쥐어졌

2016년 세법 개정 이전인 당시 양도세 감면 비교표

구분	8년 이상 재촌자경	3년 이상 재촌자경 매도 후 대토 3년 이상 재촌자경 감면	비고
양도세감면액	2억	1억	

다. 여기서 양도세는 얼마일까? 3년 이상 재촌자경하고 대토를 하면 양도세가 1억까지 감면되므로 차익은 전부 수익으로 보아도 된다.

 투자 회수금으로 이번에는 개발제한구역에서 해제되는 중규모 취락마을로 지구단위계획이 예상되는 지역의 밭 1,785㎡를 대출 1억5천만원을 끼고 2억8천만원에 구입했다. 개발제한구역에서 해제되는 취락지역은 주거지역으로 해제가 되지만, 지구단위계획으로 묶여 다시 도시개발사업을 추진해야 하므로 상당한 시간이 요구되는 곳이다. 하지만 개발제한구역에서 풀리면서 주거지역으로 되기 때문에 땅값이 상당한 폭으로 오를 것으로 보고 투자를 하게 되었다.
 그해 가을에는 윤이영(둘째)씨 명의의 논(답)도 2억5,200만원에 매도를 하여 양도차익 1억8,200만원이 수익으로 남았다. 이 돈으로는 자연녹지지역에 있는 전 510㎡를 3.3제곱미터(평)당 120만원인 1억9,500만원에 대출 9천만원을 끼고 구입을 하였다.
 이 지역에 투자를 한 이유는, 도시지역 내에 녹지지역으로써 도심 내에 위치한 얼마 남지 않은 유보지역인 데다, 인근 군부대가 이전 압력을 받고 있기 때문이었다. 군부대가 이전을 하면 시가지로 개발될 것이라 판단하고 투자를 하였다. 이렇게 투자하고 남는 잔여액 1억2,200만원으로는 조금 외곽지역인 곳에 투자했는데, 이곳은 인근의 개발계획지역이 추진되면 보상금이 풀리고 보상금을 재투자를 할 만한 곳인 논(답) 1,620㎡를 대출 7천만원을 끼고 1억9천만원에 구입하였다.

　개발제한구역 해제지역에 있던 땅은 2007년3월 제1종주거지역으로 지정되는 시기에 7억원이 넘게 팔고 대토를 했으며, 자연녹지지역에 있는 밭은 지금도 갖고 있다. 이 밭은 2014년 10월에 발표한 2030부천시도시기본계획에서 시가화예정지역으로 지정되었으며 2~3년 내에 택지개발지구로 수용될 것으로 보인다. 현재 예상가는 8억 정도로 보고 있다. 대장동 논 1620㎡와 주거지역 편입 후 대토한 농지 3개(5949㎡)는 12억 상당으로 이제는 5형제가 1개씩의 토지를 보유하고 있다.

　이를 투자관점에서 정리해 보면, 2000년 초에 7천만원과 2006년 추가 투자금 8천만원, 그리고 그간의 추가 이자부담 8천여만원 해서 2억3천만원 정도를 투자했고, 지금은 대략 시가로 약 23억 정도에 달하며, 그 중 대출금은 3억에 불과하다. 결국 자산이 20억으로 불어난 것이다.

　이 시기 아파트에 갭투자를 하거나 상가에 투자했다면 이만큼의 수익을 낼 수 있었을까? 갭투자는 전세가율(매매가 대비 전세금 비율)이 높은 지역에서 매매가격과 전세가격의 차액을 노리고 집을 사는 투자법이다. 매매가 2억짜리 주택의 전세금 시세가 1억8천만원이라면, 전세를 끼고 2천만원을 들여 집을 사는 형식이다. 전세 계약이 끝나

단위:만원, ㎡

투자시기	물건	구입금액	회수금액(환산가액)	비고
2000. 1	투자금 4000			
2000. 1	답 1983	9000(대출 5000)	매도	개발소문
2	투자금 3000			
2	답 1983	11500(대출 8500)	매도	개발소문
2003. 3	답 1983		24000(대출금 7500)	16500 세금 0원
2003. 3	전 1785	27000(대출15000)	매도	개발제한구역 해제지
2003. 10	답 1983		25200(대출 7000)	18200
2003. 11	전 510	19500(9000)	보유평가 80000	자연녹지
2004. 1	답 1620	19000(7000)	보유평가 30000	외곽지역
2007. 3	전 1785		76000(대출 15000+ 세금 6000)	55000
2006. 12	투자금 8000			
2006. 12	답 1983	27000	보유평가 40000	
2007. 2	답 3966	50000(14000)	보유평가 80000	23억(대출 30000)
	투자금 15000		보유평가액 230000	대출금 30000 대출이자 약 8000

면 전세금을 올리거나 매매가가 오른 만큼의 차익을 얻는다.

2000년대 초반 1억이면 큰 돈이다. 하지만 5형제가 나누어 부담을 했으니 1인당 2천만원이 안 되는 돈이었다. 2천만원이라는 크지 않은 금액으로 16년만에 1인당 4억 정도의 자산을 만들었다. 대출이자는 적금을 붓듯이 해결하며 땅에 투자하니 이렇게 대박으로 돌아오는 것이 아닌가 생각된다.

이것이 바로 땅 투자의 매력이다. 땅 투자는 돈을 버는 시기(직업을 가지고 있을 때)에 종자돈과 부족한 자금은 대출금으로 만들고 이자와 원금을 적금처럼 붓는다. 매달 버는 돈이 있어야 부담이 되지 않으며, 안정적으로 투자를 할 수 있다. 그러다 보면(어느 시기가 지나면) 땅이란 놈이 스스로 구르며 눈덩이처럼 불어서 나중에는 생각지도 못 할(눈 사람) 만큼의 자산이 되어 있다. 이것이 '작은 돈을 계속 불리다보면 결국 큰 돈이 된다'는 스노우볼(Snowball, 눈사람) 투자법이다. 그 마력에 빠져 들어야만 그 맛을 알 수가 있다.

2000년 당시 신문기사내용(2000년 1월 18일 기사가 있었는데 찾지 못하고, 2월 20일 기사를 게시한다.)을 보자.

부천시, 지식산업특구 지정 요청키로

부천시는 오정구 오정동과 대장동 일대 110여만평에 조성키로 한 지방산업단지를 '지식산업 특구(特區)'로 지정해 줄 것을 정부에 요청할 방침이라고 21일 밝혔다. 시는 이를 위해 지방산업단지의 입지수요와 지역경제파급 효과 분석을 비롯한 경제적 타당성 검토와 함께 개발방향 및 지원체계 수립 등 특구지정 요청을 위한 연구용역을 최근 서울대 국토문제연구소에 의뢰했다. 시 관계자는 "국토개발연구원의 2020년 광역도시계획개발 연구와 경기개발연구원의 지식산업벨트 연구가 동시에 진행중"이라며 "지방산업단지 연구용역 결과가 나오는 오는 6월께 정부의 광역도시계획안에 부천의 지방산업단지 조성지역을 포함시켜 줄 것을 건의키로 했다"고 밝혔다. 이와 함께 현재 그린벨트로 묶여있는 지방산업단지 조성예정 부지 중 소각장(4만평) 및 하수처리장(11만평) 부지를 제외한 나머지 100만평의 해제도 요청할 방침이다. 시는 2004년까지 지방산업단지를 무공해 산업, 만화, 정보통신산업 등 첨단산업단지로 조성한다는 계획이다.

강성열기자 / 중부일보

나무나 약초로
소득도 올리고,
땅값도 오르고

최경위는 정년을 얼마 남기지 않고 그동안 고민이 많았다. 다들 그만두고 할 일 없이 왔다갔다 하거나 경비 등 잡일을 하는 걸 보고 자신은 은퇴 후에 무슨 일을 해야 할지 여러 가지 생각이 많았다. 그러던 차에 마침 호두농사를 지으면 수익을 올릴 수 있다는 기사를 보았다. 은퇴 후의 삶을 임야에 유실수 재배로 정하고 적금을 부으며 종자돈을 마련하기 시작했다. 한편 쉬는 날이면 수도권을 비롯하여 충청도나 강원도로 돌아다니며 산을 둘러보았다.

돈이 많으면 좋은 산을 사면 그만이지만, 문제는 가진 돈이 많지 않았다. 또한 어느 정도의 규모가 되어야만 판로 등을 개척하고 유지하기가 수월하다는 조언을 들은 터였다. 최소한 5~6천㎡는 넘어야만 제대로 된 호두농사가 가능한 상황이다. 그래서 1만㎡ 정도 되는 임야를 구하려고 찾아 다녔으나, 규모에 맞추면 깎아지른 절벽이고 돈에 맞추면 적거나 쓸모가 없었다. 그렇게 보아온 산만 해도 수백 개는 되었을 것이다.

그러던 중 이전 해부터 집중적으로 보아오던 공주시 지역에서 마음에 드는 산 하나를 찾게 되었다. 최경위는 그길로 몇 년을 벼르고 벼르던 호두재배용 산을 구입하였다. 공주시에 있는 마을과 조금 떨어져 있고 맹지기는 하지만, 사실상 현황도로(지적도 상에 도로로 표기되어 있지 않지만 주민이 오랫동안 통행로로 이용하고 있는 사실상의 도로)가 있는 임야 1만㎡를 6천여만원에 구입했다. 비록 맹지이고 산속에 있지만 바로 옆에 축사가 있어서 현황도로가 있고, 그 땅에 큰 집을 지을 계획도 아니었다. 다만 농막이나 작업장 정도만 지으면 되므로 그곳으로 내려가서 천천히 작업하면 그건 가능할 것 같은 생각에 구입을 결정하였다.

이제 은퇴를 하기 전까지는 땅을 정리하고 호두나무를 심고 가꾸다가, 은퇴 이후엔 본격적으로 내려가서 노후는 나무와 함께 유유자적하면서 용돈이라도 벌어 쓰고 살아가겠다는 것이다.

이미 산 아래의 일부는 밭으로 쓰고 있으니 이곳에는 호두나무 등 유실수나 약초 묘목을 재배하여 호두가 본격 생산될 때까지는 물론 그 후에도 묘목 판매로 생활비 이상의 부수적인 수입도 올리겠다는 야무진 설계를 하고 있다.

최경위의 이런 생각은 어제오늘의 일이 아니었다. 벌써 몇 년 전 건강에 대한 관심의 증가로 견과류에 대한 정보가 매스컴에 소개가 되었고, 한국에는 아직 호두재배가 많지 않아 대부분 북한이나 중국 등에서 수입을 한다는 것이었다. 이에 착안하여 호두재배를 결심했고, 산을 찾아다닌 이유였다.

여하튼 이런 계기로 우리나라에서 호두를 많이 재배하는 농가 2~3곳을 찾아 이미 자문도 받아 놓았다. 그저 막연한 정보와 기대가 아닌, 현실적인 대안을 가지고 자신이 어떻게 해야 할지 확고한 철학이 있었다. 이미 호두나무 재배로 연간 1억 이상의 수입을 올리는 농가가 많고, 많으면 한해 5~6억을 벌기도 하며, 자녀들까지 대를 이어 농사를 짓는다고 한다.

최경위가 조사해 보니 아주 오래 전부터 싼 땅에 호두나무를 재배하여 소득도 올리고, 땅값도 덩달아 오른 사례가 많았다. 땅값이 많이 오른 사실은 알지만 호두로 버는 수입이 많기 때문에 자신의 땅 전체 가격이 얼마인지도 가늠이 되지 않는 사람들, 의도한 바는 아니었으나 소액으로 장기간 땅에 투자한 사람들. 바로 이들이 그런 사람들이었다.

최경위는 초기자본이 적게 드는 농작물을 찾던 중 호두 농사에 관심을 갖게 되었다. 호두나무는 초기 결실까지 7~9년의 장기간이 소요돼 경제적으로 어려움을 겪기 쉽다. 이는 선배 조림가들의 조언이었다. 그가 은퇴 전부터 호두나무 재배를 하고자 하는 이유가 바로 여기에 있다. 은퇴 후 시작하면 가정경제에 타격이 올 수 있기 때문이다.

호두는 심은 후 7년부터 100년 이상까지 수확이 가능하다. 자녀들에게 물려주면 후대까지 그 수입이 미치는 것이다. 이런 생각에 그는 더욱 열심히 호두재배에 열을 올린다. 힘들지만 포기하지 않고 성과가 날 때까지 노력할 생각이다.

호두는 특히 국내산의 경우 생산지 기준으로 kg당 25,000원에 거래된다. ha당 평균 800~1,200kg을 생산하니 2,000~3,000만원의 소득을 얻을 수 있는 대표적인 고소득 품목이다.

최경위는 퇴직 후 10년 안에 3ha 이상의 땅에 호두나무를 재배할 계획이다. 호두나무 재배지 밑에는 산채(산나물)를 심어 추가 소득을 올리려고 한다. 지금 당장은 소득이 크지 않지만, 호두나무에 결실이 시작되는 7년여가 지나면 연소득 2천만원 이상, 10여년이 지나면 억대를 바라보지 않을까 한다. 또한 지금은 비록 6천만원짜리 땅이지만 10여년이 지나 호두 수확이 본격적으로 시작되고 수익이 억대를 넘어가면, 10억 정도의 땅 부자는 되어 있을 것으로 생각한다. 그는 이런저런 희망과 꿈을 안고 언제나 싱글벙글이다.

호두나무는 아니지만 실제로 약초를 재배하여 소득을 올리고 땅값을 높인 사례를 소개한다. 10여년 전에 은퇴를 앞둔 김산지(가명)

씨가 수도권에서 값싸고 좋은 땅을 구할 수 없느냐고 찾아 왔다. 과연 값싸고 좋은 땅이 있을까? 그런 땅은 없다. 그렇지만 나와 비슷한 처지이고 내 나이 또래들이 겪는 안타까운 심정을 이해하고, 구체적으로 무엇을 어떻게 할 것인지부터 생각을 정리해서 다시 올 것을 주문했다.

무작정 시골에 내려가서 농사를 짓겠다는 것이다. 어려서 부모님이 농사를 지었으니 나도 할 수가 있을 거라는 막연한 생각으로 귀농을 계획한다. 나도 귀농귀촌 대상자들을 상대로 강의를 하고 있지만, 무엇을 함에 있어서 목적의식이 뚜렷하지 않으면 실패할 확률이 매우 높다. 그 점을 잘 알기에 자신의 계획을 정리해 보라고 이야기를 한 것이다. 그리고 그에게 당부한 몇 가지는,

배우자나 자녀들의 의견을 들어보았는가?

의견이 일치한다면 어떻게 할 것인지 구체적인 논의는 있었는가?

귀농 후 생활에 대한 준비는 되었는가?

도시를 떠나 농촌에 살면서 포기하지 않고 견딜 능력이 있는지 자문해 보았는가?

등이었다.

그랬더니 그는 "그게 그렇게 어려운 일이냐"고 되물었다. 농촌생활에 대한 준비와 그것이 얼마나 어려운 일인지 깊이 생각하지 않았기 때문에 내뱉은 말이라 생각된다. 현실인식이 되지 않으면 어떤 일이든지 쉽게 느껴진다. 그가 그랬다. 자연을 벗삼아 유유자적하며

여유로운 농촌생활을 꿈꾸었을 것이다.

실제로 귀농귀촌을 하려는 사람들을 보면 막연히 어렸을 적에 대한 동경심에서 결정하는 경우가 많다. 시골로 돌아가겠다는 생각뿐 어떻게 살 것인지에 대해서는 구체적인 계획이 전무한 경우가 너무나 많다. 혹은 예전만 생각할 뿐 바뀐 현실은 잘 모르는 경우기 태반이다.

실제 농촌에 살면 연소득 1천만원 이상을 얻기가 매우 어렵다. 농촌에서 오랫동안 살아온 사람들도 그 정도인데, 아무 정보나 준비도 없이 내려간다면 소득은 불을 보듯 뻔하다. "방송을 보면 귀농귀촌에 성공하여 억대 소득을 올리는 경우가 많던데요?"라고 반문할지도 모르겠다. 실제로 그렇게 말하는 사람들이 많으니 말이다. 그러면 다시 한 번 생각해 보라. 공연히 귀농귀촌하려는 사람을 막으려고 그런 말을 지어서 퍼뜨리겠는가. 아니면 겁이라도 줘서 농촌행을 막아 농촌에 있는 노다지를 혼자 독차지하려고 그러겠는가. 모두 아니다. 현실을 모르기 때문에 현실을 직시하라는 의미다. **귀농을 결정하고 한번 실행하고 나면 되돌리기가 매우 어렵고, 많은 비용이 들어가며, 또 인생이 달라지기 때문이다. 그렇기 때문에 신중해야 한다.**

귀농 성공 사례는 특수한 경우다. 제대로 준비하고, 준비한대로 실천한 몇 안 되는 사람들의 이야기다. 언론에서는 억대 농부도 많고, 귀농귀촌 성공 사례도 많다고 하지만, 실제로 그런 사람들은 수

많은 체육인들 중에서 올림픽에 출전하는 정도의 비율이다. 극히 일부 사람들의 이야기임을 알아야 한다.

아무튼 김산지씨는 결국 지인이 있는 홍천에 집을 하나 얻어 우선 1년 동안 살아보기로 했다. 시골생활을 체험하며 '내가 무엇을 할 수 있을지'를 판단해 보라고 하였다. 1년간 경험한 결과, 그리고 수시로 상담한 끝에 그분의 체력이나 경험 그리고 일할 수 있는 능력으로 봐서 농사일은 힘들어 보였다. 더구나 투자할 돈도 많지 않아 현실적인 어려움이 있었다. 고민 끝에 산촌생활 즉 산에서 생활할 수 있는 방법을 찾아보았다. 그렇다고 TV 프로그램 〈나는 자연인이다〉에서처럼 의식주를 혼자 해결하는 단절된 삶은 아니다.

이후 김산지씨는 3천만원을 들여 양평에 8천㎡의 작은 산 하나를 구입했다. 산 속에 있어 개발이 불가능하고, 딱 보기에도 그리 좋아 보이지 않는 음지의 땅이었다. 덕분에 싼 가격에 살 수 있었다.

그의 목표는 약초재배다. 그렇기에 오히려 음지가 더 좋고, 길이 잘 안 닿는 산이라도 재배에 큰 문제가 없다. 길이라야 경운기나 차가 다니는 길 정도는 주위의 양해를 구하면 포크레인으로 하루 이틀이면 가능하다. 그렇게 한 후 내 노동력으로 축대도 쌓고 고르기도 하면서 유지관리를 해야 한다. 그리고 잡목을 베어내는 작업은 군청에서 숲 가꾸기 사업으로 했다.

약초 등을 재배하려면 어느 정도의 바람과 햇볕이 들어야 하기 때문에 일부 간벌(間伐)도 했다. 그러면서 한 해 두 해 본인이 할 수 있는 만큼만 더덕 씨앗도 뿌리고 이산 저산 다니면서 오가피나무도 캐다 심고, 또 헛개나무, 옷나무, 엄나무, 꾸찌뽕나무, 느릅나무 등 야생에서 온갖 다년성 약초를 캐다가 심었다. 그렇게 5년여가 되니까 이제는 한두 가지씩 약재 생산이 가능하고 일부를 베어다 팔기도 하고 지금은 즙으로 만들어서 팔고 있다. 연소득은 일반 농가의 두세 배 수준이다. 은퇴 후 무작정 시골로 내려갔다면 실패할 수 있었음에도 사전에 내려가서 적응기간을 거쳤고 전문가의 도움을 받아 나에게 맞는 땅을 구입 후 시작을 했기에 가능한 일이었다.

간벌(間伐)이란?

수풀을 가꾸는 방법의 하나. 나무가 자라는 초기에 잡목 솎아내기(제벌) 작업 후 나무가 일정한 크기 이상으로 자란 다음, 또는 일반적으로 식재 후 10~20년 사이에 비교적 굵은 나무들을 다시 솎아내는 작업이다. 간벌은 수풀 내 나무 상호간의 경쟁을 완화시키고, 알맞은 생육공간을 만들어 주며 남아 있는 나무의 지름 생장을 촉진하고, 건전한 수풀로 이끌어 우량한 목재를 생산하는 데 그 목적이 있다.

[네이버 지식백과]

이 사례를 다시 한 번 정리해 보자.

은퇴 후 무작정 적은 돈으로 내려갔다면 실패할 수도 있었다. 대신 1년여간 지인이 있는 곳에 거주하면서 자연과 더불어 살 수 있는 기초지식을 쌓았고, 농촌생활도 직접 경험하면서 자신이 가장 잘할 수 있는 일이 무엇인지 진지하게 되묻는 과정을 거쳤다. 그리고 난 후 귀촌을 실행하였다.

땅을 구입할 때도 남들이 대체적으로 기피하는 길이 없는 음지의 산을 3천만원이라는 저렴한 금액에 구입할 수 있었다. 인근 주민들과 소통하며 천천히 길도 만들고 컨테이너도 놓았다. 대부분의 일을 직접 하면서 정착을 할 수 있는 생활터전을 최소한의 경비로 마련하였다. 그리고 약초는 가급적 인근이나 다른 지방의 야산에 자생하는 토종 약초를 캐다가 심고 삽목이나 씨를 키워서 확보를 하여 토종 약초의 자생력이나 약효 등을 유지하려고 했다.

물론 삽목이나 씨앗 틔움 과정에서는 방법을 몰라 많은 어려움을 겪기도 했다. 하지만 토종 자생식물이라서 다행히 큰 실패는 없었다. 초기에는 산야초나 산나물을 채취하여 생활비를 마련하였고 한 해 두해 지나면서 재배한 약초를 시장이나 약재상에 팔아서 일부 충당하였으나 약초가 제대로 자리를 잡아가면서 판로에도 어려움이 있고 제값을 받을 수 없어 지금은 건강즙으로 만들어서 단골들에게 판매하고 있다.

다른 일반 농가들이 연간 1~2천여만원의 소득 수준인데 비하여, 현재 김산지씨는 연간 2~3천만원의 소득을 올린다. 이제 6년여가 되면서 추후 더덕과 장뇌삼이 나오기 시작하면 상당한 수익이 기대

된다.

약초재배는 초기에 투자는 많고 수입은 적은 구조다. 그렇지만 가급적 직접 채취 및 생산을 한다면 본격 채취가 가능한 3~5년 이후부터는 안정적인 소득을 올릴 수 있다. 물론 이외에도 산을 활용하여 소득을 높이고 일거리를 가질 수 있는 방법들은 얼마든지 있으니 두려워 말고 한번 도전해 보시라.

이렇게 약초가 가득 차고 약초재배로 인한 소득을 올리게 되면서 지금은 그 약초 가치만도 억대를 넘고 덩달아 3천만원에 구입한 땅은 시가로 3억을 줘도 팔지 않겠다는 땅으로 변해 있다. 지금도 이처럼 남들이 쳐다보지 않지만 잘 가꾸고 키우면 자산 가치를 높일 수 있는 1,000원짜리 땅, 저렴한 땅들이 우리 주변에는 많다.

농지를
구입하여
사업장을 만들다

강사장은 전국의 공사장에 철재 골조 등의 자재를 제공하는 사업을 한다. 당시 인천에서 약 660㎡의 부지를 보증금 2천, 월세 80만원에 야적장으로 사용하고 있었다. 그런데 땅 주인이 부지를 비워 달라고 하여 인근지역을 돌아다니며 비슷한 규모의 야적장 부지를 찾아다녔다. 그런데 마땅한 물건이 없었다. 할 수 없이 외곽지역인 화성과 평택 등을 돌며 1,000㎡ 이상의 부지를 물색했다. 그런데 이번에도 마음에 드는 땅은 너무 비싸고, 겨우 저렴하고 마음에 드는 땅을 찾으면 차량 진입 등이 어려웠다. 이 지역에서는 야적장을 할 만한 땅들은 3.3㎡당 10만원 이상이나 하니 자금이 적은 강사장에게는 엄두가 나지 않았다.

그런데 상담을 하다 보니 철재빔 등을 야적하는데 일부 잔량이나 소량은 야적을 하지만, 대량 공급 시에는 다른 업체 창고 등에서 물량을 조달하고 있었다. 전국을 무대로 하는 사업이기에 굳이 수도권 특히나 살고 있는 인천 부근일 필요는 없었다. 교통만 좋다면 인천이나 수도권에서 하는 것이나 지방에서 하는 것이나 공급이나 비용에서 별반 차이가 없을 것 같았다. 결국 지방 땅을 권하게 되었다.

마침 고향 근처에 경매로 감정가 3천여만원에 1,650㎡의 부지가 나왔다. 위치도 좋았다. 함께 가보기로 하고 현장을 찾아 갔는데 주변에서 일을 하시던 아저씨가 오셔서는 "땅 보러 왔소?" 하는 것이다. 저 땅을 보러 왔다고 하니까 그 땅 얼마에 살 거냐고 하기에 1천만원 정도에 낙찰을 받으려고 했는데 좀 줄여서 8백만원에 사려고 한다고 하니 "그럼 그 땅 사지 말고 우리 땅을 2천만원에 사라"고 한다.

비록 임야를 불법 개간한 땅이지만 가격도 좋고 거기다가 도로가 직선으로 잘 접해 있어서 속으로는 쾌재를 불렀다. 하지만 겉으로는 "현재 인천에 살며 물건들을 쌓아 놓을 땅이 필요해서 그러는데 돈은 없고 이렇게 시골 땅을 사서 열심히 살아보려고 한다"면서 가진 아양을 떨며 좀 깎아달라고 사정을 하였다. 결국은 그분이 가진 땅 중에서 2,000㎡만 1300만원에 사라고 하는 것이다. "생각보다 많은 돈이 든다며, 일단 돈을 마련해 보고 저녁에 다시 오겠다"고 하고는, 시내로 나와서 1만원권 현찰로 200만원을 찾아 다시 아저씨를 찾아 갔다. "지금 가진 건 이게 전부입니다. 나머지는 대출을 받아 드리겠습니다" 하고, 다시 조르고 졸라 결국 1천만원에 땅을 구입하기로 하였다.

물론 계약을 하기 전에 시내로 나오면서 과연 야적장으로 쓸 수 있는지를 확인하기 위해서 먼저 측량설계사무소에 들렀다. 분할과 야적장으로 개발행위허가(농지전용)를 받는 데 문제가 없는지 확인하기 위해서였다. 사무소에서는 의뢰를 하면 모든 것을 다 해 주기로 약속을 받아두었다.

그리고는 금융기관에 들려서 대출을 얼마나 받을 수 있는지 확인하고, 동시에 그 지역의 땅값이 얼마나 하는지 슬쩍 확인도 해보았다. 가격은 시세보다는 약간 싼 것 같았고, 임야나 농지라면 500만원 정도의 대출이 가능하지만 야적장으로 한다면 1,500만원은 가능하다는 답변을 들었다.

그곳은 전라북도 익산의 산골짜기에 가까운 지역이었다. 인천의 보증금도 안 되는 가격으로 그것도 필요한 면적만큼의 땅을 실제로는 내 돈 하나도 안 들이고 산 것이나 다름없다. 인천에서의 보증금과 월세를 생각하면, 오히려 비용을 대폭 줄이면서(월세가 절약되는 대신 대출금 이자가 발생한다) 내 땅도 갖는 1석2조의 효과였다.

바로 땅은 큰돈이 있어야 한다는 생각을 완전히 뒤집는 땅 투자 사례라고 할 수 있다. 적은 돈으로도 땅을 살 수 있을 뿐만 아니라, 자금융통만 가능하다면 돈이 없어도 가능하다. 실제로 많은 실수요자나 투자자들은 이를 잘 모르기 때문에 접근을 하지 못하는 것

일 뿐이다.

자! 그럼 왜 원래 보러 갔던 경매로 나온 땅을 포기하고 이 땅을 사게 되었는지부터 독자분들의 이해를 돕기 위해서 다시 정리해 보려고 한다.

우선 경매로 나온 땅은 막다른 도로에 현황도로만 접하고 있어서 나중에 개발행위허가를 받기도 쉽지 않지만 개발행위허가를 받더라도 도로로 300㎡는 잘려 나가게 되어 있어서 그만큼 필요 없는 땅을 사게 되니 결코 싼 게 아니었다. 반면 아저씨에게 샀던 땅은 지적도상 4.8미터, 실제 5미터 이상의 도로에 접하고 있어서 개발행위 허가도 나올 것이고, 특히나 도로로 인한 허실이 없이 오롯이 땅 전부를 사용할 수 있으니 결코 비싼 게 아니라는 사실이다. 그런 계산이 섰기에 곧바로 돈을 찾아 계약을 성사시켰던 것이다.

다음으로 미리 상담을 했던 측량설계사무소에 개발행위허가 야적장으로의 전용허가를 받았다. 전용허가를 받은 후에는 이곳저곳에서 돈을 빌려 잔금을 치르고 소유권을 이전 받았다. 약간의 토목공사를 한 후에 사용승인허가를 받아 분할을 하였으며, 분할이 이루어져 지적 정리가 된 후에는 다시 계약서를 작성하고 금융기관에 대출을 신청하여 잔금을 처리하였다.

물론 이곳은 지목이 임야이기에 농지전용이 아닌 산지전용으로도 가능하지만, 이미 상당기간 밭으로 사용하였고 농지원부에 등재되어 있던 관계로 농지전용 대상이었다. 때문에 처리과정에서 임야부서와 농지부서의 협의로 농지전용허가로 처리가 되었다. 일부 이런 경우 산지전용허가로 단순 처리가 될 수도 있다. 이렇게 되면 전용부담금이 상당 부분 적게 들어가지만 이 경우에는 농지로 상당 기간 사용하였고 농지부서에서 농지전용허가를 하여야 한다고 해서 농지전용허가를 받게 되었다.

여기서 왜 개발행위허가를 받고 사용승인을 받아 분할한 후에 소유권 이전을 하지 않았는지 궁금하신 분들이 있을 것이다. 그래서 부연설명을 덧붙인다. 이걸 궁금하게 생각한 분이라면 상당한 투자 전문가가 아닐까 싶지만 혹시 처음 하시는 분들의 실수를 방지하고자 하나하나 설명을 해보겠다.

농지를 전용할 시(개발행위허가), 소유권을 이전 할 때에는 야적장 등 목적으로 개발행위허가를 받고 공사를 하고 사용승인을 받아서 소유권 이전을 하는 것이 일반적이다. 하지만 이때 이렇게 하면 매도자는 농지가 아닌 타용도로 소유권 이전이 되어서 '8년 이상 재촌자경 양도세 감면' 등의 혜택을 받을 수가 없다. 하지만 이 경우처럼 분할을 먼저 하거나 건축물 등을 착공하기 전에 소유권을 이전하면 매도시점에는 농지이므로 매도자는 '8년 이상 재촌자경 감면' 등 농지로써의 혜택을 누릴 수가 있는 것이다.

또 하나 이 경우에서 왜 산지전용으로 고집을 하지 않았는가인데 물론 금액이 얼마 되지 않아서 양도소득세가 많지는 않았지만 산지는 사업용 비사업용으로 양도세를 내지만 농지는 8년 이상 재촌자경이나 4년 이상 재촌자경 후 대토하면 양도세가 1억원까지 감면되어 세금 혜택을 볼 수 있기 때문에 단순히 전용부담금만 가지고 판단하는 것은 하수이다.

결론적으로 이렇게 하였더니 현재 660㎡의 야적장에서 보증금 2,000만원에 월세 80만원을 내던 것에서, 땅 2천㎡을 구입하고 공사하는 데 들어간 비용 포함하여 2천여만원으로 보증금과 같은 금액이지만 실제로 대출금을 빼면 500만원이고, 추가적인 비용은 대출금 1500만원인데 그 이자가 월 5만원만 지출이 되니 이 얼마나 투자로써 좋은 일인가.

거기다가 시골에 가면 대지는 비싸고 농지 등은 싸게 거래되고 있다. 활용법을 모르기 때문이다.

야적장을 옮긴 후 강사장은 어떻게 되었을까? 요즘 1억원에 팔라고 졸라대는 사람이 있으니 강사장은 입이 귀에 걸려 있다.

구 분	인천 사업장	익산 사업장	비고
면적	660㎡	2000㎡	
보증금(투자비)	2천만원	5백만원	
월지불액(임차료/이자)	80만원	5만원	

여기서 개발행위허가나 농지전용에 대하여 간략히 소개하면, 어떠한 땅을 다른 용도로 사용하려고 하면 그 지역의 용도지역에 맞는

허용행위로 개발행위허가(농지전용허가)를 받아야만 다른 용도로 사용을 할 수가 있다.

개발행위란?

건축물의 건축, 공작물의 설치, 토지의 형질변경, 토석의 채취, 토지의 분할 및 물건을 쌓아놓는 행위를 하고자 하는 자가 「국토의 계획 및 이용에 관한 법률」에 의하여 특별시장·광역시장·특별자치시장·특별자치도지사·시장 또는 군수의 허가를 받는 행위를 말한다.

개발행위허가제는 계획의 적정성, 기반시설의 확보여부, 주변환경과의 조화 등을 고려하여 개발행위에 대한 허가여부를 결정함으로써 난개발을 방지하고자 2000년 「도시·군계획법」 전면개정시 법률에 명시하여 도시지역에 한하여 처음 도입되었으며, 2002년 「국토의 계획 및 이용에 관한 법률」 제정에 따라 전 국토로 확대하여 선계획-후개발체계를 확립하였다.

특별시장·광역시장·특별자치시장·특별자치도지사·시장 또는 군수의 허가를 받아야 하는 개발행위는 다음과 같다.
① 건축물의 건축 : 「건축법」에 따른 건축물의 건축
② 공작물의 설치 : 인공을 가하여 제작한 시설물(「건축법」에 따른 건축물은 제외)의 설치
③ 토지의 형질변경 : 절토(切土)·성토(盛土)·정지·포장 등의 방법으

로 토지의 형상을 변경하는 행위와 공유수면의 매립(경작을 위한 토지의 형질변경은 제외)

④ 토석채취 : 흙·모래·자갈·바위 등의 토석을 채취하는 행위(토지의 형질변경을 목적으로 하는 것을 제외)

⑤ 토지분할 : 다음 각 복의 어느 하나에 해당하는 토지의 분할(「건축법」에 따른 건축물이 있는 대지는 제외)

• 녹지지역·관리지역·농림지역 및 자연환경보전지역 안에서 관계 법령에 따른 허가·인가 등을 받지 않고 행하는 토지의 분할

• 「건축법」에 따른 분할제한면적 미만으로의 토지의 분할

• 관계 법령에 의한 허가·인가 등을 받지 않고 행하는 너비 5m 이하로의 토지의 분할

⑥ 물건을 쌓아놓는 행위 : 녹지지역·관리지역 또는 자연환경보전지역 안에서 건축물의 울타리 안(적법한 절차에 의하여 조성된 대지에 한함)에 위치하지 아니한 토지에 물건을 1월 이상 쌓아놓는 행위

다만, 도시·군계획사업에 의한 행위와 건축허가 또는 건축신고 대상에 해당하지 아니하는 건축물의 건축 등의 경미한 행위는 개발행위허가를 받지 않고 할 수 있다.

개발행위 중 토지의 형질변경의 규모는 원칙적으로 다음에서 정하는 용도지역별 개발행위허가 면적 미만이어야 한다. 다만, 관리지역 및 농림지역에 대해서는 다음의 면적 범위 안에서 해당 특별시·광역

시·특별자치시·특별자치도·시 또는 군의 도시·군계획조례로 정하는 바에 따른다.

① 주거지역·상업지역·자연녹지지역·생산녹지지역 : 1만㎡

② 공업지역 : 3만㎡

③ 보전녹지지역 : 5천㎡

④ 관리지역 : 3만㎡

⑤ 농림지역 : 3만㎡

⑥ 자연환경보전지역 : 5천㎡

개발행위허가의 대상인 토지가 둘 이상의 용도지역에 걸치는 경우에는 각각의 용도지역에 위치하는 토지부분에 대하여 각각의 용도지역의 개발행위의 규모에 관한 규정을 적용한다. 다만, 개발행위허가의 대상인 토지의 총면적이 해당 토지가 걸쳐 있는 용도지역 중 개발행위의 규모가 가장 큰 용도지역의 개발행위 규모를 초과해서는 안 된다.

또한, 녹지지역·관리지역·농림지역 또는 자연환경보전지역에서 연접하여 개발하거나 수차에 걸쳐 부분적으로 개발하는 경우에는 이를 하나의 개발행위로 보아 그 면적을 산정한다. 다만, 다음 각 호의 어느 하나에 해당하는 경우에는 면적 산정에 포함하지 아니한다.

① 지구단위계획이 수립된 지역인 경우

② 서로 다른 용도지역에서 개발행위가 이루어지는 경우

③ 도시·군계획시설사업의 부지인 경우

④ 초지조성를 위한 경우 등 개발행위 면적제한을 적용받지 아니하 는 경우

⑤ 2003년 1월 1일 전에 개발행위가 완료된 경우(2003년 1월 1일 전에 개 발행위가 완료된 대지를 확장하는 경우는 제외)

도시지역과 계획관리지역의 산림에서 임도 설치와 사방사업은 「산림 자원의 조성 및 관리에 관한 법률」, 「사방사업법」에 따르고, 보전관리 지역·생산관리지역·농림지역 및 자연환경보전지역의 산림에서 개 발행위는 「산지관리법」에 따른다.

[네이버 지식백과]개발행위허가 (토지이용 용어사전, 2011. 1., 국토교통부)

농지전용이란?

농지를 농작물의 경작이나 다년생식물의 재배 등 농업생산 또는 농 지개량 외의 용도로 사용하는 것을 말한다.

농지를 전용하고자 하는 때에는 농림수산식품부장관, 시·도지사, 시 장·군수 또는 자치구구청장의 허가를 받거나 협의 또는 신고하여야 한다.

농지를 대기오염배출시설, 폐수배출시설 및 농업의 진흥이나 농지의 보전을 해칠 우려가 있는 시설의 부지 등으로 전용하고자 하는 경우에는 제한을 받는다.

농지에 대하여 다음의 행위를 하고자 하는 경우에는 농지전용협의를 하여야 한다.

① 도시지역에 주거지역·상업지역 또는 공업지역을 지정하거나 도시·군계획시설을 결정할 때에 해당 지역 예정지 또는 시설 예정지에 농지가 포함되어 있는 경우. 다만, 이미 지정된 주거지역·상업지역·공업지역을 다른 지역으로 변경하거나 이미 지정된 주거지역·상업지역·공업지역에 도시·군계획시설을 결정하는 경우는 제외한다.
② 계획관리지역에 지구단위계획구역을 지정할 때에 해당 구역 예정지에 농지가 포함되어 있는 경우
③ 도시지역의 녹지지역 및 개발제한구역의 농지에 대하여 개발행위를 허가하거나 토지의 형질변경허가를 하는 경우

농지를 다음에 해당하는 시설의 부지로 전용하려는 경우에는 농지전용신고를 하여야 한다.

① 농업인 주택, 농축산업용 시설(농지개량시설과 농축산물 생산시설은 제

외), 농수산물 유통·가공 시설

② 어린이놀이터·마을회관 등 농업인의 공동생활 편의 시설

③ 농수산 관련 연구 시설과 양어장·양식장 등 어업용 시설

[네이버 지식백과]농지전용 (토지이용 용어사전, 2011. 1., 국토교통부)

원석을 가공하는
땅 투자법,
농지구입 후 야적장으로

     재활용품 수집상을 운영하는 고물상(가명)
씨에게 최근 자연녹지지역 257㎡ 땅을 대출 3억과 투자금 5천만원으
로 구입해 주었다. 고물상의 부지로는 작은 편이지만 첫술에 배부를
수 없으니 10년을 두고 한번 키워가 보자고 권했다. 시내의 고물상
들은 대부분 150㎡~300㎡ 미만의 소규모 부지지만, 시가지에서 벗
어난 외곽지역은 1,000㎡~3,000㎡ 정도의 규모는 되어야 한다. 시내
에서는 노인분들이나 주변 거주자들이 가져오는 작은 물건들 위주
로 사업을 영위하지만, 외곽에서는 주로 시내의 공장이나 대규모 사
업장 등에서 들어오는 물건들을 취합하기에 규모가 더 커야 한다.

     당시 고물상씨는 시내 주택가에서는 비교적 큰 규모인 300㎡ 정도
의 땅을 보증금 3천만원에 월세 300만원을 내며 임대를 하고 있었다.

최근에 3억의 대출을 받아 땅을 샀으니 약 4% 이자로 계산하면 월 100만원 정도가 나온다. 오히려 부담이 크게 줄어들었다. 지금까지 쉬운 길을 두고 어려운 길로 갔던 이유는 그 방법을 몰랐기 때문이다.

땅을 구입한 후에는 그동안 내던 월세에서 남는 200만원에 100만원을 더 보태 월 300만원짜리 직금을 붓기로 했다. 10년이면 원금만 3억6천만원이 된다.

구 분	시내주택가	외곽 땅 구입	비고
부지 면적	300㎡	257㎡	
투자액	보증금 3천만원	구입비 3억5천	
월 지출액	임차료 3백만원	이자 1백만원	
비교		비용 2천만원 추가(보증금 3천에서 투자금 5천으로 증가분) 월지출 2백만원 절감	10년간 원금만 3억6천만원 적립

농지를 구입하자마자 바로 야적장으로 사용하기 위하여 개발행위 허가(농지전용)를 하고 여기에 가건물로 컨테이너 3평짜리를 갖다 놓으니 훌륭한 고물상이 되었다. 이 땅을 산 이유는 단순히 사업장을 위해서만은 아니었다. 2020부천시도시기본계획에서 이 지역이 시가화예정용지로 지정된 사실을 알았기 때문이다. 이번에 택지개발로 추진하고 있다는 기사가 나오면서 땅값이 많이 올랐고, 지금의 공시지가나 거래되는 가격대로 보아서 아마도 3년 정도 후 보상이 나올

때에는 보상금이 5억 가까이 되지 않을까 조심스레 예상해 본다.

이제 이 지역이 택지개발 즉 미니신도시로 개발이 된다면 수용보상이 될 것이고 개발시점에 보상금을 받으면 그때 다른 곳으로 갈 것인지 대토로 택지를 받을 것인지는 생각해 볼 문제다. 그 때까지는 영업신고도 사실대로 세무서에 신고해서 영업보상금도 두둑이 받을 수 있도록 하라고 했다. 손실보상 규정에 보면 영업신고보상은 휴업을 하는 경우는 2개월분을, 폐업을 하는 경우에는 3년치를 주는 것으로 알고 있다. 물론 사업지구나 주체에 따라서 조금씩은 다르지만 어찌되었든 3년간의 평균치를 가지고 한다 하니 영업신고는 제대로 해야 할 것이다.

고물상씨의 경우 이처럼 세팅을 다시 하면서 사업비용도 줄이고, 땅 투자로 미래를 기대할 수 있는 1석 2조의 효과를 노릴 수 있게 되었다. 이제 시작이라 생각하면 된다. 땅 투자를 계속하다 보면 눈이 뜨이고, 더 큰 수익을 얻을 날이 올 수도 있다.

위의 사례에서 농지를 전용하여 야적장으로 활용하는 이유는 내가 부동산을 처음 시작할 때 만난 김사장 덕분이다. 김사장도 그때에는 시내 주택가에서 조그만 고물상을 임차로 하고 있었는데 변두리 생산녹지지역에 농지를 구입하여 처음에는 불법으로 고물상을 하였다.

농지불법전용과 이행강제금

농지법 시행 이전인 1996년 이전에 구입한 농지는 불법전용하는 경우 처분명령 제도가 없다. 따라서 불법행위에 대한 처벌로써 원상복구 명령이나 고발 시 벌금이 나올 뿐이다.

다만 1996. 1. 1. 농지법 시행 후에 취득한 농지는 농지법에 의거 취득 당시 농업경영계획서대로 이행하지 않으면 처분명령을 내릴 수 있고 그 기한 내에 처분하지 않으면 처분할 때까지 매년 공시지가의 20%를 이행강제금으로 내야 한다. 또한 불법행위에 대한 고발 등에 따른 벌금이나 처벌은 병행한다.

그런데 13년만에 그곳이 수용이 되면서 1억에 샀던 땅으로 영업보상금을 포함해 15억 정도를 받게 되었다. 이를 보고 '아! 이런 게 땅이구나' 하고 한 수 배우는 계기였다.

김사장은 수용보상 받은 돈으로 인근에 있는 다른 생산녹지와 주

구 분	진행 과정	비 고
시내에서 고물상 운영		
생산녹지지역 땅 구입	답 2000㎡ 1억에 구입	농지전용불허가로 불법사용
2005년 토지수용	답 2000㎡ 13억 보상 영업보상 2억	
보상금으로 재투자	생산녹지지역 6000㎡ 10억 개발제한구역 해제지역 주거지역 1500㎡ 10억	대출 일부 포함 현재 시가로 약 50억
2000년대 초 법인으로 구입	포항 공업지역 6만㎡/3명	

거지역 내 농지를 사서 역시나 농지전용을 하여 고물상으로 사용을 하였고, 지금은 일부는 세를 주고 일부는 영업을 지속하고 있다. 그 땅 값만도 50억에 이른다. 또한 2000년 초에 포항의 공업지역 내 땅 6만㎡을 3명이 법인으로 구입을 하였던 것까지 하면 거의 준재벌 땅부자로 성장하였다. 채 20년도 안 되는 기간에 이뤄진 일이다.

김사장님처럼 이렇게 사업장을 옮겨가면서 투자한 사례는 우리 주변에 부지기수로 많다. 많은 기업들이 이렇게 투자하여 자산을 불려 나갔다 하여도 과언이 아니다.

결론적으로 이렇게 직접 사업장으로 사용하는 경우에는 자기 돈이 없더라도 초기 투자자금만 융통이 된다면 임대보다는 내 땅을 마련하는 편이 훨씬 유리하다. 일부에서 소유가 아니라 사용이라고 하지만 이자와 땅값은 휴일도 없이 늘어가고 있는 것이 우리의 현실이기 때문이다. 고물상씨도 땅값이 오르는 걸 직접 느낀 후부터는 다른 곳에 3억대 투자물건을 구해서 야적장을 할 수 있게 해달라고 보채고 있다. 30년 동안 남의 땅을 빌려 고물상을 할 때는 내가 돈을 벌어 다른 사람 배를 불려주는 것 같았는데, 땅을 사놓고 보니 내가 나를 위해 온전히 벌어들이는 시스템이 있다는 사실을 깨달은 것이다. 돈이 돈을 버는 구조를 알았다고나 할까.

분묘기지권을 깨는
땅 투자에
도전하다

경·공매에서 가장 두려운 것은 유치권과 분묘기지권이다. 특히 땅 투자에서는 분묘기지권이 무서운 존재다.

분묘기지권이 무엇일까? 토지 소유자가 아니면서 일정한 토지 위에 조상의 묘를 둔 자가 그 토지에 묘를 계속 둘 수 있는 권리로 지상권과 비슷한 관습법상의 권리이다. 분묘를 수호하고 제사의 목적을 달성하는 데 필요한 범위 내에서 다른 사람의 토지를 사용할 수 있는 권리로 당사자 사이에 특별한 사정이 없는 한 그 분묘가 존속하는 동안에는 계속 유지된다. 연고자가 없는 무연분묘이거나 분묘기지권이 없는 분묘인 경우에는 관할 특별자치도·시·군·구청장에게 개장허가를 신청해서 허가를 받은 후 분묘에 매장된 시체 또는 유골을 개장할 수 있다.

분묘기지권[墳墓基地權]

타인의 토지에 분묘(墳墓)를 설치한 자가 그 분묘를 소유하기 위하여 분묘의 기지부분(基地部分)의 타인소유의 토지를 사용할 것을 내용으로 하는 권리이다. 이 권리는 관습에 의하여 인정된 물권으로서 판례에 의하면 「지상권에 유사한 일종의 물권」이라고 한다.

판례는 이 권리가 성립되는 경우로 (1) 소유자의 승낙을 얻어 그 소유지 내의 분묘를 설치한 경우, (2) 타인소유의 토지에 승낙없이 분묘를 설치하고 20년간 평온(平穩)·공연(公然)하게 그 분묘의 기지(基地)를 점유함으로써 분묘기지권을 시효로 취득한 경우, (3) 자기소유의 토지에 분묘를 설치할 자가 그 후에 분묘기지에 대한 소유권을 유보하거나 또는 분묘도 함께 이전한다는 특약을 하지 않고 토지를 처분한 때에 그 분묘를 소유하기 위하여 분묘기지권을 소유한 경우 등이다. 분묘기지권은 분묘형태자체(墳墓形態自體)가 일종의 명인방법(明認方法)으로서의 기능을 하므로 등기할 필요는 없다.

타인 소유의 토지에 소유자의 승낙 없이 분묘를 설치한 경우에는 20년간 평온, 공연하게 그 분묘의 기지를 점유하면 지상권 유사의 관습상의 물권인 분묘기지권을 시효로 취득하는데, 이러한 분묘기지권은 봉분 등 외부에서 분묘의 존재를 인식할 수 있는 형태를 갖추고 있는 경우에 한하여 인정되고, 평장되어 있거나 암장되어 있어 객관적으로 인식할 수 있는 외형을 갖추고 있지 아니한 경우에는 인정되지 않으므로, 이러한 특성상 분묘기지권은 등기 없이 취득한다.(대법원 1996·6·14·선고 96다14036)

[네이버 지식백과]분묘기지권 [墳墓基地權] (법률용어사전, 2011. 1. 15., 법문북스)

그렇다면 이 분묘기지권이 힘을 쓰지 못하는 곳이 있으니 그런 곳에 투자하면 대박이 아닐까 한다. 이런 분묘기지권을 깨는 방법으로는 개발지역에 분묘기지권이 있는 땅이면 좋을 것이다. 이렇게 개발이 임박한 곳은 바로 자금을 회수할 수 있어 좋은 곳이기는 하나 그런 곳은 다들 눈독을 들이고 있으니 큰 이득을 취할 수 없다. 따라서 개발이 임박한 시점보다는 개발계획은 없으나 향후 개발이 유력시되는 곳에 소액으로 투자하여 대박을 내는 경우를 소개하고자 한다.

분묘기지권이 있는 산이나 농지 등 그러면서도 많이 유찰되어 가격이 저렴해진 곳에 투자한 사례로, 나분묘(가명)씨는 자기가 하고 있는 폐자재 야적장 주변의 임야에 눈독을 들였다. 그가 임야에 눈독을 들인 이유는 첫째, 야적장 부지를 확보하기 위함이었고, 둘째 야적을 하다 보면 분진 등의 피해로 인해 민원이 발생하는데, 이를 사전에 차단하려는 의도였다. 그렇다고 너무 외지면 폐자재 수집에 어려움이 있어 도시근교에 위치하면서도 주택지에서 다소 떨어져 있는 야산이나 야산 밑 전답을 구하려고 했다. 그러던 차에 마침 나를 찾아 왔기에 눈여겨보고 있던 물건을 소개하게 되었다.

이 땅은 그 내력을 잘 아는 땅이다. 간단히 말해 임야의 주인과 묘지의 주인이 달랐다. 임야 주인은 별 신경도 안 쓰고 버려두다시피한 땅이었다. 오히려 묘지의 상속인들은 '그 땅에 분묘기지권이 있는데 왜 그걸 굳이 돈 들여서 사느냐'고 하는 그런 땅이었다. 이 땅은 크기가 1,600㎡에 분묘가 열두세 개가 있어서 누가 봐도 분묘 투성이로 보였다. 하지만 실상은 분묘는 전체 면적의 1/4 정도 비중이었고, 골고루 퍼져 있는 것이 아니라 한쪽에 치우쳐져 있었다.

당시 이 지역의 일반적인 땅 거래 가격대로 한다면 1억5천만원 이상 주어야 하는 땅인데 공시지가에도 못 미치는 7천여만원이면 구입이 가능할 것으로 보였다. 분묘가 있는 곳을 제외하고도 1,200㎡의 땅이면 사용하기에도 좋고 또 그렇게 분진이 날리면 혹여 분묘 수호자들이 이장을 하겠다고 할 수도 있다고 설득을 했다. 가장 좋은 점은 시세보다 월등히 싸게 구입할 수 있는 절호의 찬스였다는 점이다.

이렇게 인근에서의 보증금도 안 되는 7천만원으로 땅을 구입하여 불법으로 폐자재 야적장으로 사용을 하였다. 물론 그동안 여러 차례 원상복구 명령에다가 벌금도 받으며 사업을 하니 다소 불편하고 어려운 점도 있었지만 벌금이라고 해봐야 이전에 내던 임차료보다 훨씬 적었다.

그런데 생각하지도 않았던 일이 일어났다. 2009년10월 그가 산 땅이 2차 보금자리 옥길지구로 발표가 되었고, 2011년에는 토지보상이 이루어졌다. 지목은 임야지만 사실상 잡종지라고 해서 보상금 7억5천만원이 나왔다. 사업장을 이전해야 하니 영업보상금도 받게 되었는데, 2개의 보상금 합이 약 8억이었다. 생각지도 않은 횡재였다. 지금은 보상금으로 600㎡ 규모의 아파트형공장을 운영하며 임대료로 월 800여만원을 받으며 소일하고 있다.

　우리는 투자자다. 쉽게 생각해 보자. 분묘가 여기저기 흩어져 있다면 모를까 한 곳에 모여 있고, 전체 면적의 1/4에만 분묘가 있다면 나머지 3/4은 내가 사용할 수 있는 것 아닌가. 그렇다면 시세에서 3/4 가격 이하면 싸게 사는 셈이다. 그런데 절반 이하 가격이라면 이때는 무조건 사야 한다.

　'분묘 때문에 농지취득자격증명을 발급 받을 수 있는지 궁금하다!' 만약 이런 의문을 가졌다면 당신은 좋은 투자자다. 거기에 대해 설명하자면, 발급이 안 될 수도 있지만 원상복구계획서라는 걸 첨부해서 농지취득자격증명을 발급 받고 묘지를 이장하도록 하면 된다. 그런데 말처럼 쉬운 일은 아니다. 그래서 분묘가 있는 땅은 천대를 받고 회피하는 것이다.

　그런데 분묘가 있는 땅을 투자하라니 비법이 있는가? 일반적으로는 무연분묘는 2개의 일간지 공고 등 무연분묘 처리절차가 있고 유연분묘는 분묘수호자와의 협상으로 처리하는 것이 일반적이다. 그러나 여기서 말하고자 하는 것은 그런 방법이 아니라 분묘가 한쪽에 있다면 분할을 해서 정리를 하면 된다는 뜻이다. 그리고 처분명령이 나오더라도 그 분묘가 있는 부분만 경매 등으로 처분하면 된다. 또 한 가지 방법으로는 분묘기지권이나 유치권이 있는 땅은 자투리 땅 투자하듯이 향후 개발이 예상되는 지역에서 하는 것이 좋다. 반대로 향후 개발이 전혀 예상되지 않는 곳에서는 통하지 않는 방법이기도 하다. 공공개발 등으로 수용개발이 되는 지역이라면 분묘이장 비용은 분묘 수호자가 타가고 땅 주인은 땅 값을 받을 수 있다.

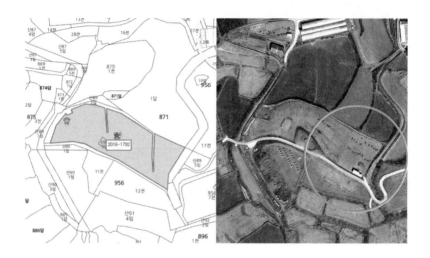

사진처럼 분묘가 한쪽에 있다면 도전해 보라.

이것이
주말 농장(주말체험 영농)
투자다

　　　　　　　　도시민들이 주말에 체험영농을 할 수 있
도록 하는 주말농장을 통한 투자 방법을 소개한다. 도시근교에서 주
말농장을 하는 경우 규모는 작지만 땅 값이 비싸서 투자금액이 제법
크다. 여기서는 순수하게 적은 돈으로 주말에 교외로 나가서 자연과
접하고, 양질의 먹거리도 재배하면서 땅과 친해지는 방법들을 소개
하고자 한다.

　　구리시에 사는 주말농(가명)씨는 주말농장 5평을 분양 받아 가족과
함께 야채도 심고 주말을 즐기며 지내게 되었다. 이웃들에게도 자신
의 주말생활을 자주 들려주었다. 몇 년간 주말농장을 하면서 차츰
내 땅을 갖고 싶다는 생각이 들었고 함께하는 이웃들도 같은 생각을

하고 있음을 알았다. 그때부터 틈틈이 시간을 내서 경기도 인근을 찾았으나 역시 땅값이 만만치가 않았다. 그래서 조금 더 멀리 그러면서도 교통도 좋고 향후 땅값도 오를 만한 지역을 물색했다. 그 지역 주민도 만나고 중개업소에도 들리면서 찾아낸 곳이 바로 홍천군 내면 지역이었다.

주말농씨가 산 땅은 인근 마을에서 멀지 않은 산 밑에 위치하고 있었다. 인근 마을이라야 군데군데 몇 채 되지 않는 집이 옹기종기 모여 있었다. 들판의 끝자락으로 후에 전원주택을 지어도 좋을 자리였다. 애초에는 스스로 땅을 찾으려고 했으나 마을 이장님을 찾아가 "돈도 많지 않고, 조그만 땅 하나 장만해서 주말을 이용해 유기농 채소를 재배하여 가족들이 먹으려 한다"면서 좋은 땅을 구해달라고 매달렸다.

소개를 받은 땅은 현재 농사를 짓지 않는 밭이 3000㎡ 정도와 뒷편 얕으막한 야산이었는데 나중에 서류를 떼어 보니 밭(전)은 겨우 1,350㎡이고 나머지 2,000㎡ 정도는 임야였다. 땅은 괜찮았다. 강원도 치고는 낮은 야산이라서 활용하기에 좋았고, 방향도 동향이었다. 무엇보다 밭(전) 1,350㎡ 2000만원, 산(임야) 6,560 ㎡ 2000만원으로 7,910㎡의 땅을 등기비용과 땅을 정비하는 포크레인 작업 비용 그리고 작은 비닐하우스와 컨테이너 설치하는 비용까지 모두 합하여 6천만원에 구입했다. 이런 횡재가 어디 있을까.

밭(전)과 산(임야)은 여섯 집이 주말체험 영농용으로 각각 1천만원을 투자하여 공유지분으로 구입했다. 주말이면 여섯 가족이 거의 매주 내려가다시피 하면서 방치되어 있던 땅을 예쁜 땅으로 만들었다. 밭 가장 자리와 일부에는 앵두, 자두, 보리수, 모과, 복분자, 포도, 매실, 대추나무 등 각종 유실수를 심고 두릅, 오가피, 꾸찌뽕나무, 헛개나무, 호두나무, 약초를 산에다 재배하고 있다. 신선한 채소 등 먹을거리를 직접 생산하고 주말을 자연과 함께 하니 가족 건강과 행복도가 좋아졌다. 뿐만 아니라 5년 전에 심어 놓은 더덕이며 도라지, 산나물 등은 이제 봄이면 풍미를 더해 주고, 그동안 땅값이 올라 산 가격의 네 배 이상이 되었다.

주말농장은 도시인들이 주말에 이용하거나 은퇴자들이 소일거리로 활용하기에 좋은 투자 물건이다. 도시근교나 농촌지역에 1,000㎡ 미만의 작은 땅을 구입해서 직접 채소나 과일 등을 재배하여 안전한 먹거리를 확보할 수 있고, 소일거리로 농사일을 하면서 건강하게 지낼 수도 있다. 그리고 조경이나 유실수 등을 잘 가꾸어 전원주택으로 매도하면 높은 수익을 올리는 것도 가능하다.

저렴하게
전원주택
마련하는 법

공무원인 박전원(가명)씨의 취미는 낚시다. 평소 자주 다니던 충주호 주변에 땅을 보아두고 있었다. 퇴직하기 전까지 여러 차례 매수를 원했지만 땅 주인이 매도를 하지 않아, 하는 수 없이 퇴직 후에는 그 땅을 임차하기로 하고 대지사용 승낙을 받아서 집을 짓기로 하였다.

천막을 치고 3개월간 그 자리에서 흙을 파서 흙벽돌을 직접 찍고 말리고 하여 흙벽돌집을 직접 지었다. 그리고 3년이 지난 후에는 결국 그 땅을 매수하여 지금은 농사를 짓고 있다.

TV 프로그램인 〈나는 자연인이다〉에 나올 정도로 오지인지라 땅값은 얼마 되지 않았다. 소액으로 자기가 원하는 전원생활을 즐기며 여유로운 노후생활을 할 수 있다면 이 또한 복록이 아닌가 한다.

박전원씨의 전략은 간단하다. 살고 싶은 땅을 정하고는 매수를 할 수 없으니 임차를 하였고 이후 대지사용 승낙을 받아서 현지에 있는 흙으로 흙벽돌을 찍어서 일부 자재만 구입하여 최소한의 비용으로 직접 집을 지으면서 터전을 마련했다. 이왕에 마음먹은 전원생활이라면 삭은 섯 하나라도 직접 해가면 보람도 있고 비용도 절감할 수 있다.

단양 청풍 오지에 있는 땅이라서 6,000㎡가 넘는 큰 부지였지만 ㎡당 공시지가가 1,000원대에 불과해 2천여만원에 땅을 구입할 수 있었다. 오히려 집을 짓는 데 들어간 자재비용이 2천여만원이나 되었다. 실로 저렴하게 큰 땅을 가지게 되었고 살고 싶은 곳에 정착을 하게 된 사례다.

은퇴 후 전원주택을 마련하는 사례들을 보면, 보통은 수도권으로 정하는데, 자신이 직접 개발한 지역이 아닌 누군가에 의해 개발이 된 곳이기에 부지는 작고 가격은 비싸다. 더구나 주변 집들과 경쟁이 붙어 서로 비싼 가격에 집을 짓는다(혹은 비싼 가격에 집을 산다). 이렇게 집을 짓고 나면 자금이 바닥 나 허리가 휠 지경이 된다. 결국은 애써 지은 집에 살지 못하고 경매나 매매로 처분하고 나오기 일쑤다. 귀농귀촌은 반드시 살아보고 가급적 자기 손으로 시간을 갖고 소박하게 취향에 맞게 가꾸어 갈 때 소액으로도 가능할 뿐만 아니라 투자가치에 비하여 이용이나 매매가치가 높아지는 것임을 명심해야 한다.

아래 그림과 같은 땅이 나왔을 때 가격이 비슷하다면 대부분의 사람들은 기호1번을 선택한다. 이미 집이 지어져 있고 그냥 들어가서 살면 되기 때문이다. 대부분 전원주택지의 동일지역에서의 땅값은 대지가 농지나 임야의 2~3배 정도 비싸다. 그러면 당연히 저렴한 농지를 사서 주택을 짓는 것이 좋음에도 불구하고 많은 사람들은 인허가가 어렵다거나 하는 생각 때문에 아예 그런 생각을 갖지도 않고 대지만을 구입하려고 한다.

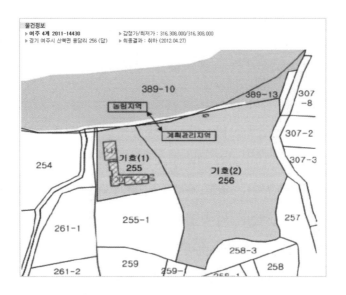

그러나 다시 생각해 보자. 기호1번은 이미 집이 지어져 있으니 이사만 하면 되므로 쉬울지는 모르겠다. 그러나 추가적인 수익을 올릴 방법은 민박 정도 외에는 딱히 떠오르지 않는다. 그러면 기호 2번을 보자. 우측으로 도로가 있으니 4등분을 하여 우선 1개를 팔면 나머지 어느 하나에 내가 살집을 지을 돈이 마련될 것이다. 그리고 내가 원하는 집을 그것도 가급적 직접 지어보면 얼마나 좋을까?

그리고 나머지 2개는 지인이나 친지가 내려와 함께 살든가 아니면 펜션으로 개발할 수도 있지 않을까? 추가적으로 수익을 창출할 수 있는 방법이 몇 단계나 있는 기호2가 투자로써는 매우 매력적인 물건이란 뜻이다. 그것도 바로 하기 싫으면 조경수나 유실수를 경계지역에 심어 놓고 가꾸면 앞 냇가에 놀러온 사람들이 팔라고 독촉을 할 것이다. 그때 못이기는 척 한 개씩 팔아서 여생을 보내면 얼마나 좋겠는가.

부동산 투자는 내가 생각하고 가꾸고 키우는 만큼 자라고 나에게 보답을 하는 것이다. 부동산 투자에 성공하려면, 가급적 소액으로 가치를 높일 수 있도록 잘 가꾸어야 하고 다른 사람이 탐내도록 만들어 놓아야 한다. 전원주택, 귀농귀촌, 큰 돈 들이지 않고 미리미리 준비하면 얼마든지 살기 좋고 돈도 벌 수 있는 매력적인 투자가 될 수 있다. 누구 보여주기나 과시용 전원생활은 꿈도 꾸지 마라.

1,000원으로
수천 수억 버는,
농업인 투자 이야기

1,000원으로 수천 수억을 버는 투자법이 있을까? 조금 생각을 달리해 보니 그런 방법도 있었구나, 아니 그동안 늘 해오면서도 그걸 몰랐구나 하는 생각이 들어서 그 사례를 열거해 보고자 한다.

농지투자에서는 농업인으로서 재촌자경을 한다면 농사지으면서도 이런저런 정부 지원 등을 받을 수 있고 농지를 사거나 팔 때도 많은 혜택을 누릴 수 있다. 그런데 그 방법은 아주 간단하다. 농지원부나 농업경영체라는 장부 떼는 돈 1,000원을 투자하면 되고, 농기계, 비료, 농약 등 농자재를 살 때나 농산물을 팔 때 영수증(세금계산서, 현금영수증, 카드전표 등)을 무료로 잘 챙기기만 해도 된다. 이러니 이건 1,000원짜리 땅 투자자가 아니라 챙기기만 하면 되는 땅 투자법이 아닌가 한다.

　농업인을 만들었던 사례다. 한농업(가명)씨가 1,000㎡(300평)의 농지를 구해달라고 왔다. 농업인을 만들고 단위농협의 조합원을 하기 위하여 투자를 하려고 한다는 것이다. 그런데 가지고 있는 돈은 1,000만원 정도였다. 부천 인근에서는 1억으로도 어려운 실정인데 은퇴하고 할 일도 없고 주말농장처럼 하고도 싶고 또 조합원을 가입하고 싶어서라고 한다. 일단은 그런 건 없고 경기도를 벗어나야 가능할 텐데 그런 물건은 현지에서 찾는 것이 쉽다고 말하고는 돌려보냈다. 그런데 마음 한구석이 영 편하지 않았다. 하는 수 없이 경기도 북부 지역과 강원도 서부지역에서 경·공매 물건을 찾아보기로 했다.

　그러다가 찾은 것이 연천 민통선 안에 있는 1,650㎡ 크기의 농지로 감정가가 2,200만원이고 2번 유찰된 물건이었다. 묵답(오랫동안 방치되어 밭으로써의 기능을 하지 못하는 상태. 보통 임야와 구분이 되지 않는 경우가 많다)으로 버려져 있고 산 밑에 자리한 맹지라서 가격이 저렴했다. 우거진 잡목은 포크레인으로 원상복구하면 농취증도 문제가 없을 듯해서 한 번 더 유찰되면 1,200만원선에서 구입하는 것으로 하였다. 결국 계획했던 대로 진행되어 850만원을 대출 받아 낙찰을 받을 수 있었다. 순수한 투자금은 450만원이었다. 왜 대출을 많이 받았을까? 사실은 가진 돈이 5백만원도 채 되지 않는 상황이었다. 채면 때문에

1,000만원이라 말했던 것이다. 그런데 자세히 살펴보면 한농업씨가 가진 돈 450만원에, 대출금 850만원을 더하면 1,300만원이다. 땅을 사고 100만원이 남는다. 포크레인 작업비와 매실나무와 꾸찌뽕나무 묘목비 때문이었다.

여기서 의문이 들어야 정상이다. 왜 포크레인으로 작업을 했고 벼나 채소, 콩 등이 아닌 매실나무와 꾸찌뽕을 심었는지 말이다. 농지를 구입하게 되면 일반적으로는 농사를 짓는다고 농업경영계획서를 작성하고, 1996년 1월 1일 농지법 시행 이후부터 취득하는 농지는 반드시 자경(스스로 논밭을 갈아 농사를 지음)을 해야만 한다. 그러므로 농지가 아닌 상태라서 포크레인을 동원하여 농작물을 재배할 수 있도록 작업을 한 것이다.

그러면 매실나무와 꾸찌뽕을 심은 이유는 무엇일까? 민통선이기도 하지만 거주지에서 멀리 떨어져 있는 밭에다가 콩이나 채소를 재배할 수도 경작을 하러 제대로 다닐 수도 없는 처지이니 손이 덜 가는 유실수인 매실나무와 약재로 각광을 받는 꾸찌뽕나무를 심은 것이다.

한농업씨는 그저 농업인이 되어 조합원 자격을 유지하는 데 목적이 있다. 따라서 최소한의 자금 투자로 농지를 구입하여 조합원이 되었다. 자금의 파이를 키우는 투자는 그 다음부터다. 전초전의 성격이 강한 투자로 보면 된다.

꼭 알아야 할 농지 관련 용어	
농지란?	* 지목이 전, 답, 과수원인 농지 * 구거, 유지 등 농지개량시설과 농지에 설치된 농축산물 시설 농지 * 지목여하에 불구하고 3년 이상 농지로 사용되는 농지
농업인이란?	* 1000㎡ 이상의 농지에서 농작물 또는 다년생작물을 재배하는 자 * 330㎡ 이상의 농지에 온실 등을 설치하고 농작물 등을 재배하는 자 * 연간 90일 이상 농업에 종사하거나 농산물 판매액이 120만원 이상인 자
농지원부란?	* 농지의 효율적 관리를 위해 작성비치하는 장부 * 농지원부 관리기관은 주소지 시, 구, 읍, 면(서울은 동에서 위임관리) * 농지의 소유권 확인, 세금감면, 농협대출 등을 위한 서류가 아님

농업인이 되면 좋은 점	
농지의 구입이 용이하다	• 적은 면적의 농지 구입이 가능하다 • 허가지역에서는 거주지 제한 등 추가 구입에서 유리하다
농업용으로 농지전용 시 혜택 부여	• 농지보전부담금 감면
세금감면혜택 등이 있다	• 구입 시 취득세 채권 등 감면 • 양도소득세 감면 (8년 이상 재촌자경, 4년 이상 재촌자경 후 대토 구입)
정부지원을 받을 수 있다	• 정책자금이나 사업비 지원 • 농업인 영농지원 • 농업인 자녀 등 지원
농업인단체 가입 및 지원	• 정책자금 및 농자재 등 지원 • 출자금 배당 및 환원사업이나 대출 우대 등

1,000원을 투자해서 1억까지 벌 수 있는 사례다. 대부분의 사람들이 농촌에서 농사를 짓다가 부모님이 돌아가시면 그냥 상속만 하고 상속 받은 농지는 인근 주민에게 임대하거나 그냥 버려둔다. 별다른

관리를 하지 않는데 이게 바로 잘못이다. 조금만 잘 관리하면 큰 투자로 이어질 수 있는데 잘 모르기 때문에 방치되기 일쑤다. 1,000원짜리 농지원부만 떼고 나머지는 무료로 챙기면 되는 진짜 1,000원짜리 땅 투자법이다.

이상속(가명)씨는 지난 여름에 어머님이 돌아가셨고 형제들 간에 협의상속으로 1,650㎡의 고향 농지를 상속 받게 되었다. 지금은 직장을 다니는 관계로 내려가서 농사를 지을 수도 없는 처지이고 팔고자 해도 헐값에 사겠다는 사람들만 연락이 온다. 이 땅을 어떻게 해야 하는지 그리고 앞으로 관리나 처분을 어떻게 해야 하는지에 대하여 고민하는 문제로 찾아 왔다.

이런 경우 어머님이 재촌자경 8년 이상이 되었다면 제일 먼저 해야 할 일이 농지원부, 농업경영체등록확인서를 떼 놓는 것이다. 그것도 가급적이면 농지의 필지 수만큼 떼야 한다. 그리고 농협에 가서 비료, 농약, 농기계, 면세유 등 농자재를 산 세금계산서나 현금영수증 아니면 발급확인서를 발급 받아 두어야 한다. 추곡수매나 판매 영수증이 있다면 이것도 챙겨 둔다. 인우보증서(경작사실확인서)도 받아 놓으면 없는 것보다는 나으니까 이런 것도 챙겨 놓으면 좋겠다.

가진 땅이 많으면 더욱 좋다. 이런 증빙서류를 갖추어 놓으면 나중에 내가 1년 이상만 재촌자경을 하고 매도를 하면 양도세를 1억까지 감면 받을 수가 있는 것이다.

1,000원을 투자하여 1억의 세금을 아낄 수 있는 방법이다.

그리고 이 농지는 임대를 주지 말고 앞에서 말한 것처럼 다년생 유실수나 약초를 재배하며 자경으로 하고, 거주하는 시, 구, 읍, 면에 가서 농지원부를 만들고, 국립농산물품질관리원에 농업경영체등록을 하고, 단위농협에서 조합원에 반드시 가입을 해야 한다. 농지원부 즉 농업인이 아니면 농업협동조합에 조합원으로 가입할 수가 없다.

단위농협 조합원이 되면 보험이나 사적 연금 붓듯이 출자금을 매월 또는 분기나 반기 별로 납입한다. 나중에 아주 요긴하게 쓸 수 있다. 출자금이 불어나는 속도가 적금이나 보험 그 어느 것도 따라오지 못할 만큼 빠르다. 처음 출자금 1,000만원에 연간 120만원을 추가 출자하고, 20년간 출자금의 5% 정도의 출자배당금을 재출자한다면 20년 후에는 출자금 1,000만원과 매년 추가자금 2,400만원의 원금과 20년간 이에 대한 배당금 약 2,600만원이 적립되어 출자금만 6천여만원이 된다. 여기에 사업준비금이라고 적립된 금액이 단위농협에 따라서 적게는 출자금의 5% 이상 많게는 100% 정도로 적립이 되어 있을 것이다. 이 또한 120만원을 적금 붓듯이 출자하여 목돈을 마련하는 한 방법이다. 부동산 투자에서는 이렇게 법이나 제도를 잘 활용하고 관리하면 그 자체만으로도 수익을 크게 높일 수 있다.

즉, 이를 다시 도표로 정리해 보자면, 1,000만원을 출자하고 매년 1,200만원을 추가 출자하고 배당금을 재출자한 경우에 투자원금은 3,400만원이다. 출자배당금을 재출자한 약 2512만원 합계가 5912만원이 출자금액으로 되어 있을 것이다. 또한 사업준비금을 연 5%만 잡아도 3782만원이 되었을 것이니 20년간 초기 출자금 1000만원과 매월 10만원을 추가 출자하고 배당금을 출자한 결과는 1억 가까이 될 수 있으니 금융권에 이 정도의 좋은 투자처는 전무하다.

단위:만원

구분	출자금	출자배당금(5% 전후)	사업준비금 연 5% 가정
가입시	1000	50	50
1~5년	1850(1000+600+250)	250	512(50+462)
6~10년	2920(1850+600+470)	470	1242(512+730)
11~15년	4250(2920+600+730)	730	2304(1242+1062)
16~20년	5912(4250+600+1062)	1062	3782(2304+1478)

* 배당금이나 사업준비금은 단위농업협동조합별로 차이가 있습니다.

1억을 금융기관 예치 후 노후생활을 하는 분을 농협에 출자금으로 출자하게 한 사례를 보자. 퇴직 후에 퇴직금 1억을 은행에 넣어 놓고 이자생활을 하던 이퇴직(가명)이라는 분이 있었다. 그분이 농지를 구입하도록 돕고 조합원이 된 후 1억을 출자하도록 하였다. 2014년 당시 은행의 연간 이자수입은 200만원 정도였다. 그런데 농협에서는 2015년에 출자배당금이 550만원 그리고 사업준비금 적립과 각종 환원사업 등이 지급되었다(사업준비금 등은 농협마다 다르므로 여기서는 설명이 적절치 않아 논외로 하겠다).

  지금은 이자 부분에서 더 차이가 난다. 결국 자식들이 달라고 해도 조합원 탈퇴를 해야 하니 줄 수 없다는 명분도 생겨서 노후에 자산을 지킬 수 있고, 또한 5% 전후로 출자금 배당을 받으니 은행보다 상당한 수익을 낼 수 있어 매우 좋은 투자방법이다.

  이와 같이 꼭 땅에만 투자하는 게 아니라 농업인이 되어 투자를 하는 방법도 있다. 상속 받은 농지를 잘 관리해서 세금을 절세하여 수익을 올리는 방법도 있다. 은행의 정기예금보다 이자도 높고 각종 혜택을 누리는 방법도 있다. 이처럼 농업인이 되는 방법도 투자법 중의 하나로 살펴보기 바란다.

  위의 내용을 도표로 정리해 보자. 이퇴직씨가 가입한 농협은 최근 5년간 사업준비금이 20~30%를 하고 있으니 이보다 더 좋은 투자가 있을까 하여 소개하는 것이다.

구 분	금융기관 예치	농협에 출자	비고
	1억 정기예금 (연리 1.8%)	1억 출자 (배당금 5% 전후)	
1년	216만원	500만원 + a	
10년	2160만원	5000만원 + a	
20년	4320만원	1억원 + a	

+a란 환원사업이나 사업준비금 등이 연 5% 이상이고 대도시농협은 10% 이상임.

2부

그들은 어떻게
땅 부자가
되었는가?

01

대구 법무사와
영종도 버스기사는
어떻게 땅 부자가 되었는가?

① 땅을 싸게 샀다

주택을 싸게 살 수 있을까? 매우 힘든 일이다. 왜냐하면 국토교통부 실거래가에 우리동네에 아파트 몇 평은 얼마가 거래되었다고 다 나온다. 그러니 싸게 살 수 없다. 1억이라면 많이 싸게 사봐야 9천만원이고 나중에 팔 때도 1억1천만원 언저리에서 판다. 그러니 싸게 살 수 없고 비싸게 팔 수도 없다.

그러나 땅은 그렇지 않다. 싸게 살 수 있고 비싸게 팔 수 있었던 것이다.

② 절대 팔지 않았다

우리나라에서는 주식을 팔 때 5% 오르면 팔라고 한다. 잘못된 방법이다. 앞으로 10배, 100배 오를 주식에 투자하고 절대 그 가치가 될 때까지 팔면 안 된다. 그러려면 신념이 있어야 한다. 반드시 10배, 100배 오를 때까지 기다릴 수 있는 신념 말이다. 신념을 가지고 끝까지 팔지 말아야 한다. 그러려면 **여러 가지 덕목이 필요하겠지만 가장 중요한 것은 안정된 소득이다.** 버스운전기사와 법무사라는 직업이 있었기 때문이 아닐까 생각된다.

③ 토지개발이 한창 진행되는 시기였다

우리나라의 토지는 어떻게 올랐는가? 아래의 기사를 보면, 50년간 땅값 변화를 살펴보니, 밭이 971배, 대지가 2309배 올랐다.

50년간 땅값 변화 살펴보니…밭 971배·대지 2309배 올랐다

한국의 땅값이 지난 50년간 약 3000배 오른 것으로 나타났다. 대지 가격 상승률이 밭의 두 배에 달하는 등 보유한 땅 종류에 따라 자산가의 희비가 엇갈렸다.

한국은행이 16일 발표한 '우리나라의 토지자산 장기시계열 추정' 보고서에 따르면 한국의 명목 토지자산 가격 총액은 1964년 1조9300억원에서 2013년 5848조원으로 늘어났다. 50년 사이 3030배가 된 것이다.

토지의 ㎡당 평균가격은 1964년 19원60전에서 2013년 5만8325원으로 2976배가 됐다. 대지 가격은 같은 기간 389원30전에서 89만8948원으로 2309배가 됐다. 도로와 다리 등을 비롯한 기타 용지는 34원에서 10만 5762원으로 3111배까지 뛰었다.

반면 밭값은 ㎡당 44원60전에서 4만3296원으로 971배 오르는 데 그 쳤다. 논값은 32원30전에서 4만7867원으로 1482배 상승했다. 단위면적당 논 가격이 밭 가격을 추월한 것이다.

전체 지가총액에서 논밭과 임야가 차지하는 비중은 57.2%에서 23.7%로 낮아졌다. 대지의 비중이 28.8%에서 50.8%로 뛰었다. 조태형 한은 국민계정부 국민BS팀장은 "대지와 기타 지목 가격이 크게 오른 것은 경제 개발과 교통망 구축이 활발하게 이뤄졌기 때문"이라고 설명했다. 이 기간 땅값 상승률 3030배는 국내총생산(GDP) 증가율인 1933배보다 높다. 토지자산 가격 총액의 GDP 대비 비율은 평균 392%를 나타냈다. 1970년과 1991년엔 500%를 넘기기도 했다.

지가총액에서 정부가 소유한 몫은 13.2%에서 26.1%로 두 배가 됐다. 교통망 구축을 위해 논밭과 임야 등을 민간에서 사들인 데 따른 것으로 보고서는 분석했다.

2015년 11월 17일자 한국경제신문

이 기사를 보면 토지가 정말 많이 올랐다. 그 이유는 무엇일까? 우리나라 토지의 발전 방향은 두 가지다.

첫째 도심지의 확장

둘째 공업지의 확장

이렇게 두 가지다. 도심지의 확장은 기존의 구도심이 인구 확대 때문에 계속해서 늘어나는 과정을 겪는 것과 신도시로 택지를 공급해서 늘어나는 것 이렇게 두 가지이다. 그래서 신도시 예정지에서 대대로 농사를 짓다가 벼락부자가 된 사람들이 여기에 해당된다. 공업지의 확장은 국가산업단지 등이 생기고 이 공업지역에서 생산한 제품이 전세계로 수출이 되면서 공업지의 확장과 그 배후도시가 커지면서 나타나는 현상이다. 여기서 한 편의 기사를 더 보도록 하자.

한국, 수출 10대상품 10년째 '그대로

한경 포커스 - 수출 5대 강국 비교 분석

한국, 주력품목 '그 밥에 그 나물'

기계·차·철강·플라스틱 등 10위권서 순위만 바뀌어

경쟁국은 신품목 잇따라

중국, 차부품…대만은 화공품

일본, 광물성연료…독일은 항공기

한국, 수출지역 집중도 심화
대중 수출 비중 '사상 최고'…경쟁국은 수출선 다변화

한국 중국 일본 독일 대만 등 수출 5대 강국 가운데 한국만 10대 주력 수출 품목이 10년째 그대로인 것으로 나타났다. 수출 상위 10대 지역이 전체 수출에서 차지하는 비중도 5개 국가 중 한국만 '나 홀로' 높아졌다. 역대 최장인 14개월 연속 수출이 감소하고 있는 한국으로선 수출 주력 품목과 지역 다변화에 힘써야 한다는 지적이 나온다.

(후략)

2016년 3월 24일자 한국경제신문

이 기사가 의미하는 바는 무거운 것과 가벼운 것 두 가지로 나뉜다. 가벼운 것은 반도체, 스마트폰, 디스플레이 등인데 이들은 주로 내륙에 분포한다. 파주 디스플레이 LG공장, 아산 탕정 반도체 공장 등이다. 이들은 가볍기 때문에 몇 십만 개를 옮기더라도 운송비가 그리 많이 들지 않는다.

그러나 무거운 것 즉 철강, 조선, 자동차, 석유화학 등은 그 무게 때문에 운송비가 많이 든다. 그래서 주로 남동임해공업구역인 남해안, 동해안 지역에 분포한다. 그런데 서해안이 아니고 왜 남동해안일까? 서해안은 조수간만의 차가 커서 밀물이 아니면 큰 배가 들어가지 못한다. 반면 남동해안은 수심이 깊고 조수간만의 차가 별로 크지 않기 때문에 큰 배가 들어가기에 유리하다. 게다가 주로 수출을 미국이나 유럽 등지로 했기 때문에 남쪽에 수출기지가 있는 것이 유리했다.

그렇다면 위의 두 가지 주거지의 확장과 공업지의 확장은 어떤 변화를 일으켰는가?

전국의 땅값 상승을 이끌었다. 공업지의 확장은 지방의 땅값을 올려놓았고 도심지의 확장은 서울을 비롯한 도심지의 확장 및 신도시 택지개발에 영향을 미쳤다.

그래서 땅값이 올랐고, 소위 졸부라는 사람들이 생겨났다. 땅을 사는 것이 돈을 버는 확실한 방법이었다.

02

부자 되는
공식을
익혀라

부자가 되는 공식

부자가 되기 위해서는 땅이나 주식에 투자해야 한다. 왜일까? 아마도 가치투자에 가장 적합하기 때문일 것이다. 앞서 소개한 자투리 땅(적은 지분의 땅)으로 부자가 된 이야기를 기억하는가. 그는 평생 땅 투자를 하였다. 그런데 이상하게도 그가 산 땅은 남들이 쳐다보지 않는 쪼가리 땅이다. 그런 쓸모없는 땅을 샀는데도 부자가 되었고, 고수 중에 고수로 인정할 만큼 뛰어난 실력을 자랑한다.

그는 농사를 짓는 농부다. 부지런하고 근검절약이 몸에 밴 사람으로 열심히 농사를 지어 생활비를 쓰고 나면 수중에 항상 돈이 남는다. 남는 돈은 어려운 사람을 돕는 데 사용했다. 어떻게 도왔을까? 남들과는 방식이 조금 달랐다.

그는 한 번도 남의 땅을 사러가지 않았다. 대신 돈이 급한 사람들이 "자신의 땅을 사달라"고 했다고 한다. 직접 가서 땅을 보면 몇 평되지도 않는 작은 땅일 뿐만 아니라, 간혹 옆으로 긴 땅도 있었다. 쓸모없는 땅이 대부분이었던 것이다.

남들은 그런 땅 쳐다보지도 않으니 이 사람에게 와서 이 땅이라도 사서 자기 급한 사정 좀 봐 달라고 했다. 그래서 주변 땅 값보다 절반 정도 된다면 그 사람 도와주는 셈치고 사줬다고 한다. 이렇게 땅이 모이고 모였다.

어떤 돈으로 그 땅을 샀는가? 여유자금이다. 생활비를 쓰고 남는 자금으로 남의 급한 사정을 도와준 결과다. 그러다보니 매달 땅이 생겼고 모이고 모여 수십만 평이 되었다. 그렇게 사두었던 땅이 이제는 매일 팔리고 수용되면서 땅 부자가 되었다고 한다.

여기서 공식이 무엇인가?

첫째 여유자금이다.

생활비에 쪼들리면서 그걸 쪼개서 한 것이 아니다. 전세금 빼서 투자한 것도 아니었다. 생활비가 남으면 그 여유자금을 가지고 투자한 것이다. 그러니 꾸준하게 땅을 늘릴 수 있었다. 그리고 쪼들리지 않으니 급하게 팔지 않았다. 저축을 땅으로 한 셈이다.

둘째 수십 배, 수백 배 오르는 땅이었다.

수십 배 수백 배 오르는 땅이란 무엇인가? 땅이란 종목 자체가 정해진 가격이 없다. 그러니 이렇게 오를 수밖에 없다. 주택은 가격이 정해져 있다. 국토교통부 실거래가를 보면 특히 아파트는 가격이 정해져 있다.

이처럼 가격이 정해진 물건을 사서는 부자가 될 수 없다. 누구도 일정 가격 이하로는 팔지 않고 누구도 일정 가격 이상으로는 사지 않기 때문이다. 이렇게 가격이 공산품처럼 정해진 상태에서는 누구도 싸게 사지도 비싸게 사지도 않는다. 그러니 이런 부동산을 매번 해봐야 거래비용, 세금, 부대비용 제하고 나면 남는 것이 없다. 원래 크게 오르는 것이 아닌 데다가 여러 가지로 뜯기니(비용이 들어가니) 비싸게 팔 수 없는 것이다.

그러나 땅은 정해진 가격이 없다. 가격이 천차만별이다. 그러니 종목 자체가 내재적으로 수십 배, 수백 배 오를 수 있는 것이다.

셋째 처음부터 싸게 샀다.

남들이 쳐다보지도 않는 쪼가리 땅이었다. 그래서 싸게 살 수 있었다. 이미 이겨놓고 투자하는 경우다.

넷째 투자금이 적게 들어간다.

토지와 주식에 투자한 사람들이 왜 부자가 되는가? 이 두 종목은 돈이 적게 들어가는 종목 중에 하나이다. 왜냐하면 액면가 자체가 그리 비싸지 않기 때문이다. 땅도 큰 땅이 있다. 그런 땅은 돈이 많이 들어간다. 주식도 '벅크셔헤서웨이'라는 미국 주식은 한 주에 2억 5천만원이다. 이런 주식도 돈이 많이 들어간다.

그러나 대부분은 돈이 크게 들어가지 않는다. 경매로 가치가 하락해 있거나 여러 가지 권리관계가 얽혀 있는 땅은 싸게 살 수 있다. 어차피 어제 사서 오늘 팔 것이 아니니 당장 이용할 수 있는가 없는가는 중요한 문제가 아니다. 그러니 사고 나서 묵혀둘 수가 있다.

주식도 마찬가지다. 대부분은 몇 천원 혹은 몇 만원대에 산다. 그러니 부자도 월급쟁이도 여유자금으로 살 수 있다. 따라서 평생 꾸준히 사 모으면 많은 땅과 주식을 확보할 수 있다.

그렇다면 주택과 상가는 그렇게 꾸준히 사 모을 수 없는가? 그럴 수 있다. 주택을 전세가에 샀다가 다시 전세가격이 올라 그 차액만큼 다시 주택을 사고, 또 전세가가 올라서 다시 주택을 사고 하는 일이 반복되면 주택부자가 될 수 있다. 그러나 약간의 위험이 있다.

땅이나 주식은 융자나 전세 등의 레버리지를 이용하지 않았고, 그 내재가치가 100배, 1000배 오를 수 있는 데 비해 주택은 가격이 어느 정도 정해져 있다. 게다가 위기상황이 오면 역전세난이나 이자 또는 대출금의 위험부담이 상존한다. 그래서 불황기에 사 모은 사람은 부자가 되지만 그렇지 않고 호황기에 주택을 사 모으다 갑자기 금융위기와 같은 위기가 닥치면 한순간에 몰락한다. 2008년도 금융위기에서 이렇게 몰락해 사라져간 투자자들을 여럿 보았다.

상가도 비슷하다. 대박상가 3채를 돌리는데 한 달 매출이 3억이 넘는 사람이 있었다. 순이익이 5천만원 정도 되었다. 그래서 10달이 지나자 그동안 벌어둔 돈으로 좋은 곳에 상가를 한 채 더 샀다고 한다. 당연히 순이익도 더 커졌다. 게다가 3개였다가 4개가 되니 같은 가격의 상가를 사는 시간이 좀 더 빨라졌다. 그래서 계속해서 이익금으로 상가를 사고 상가를 사고 반복하다 빌딩을 샀다. 그러나 이런 사람은 드물다.

왜냐하면 상가와 주택은 기본적으로 가격이 비싸다. 그러니 일반인이 상가와 주택으로 저축하기가 힘들다. 그러나 대박집 상가를 가지고 있다면 상가로 저축하면 금방 재벌이 된다. **결론적으로 일반인들에게는 투자금이 적게 들어가는 주식과 땅이 유리한 구조인 것이다.**

다섯째 향후 유망한 땅을 샀다.

쪼가리 땅을 산 시기가 우리나라의 제조업 융성기와 맞물렸다. 곳곳에서 개발행위가 일어났고 도로, 교량 등 사회간접시설이 천지개벽하던 시기였다. 당사자는 몰랐겠지만 대한민국 땅이 가장 많이 오르는 시기, 가장 개발이 많이 되는 시기와 맞물려서 땅을 저축했던 것이다. 게다가 땅은 강제저축의 개념이 들어간다. 쪼가리 땅을 샀으니 중간에 팔 수 없다. 누가 사주지도 않는다.

다만 언젠가 100배가 되는 시점에 수용이 되거나 개발이 필요한 사람이 사간다. 그러니 싸게 사고 많이 사고 개발이 되어 수용, 매매가 된다. 처음 산 가격에서 수십 배, 수백 배가 올라 팔 수 있으니 부자가 될 수 있었다.

시골의사 박경철 원장이 왜 주식의 신이 되었는가? 1990년대 초반 통신의 혁명이 일어나는 시기에 SKT의 주식이 3배 올랐는데 그는 이때 팔지 않았다. 대신 520배가 되자 그때야 팔았다.

왜 그는 520배 올랐을 때 팔았을까? 2배 아니 5%만 올라도 팔라는 주식의 격언(?)이 난무하는 세상에서 말이다. 그는 통신혁명이 일어날 것이라는 사실을 알고 있었다. 그러니 3배 정도 오르는 것은 혁명적인 사건이 아니다. 그러니 당연히 3배 올랐을 때 팔지 않았고, 가장 마지막까지 들고 갈 수 있었다. 주식으로 부자가 되려면 꾸준히 사 모아야 하지만 동시에 확실한 비전이 있어야 한다.

부자가 되는 공식을 다시 한 번 정리해 보자. ①여유자금으로 사고, ②많이 오를 종목(주식, 땅)을 사고, ③가격이 싼 종목(주식, 땅)을 사고, ④가격이 정해지지 않은 종목(주식, 땅)을 사고, ⑤처음부터 싸게 사고 유망한 것을 사고 ⑥많이 오를 때에 가서 판다.

03

부자가 되는
진정한 비밀은
'알까기'에 있다

　　　　　　　　부자가 된 사람들은 여유자금으로, 혹은 매우 적은 자금으로 땅을 샀다. 사업을 하는 사람들은 기존의 비용(보증금, 임대료)을 줄이는 방향으로 대체(이자)하였다.

　그들이 알았건 몰랐건 '알까기'를 해서 병아리를 부화시켰다는 데에 비밀이 있다. 그리고 그 병아리가 다시 닭이 되었고 그리고 그 닭이 알을 까서 또 다시 병아리 그리고 또 닭이 되었다. 끝없이 반복되는 선순환 속에서 한국의 부자들이 속출하였다. 그것도 원래 부자가 아니라, 서민이었다가 부자의 사다리를 움켜쥔 것이다.

　은행에서는 이를 복리라 부른다. 그 금액이 꼭 커야 할까? 아니다. 적은 금액으로도 얼마든지 큰 금액이 될 수 있다. 복리의 마법 때문이다. 1000만원을 연 10%의 이자로 예금했을 경우를 보자.

	단리	복리
1년 후의 이자	1,000,000	1,000,000
2년 후의 이자	1,000,000	1,100,000
3년 후의 이자	1,000,000	1,210,000
4년 후의 이자	1,000,000	1,331,000
5년 후의 이자	1,000,000	1,464,100
총합계	5,000,000	6,105,100

	단리	복리
1년 후의 이자	1,000,000	1,000,000
2년 후의 이자	1,000,000	1,100,000
3년 후의 이자	1,000,000	1,210,000
4년 후의 이자	1,000,000	1,331,000
5년 후의 이자	1,000,000	1,464,100
30년 후의 이자	1,000,000	15,863,093
총 합계	30,000,000	164,494,023

5년을 놓고 보면 큰 차이가 나지 않는 것처럼 보인다. 그래도 단리에 비해 20% 정도는 더 벌었다. 기간을 30년으로 늘리면 어떤 일이 일어날까? 단리는 3천만원에 불과하지만 복리는 무려 1억6천4백만원이 넘는 금액이 되었다. 이것이 복리다. 시간이 지나면 지날수록 그 격차가 한없이 커진다.

본래 맨해튼 땅의 주인은 인디언 추장이었다. 그가 이 땅을 팔고 받은 돈은 고작 24달러였다. 그런데 그가 만약 존 템플턴의 조언대로 이 돈을 복리에 투자했다면 어떤 결과가 나올까? 조금은 우스운 비교지만, 지금은 맨해튼을 2번 사고도 돈이 남는다. 남는 돈으로 캘리포니아까지 살 수 있다. 맨해튼을 24달리에 팔았으니 악재고, 그 돈을 복리에 투자했으니 호재다. 하지만 추장이 그렇게 하지 않았으니 모두가 꿈으로 날아가버렸다. 인생사 새옹지마라고나 할까.

어쨌든 복리표를 보면 그 기간이 늘어날수록 얼마나 큰 위력을 발휘하는지 짐작할 수 있다. 24달러로 맨해튼과 캘리포니아를 살 정도니 말이다. 실제 계산을 해보면 380년이 지난 시점에서 약 120조 달라라는 어마어마한 금액으로 변한다.

실은 주식투자와 토지투자가 이런 방식이다. 주식은 배당을 주고 토지는 생산물이 나온다. 실제 지방에 땅을 가지고 있는 임대인들은 이런 식으로 토지를 늘린다. 임대인들은 월급이 나온다. 생활비로 쓰고 남는 돈은 땅을 산다. 아주 조금씩, 꾸준히. 그 땅 농사는 농기계 5종세트(트랙터, 이양기 등)를 구비한 주변의 농부에게 맡긴다.

5종세트를 구비하려면 족히 3억은 들어간다. 당장 돈이 없으면 대출을 해야 하고, 이자가 만만치 않다. 남의 농사를 짓는 사람에게 들으니 트랙터로 땅 한 평을 가는 데 300원을 받는다고 한다. 얼마나 싼 가격인가? 농기계 5종세트를 산 사람은 어차피 노는 농기계, 땅

갈아주고 돈 받고 일석이조라 생각한다.

그러나 농기계는 5년만 쓰면 수명을 다한다. 그러니 3억이 들었다면 1년에 6천만원의 감가상각이 발생하는 것이다. 그리고 이자와 원금, 생활비로 쓰고 나면 빌려 지은 땅의 쌀 판 돈은 남아나지 않는다. 몇 만 평을 빌려 지은 사람이 그렇다는 것이다. 누구와 비슷하지 않은가? 주택이나 상가를 사서 이자 내고 남은 돈은 생활비로 쓰는 우리와 말이다.

다시 임대인으로 돌아가 보자. 그 임대인들은 농사를 이웃사람에게 맡기고 거기서 나온 쌀 값 중 일부를 이웃사람에게 주고 나면 많지는 않지만 그래도 남는 돈이 있었다. 쌀 판 돈과 월급에서 쓰고 남은 돈을 모아 그 동네 논을 또 산다. 그리고 다음 해에 또 이웃사람에게 맡긴다.

이웃사람은 죽어라 일해서 은행, 농기계 회사, 땅 맡긴 임대인 좋은 일만 시키고 겨우 먹고 산다. 그러다가 20년이 지나면 임대인의 재산은 20억 쯤 된다고 한다. 처음에는 그 돈이 얼마 안 되는 듯 보이나 점점 늘어나 알을 까면 20억까지 되는 것이다. 물론 공시지가가 오르거나 땅이 팔리는 것은 덤이다. 그러니 그 자산은 더욱 불어난다.

농기계를 산 이웃사람은 단리로 은행에 넣은 것이고, 땅을 사서 알을 깐 임대인은 복리로 은행에 넣은 것이다. 그러니 누가 부자가 되겠는가?

임대인으로 살 것인가, 임차인(소작농)으로 살 것인가

소작농 생산	
소작농의 생산면적(단위 평방미터)	30,000
1마지기	200
1마지기당 80kg 생산량	4
총마지기(평/마지기)	150
총생산량(마지기×1마지기당 80kg 생산량)	600
80kg당 직불금	180,000
총수입액(총생산량×80kg당 직불금)	108,000,000

소작농 소비	
농기구 5종세트 가격	300,000,000
감가상각 연수	5
1년 당 감가상각액(농기구 가격/감가상각 년수)	60,000,000
농기구 5종세트 한 달 이자액(3%)	750,000
농기구 5종세트 1년 이자액	9,000,000
1년 농기구 이자액+감가상각액	69,000,000
1달 생활비	3,000,000
1년 생활비	36,000,000
총지출액(1년 생활비+1년 이자액+감가상각액)	105,000,000

시골에서 땅을 가지고 임대인 생활을 하는데 부자가 된 사람들, 그러나 농사를 전문으로 크게 지으면서도 부자가 되지 못하는 소작

농. 두 부류를 보다 자세히 비교해 보자.

소작농의 농사방식은 이렇다. 최소 3만평 이상 농사를 짓는다. 1 마지기(200평)당 얼마나 쌀이 생산될까? 다소 차이는 있지만 80kg 4가마 정도 된다. 그렇다면 4가마의 가격은 얼마일까? 2016년 현재 직불금이 약 18만원이다. 한 마지기당 4가마가 나오니 72만원이다.

그렇다면 3만평/200평=150마지기이다.

150마지기 X 72만원= 108,000,000원이 나온다.

결코 적은 돈은 아니다.

그런데 3만평 농사를 지으려면 무엇이 필요한가? 트랙터 등 농기계 5종 세트가 필요하다. 이 5종 세트를 사는 데 3억이 지출된다. 그런데 딱 5년만 지나면 새로 사야 한다. 더 이상 못쓴다는 얘기다. 매년 6천만원씩의 감가상각이 발생한다.

3억 원금에 대한 이자를 3%씩으로 계산해 보자. 한 달에 75만원, 1년에 900만원이다. 결과적으로 농사로 1억8백만원을 벌어, 6천만원의 감가상각이 발생하고, 9백만원을 빼면 4천만원이 남는다.

생활비로 쓰기에 부족한 금액은 아니지만, 무려 3만평 농사를 지어 버는 돈 치고는 부족하게 느껴진다. 게다가 비료, 농약, 기타 잡비는 치지도 않았다. 그러니 매년 이 소작농은 일은 열심히 하는데 한 푼 저축도 못하고 빈털터리다. 게다가 흉년이 들거나 아파서 일하지 못하는 돌발상황이라도 생기면 그야말로 신용불량자가 된다.

논을 사서 농사를 짓는 시골 임대인을 보자. 직업을 가진 임대인이니 농사를 짓는 시간을 내기가 만만치 않다. 그래서 이들은 땅은 있으나 직접 농사를 짓지 않고 3만평씩 농사를 짓는 소작농에게 맡긴다. 몇 평이건 관계없이, 소작농과 공무원이 7대 3의 비율로 나눠 갖기로 한다[소작료(임차료)는 지역별로 개개인별로 계약에 의하여 다르지만 대략적인 사항을 기재하였음].

처음에는 미미하다. 아무튼 임대인은 땅을 가졌고 소작농에게 맡겼지만 그래도 자신의 땅에서 나오는 소출의 3의 비율로 쌀값을 가져간다. 게다가 임대인은 생활비를 자신의 월급으로만 쓰기 때문에 자신의 땅에서 나오는 쌀값은 모조리 쌓이는 것이다. 게다가 월급 중 일부를 생활비로 쓰고 남았다면 쌀값과 함께 돈이 쌓인다. 이렇게 쌓인 돈을 모아 경매를 통해 인근에 나온 논을 낙찰 받는다. 그리고 대출을 끼고 등기 이전을 한 다음 다시 그 땅을 소작농에게 맡긴다.

처음에는 7천만원짜리 땅의 원금을 갚는데 5년이 넘게 걸렸는데, 다음 번에는 3년, 그 다음에는 2년이 걸리는 식으로 같은 규모의 땅을 사는 시기가 점점 줄어든다.

임대인과 소작농의 차이는 무엇인가?

임대인은 쌓이는 구조이다. 소작농은 항상 0에 수렴하는 구조다. 임대인은 이런 식으로 가면 마이너스가 날 수가 없다. 소작농은 잘못하면 마이너스가 크게 나고 잘 해야 본전이다. 임대인은 땅값이 오르거나 수용이 되거나 누군가에게 판다면 이득이 고스란히 남는다. 소작농은 소작 부쳐먹던 땅이 팔리면 사놓은 농기계를 놀려야 한다.

어떤 사람이 되고 싶은가?

당연히 임대인이 되어야 하지 않는가? 그러나 대부분은 소작농으로 살아간다.

갭투자자(임대업자)는 소작농인가, 임대인인가

임대사업자는 소작농이다. 집이 30채 있으면 얼마나 벌 것 같은가? 300만원이라고 보면 된다. 왜냐하면 1억짜리 빌라를 샀다고 하자. 보증금 2천만원에 40만원이 나온다. 대출 80%를 받아 8천만원 빼고 2천만원은 보증금으로 대신했다. 그럼 얼마가 남는가? 일단 실제 들어간 돈은 5백만원이 안 된다.

8000만원에 대한 이자는 4.5%다. 이자가 너무 센가? 30채 정도의 대출을 일으키려면 신협, 수협 등 제2 금융권으로 가야 한다. 4.5%도 그리 비싼 것은 아니다. 이자는 30만원이 나온다. 그러면 500만원 들어가서 한 달에 10만원씩이 남는다.

30채를 샀다면? 30채×500만원=1억5천만원. 1억5천만원 들어가서 한달에 300만원이 나온다. 수익률은 좋다고 볼 수 있다. 그러나 실상은 그렇지 않다. 500만원의 수익을 보려면 50채는 있어야 한다. 그런데 50채의 대출을 일으키기가 만만치 않다. 무려 40억의 대출을 건건이 일으켜야 한다. 30채라면 24억의 대출을 일으켜야 한다. 그러니 식구들이 전부 대출을 일으킨다.

그럼에도 불구하고 일으켰다고 치자. 그런데 생활비는 얼마를 쓰는가? 400만원은 쓰지 않나? 그렇다. 40채는 있어야 최소한 마이너스가 아니다.

그런데 문제가 있다. 바로 공실의 위험이다. 서울의 원룸을 가지고 있다면 공실이 날 염려가 적다. 그런데 가지고 있는 물건이 죄다 지방이라면 문제가 된다. 공실이 나기 시작한다. 한 채의 공실이 났다면 생활비는 얼마나 줄어들까? 40채를 가지고 있는데 한 채 공실이 나니 390만원인가? 아니다. 360만원이 된다. 40만원 받던 월세가 안 들어오고 30만원의 이자는 고스란히 내야 하니 당연히 40만원 마이너스가 되어서 생활비는 360만원이 된다. 만약 5개가 났다면? 끔찍한 소리다.

그런데 요즘 같은 활황기에는 월세가 나오는 물건을 찾기가 어렵다. 공실이 나는 지방에 물건이 많다면 공실 1개당 2시간씩 잠이 안 온다. 공실이 5개 나면 10시간 잠이 안 온다. 매일밤 뜬눈으로 꼴딱 새는 것이다.

40채가 있는데도 불구하고 소작농과 똑같은 삶을 살아간다. 잘 되면 본전이고 안 되면 마이너스가 나는 구조다. 이래서는 부자가 될 수 없다. 만약 70채쯤 가지고 있다면 어떨까? 70채가 있어도 마찬가지다. 임대인처럼 하지 않으면 말이다. 70채가 공무원의 월급처럼 철밥통 월급이 아니지 않은가?

그리고 40채는 생활비로 쓰고 나머지 30채의 300만원은 대출원금을 갚는 식으로 가야 하는데 일단 그러려면 주택은 불리하다. 주택으로 저축을 하면 지속적인 수리비가 들어간다. 그러나 땅은 수리비가 들어갈 일이 없다. 쓰다 땅이 지치면 비료를 주면 된다. 그러니 저축을 해도 주택이 아닌 땅과 같은 것으로 해야 한다.

그런데 임대사업을 하는 사람 중 땅에 저축하는 사람을 보지 못했다. 그러니 항상 잘해야 본전이고 공실이 나면 마이너스가 난다.

주식 데이트레이더는 소작농인가, 임대인인가

주식의 데이트레이더도 소작농이다. 전업 데이트레이더는 장 시작부터 장 마감까지 주식창 앞에 붙어있다. 다른 일을 할 수 없다. 그러면 데이트레이더가 하루에 얼마를 벌어야 하는가? 400만원을 생활비로 쓴다면 하루에 20만원을 벌어야 한다. 토요일과 일요일은 장이 열리지 않기 때문에 한 달 동안 장이 열리는 20일에 400만원을 벌어야 한다. 주식을 하다 보면 20만원을 벌 수도 있고 50만원을 벌 수도 있다. 운 좋은 날과 나쁜 날의 격차가 매우 크다. 또한 꾸준히 20만원을 벌기가 힘들다. 때로는 손실이 나기도 한다.

증권회사에 다니는 지인이 그렇게 꾸준히 버는 사람을 본 적이 없다고 한다. 주식으로 돈을 벌려면 과거 '삼성전자나 현대중공업을 사놓고 잊고 지냈는데 어느 날 계좌를 열어보니 이렇게나 올라 있더라'가 되어야 한다.

그리고 매월 일정하게 수익을 올리는 사람이 딱 한 명 있다고 한다. 나 역시 아는 사람이다. 투자금 2000만원으로 매일 사고팔아서 매월 생활비 300만원을 번다. 그 생활을 20년째 하고 있다. 그런 사람은 1000명에 한 명 나올까 말까 한다고 한다.

주식 데이트레이더가 쌓이는 구조를 만들 수 있을까? 근본적으로 불가능하다. 300만원이고 400만원이고 생활비를 버는 것까지는 가능하나 생활비를 쓰고 나면 남지 않는다. 자신의 노동으로 돈을 벌기는 하지만 실은 나이 들면 못하는 일에 목숨 걸고 매일을 소비하는 것이다. 왜냐하면 주식으로 번 돈 300만원은 일정한 철밥통의 월급이 아닌 치열하게 번 돈이고, 여유자금 같은 것은 없으며, 잘못하면 원금 2천만원까지 날아갈 수 있는 불안한 돈이기 때문이다.

차라리 주유소 아르바이트를 뛰고 저녁에는 대리운전을 해서 400만원을 벌고, 매달 300만원씩의 생활비를 쓰며, 100만원을 앞으로 오를 유망한 주식에 묻어두는 편이 부자가 될 확률이 높다.

주식은 주택, 상가 등과 같이 지속적으로 관리가 필요하지 않다. 물론 유망한 주식을 사야지 잡주를 사면 오래 두면 오래 둘수록 상장폐지 가능성만 커진다. 그렇게 한다면 비로소 소작농에서 탈출하여 부자가 되는 길을 가는 것이다.

남의 상가를 임차하여 장사를 하는 사람도 소작농이다. 남는 돈을 토지나 주식과 같은 곳에 관리가 필요하지 않고 묻어두고 잊어버릴 만큼 안전한 투자처에 투자하지 않는다면 그도 매월 0에 수렴하는 소작농이다.

소작농이 될 것인가?
임대인이 될 것인가?

자신의 위치를 정확히 파악하자. 혹시 자신이 소작농인데 부자가 될 수 있다고 착각하지 말고 말이다. 부자가 되는 첫걸음은 자신의 위치를 파악하는 데서 시작한다.

04

기발한
생각으로
땅 투자하기

생각은 힘이다

'직관력'이라는 것이 있다. 직관이란 무엇인가? 예를 들어 내가 지하철을 탔는데 다리는 피곤하고 지쳐있다. 그래서 자리에 앉고 싶다. 어떻게 하면 자리에 빨리 앉을 수 있는가를 생각해야 한다. 아무 생각 없이 그냥 다리가 부러져라 가는 것은 생각하는 바가 없는 사람이다.

그래서 대부분의 사람들은 그저 사람이 많지 않은 한가한 곳에 가서 선다. 그러나 직관력이 있는 사람들 즉 생각할 줄 아는 사람들은 여기서 생각을 한다. 어떤 사람들이 내릴까? 즉 어떤 사람이 내리려는 행동을 하려는 징후일까를 생각한다. 그 중 핸드폰을 정신없이 보거나 게임을 하는 사람은 제외한다.

다음이나 다다음 정류장에서 내리려는 사람은 대부분 핸드폰을 집어넣고 다음 정류장을 확인하거나 보던 책이나 신문을 접고 준비하는 사람이다. 그런 사람 앞에서 기다리면 내릴 가능성이 높다. 평소에 생각을 하는 사람은 지하철에 앉아 있는 사람을 보면서도 관찰을 하고 생각을 한다.

〈오리지날스(애덤그랜트, 한국경제신문)〉라는 책을 보면 인터넷 브라우저를 보고 그 사람의 업무향상도를 알 수 있다는 내용이 나온다. 무슨 얘기냐면 사파리, 익스플로러, 크롬, 파이어폭스 중 크롬과 파이어폭스 브라우저를 사용하는 직원이 좀 더 회사에 잘 적응하고 업무향상도도 높았다는 얘기다.

이 둘 사이에 다른 점은 무엇인가? 사파리와 익스플로러는 애플과 마이크로소프트의 윈도우에 내장된 인터넷 브라우저라는 점이다. 즉 자신이 깔지 않아도 그냥 쓰면 되는 프로그램인 것이다. 그러나 크롬과 파이어폭스는 자신이 힘들게 손수 깔아야 하는 프로그램이다.

어떤 프로그램이 좋은지는 관계없다. 다만 크롬과 파이어폭스를 깔아서 쓰는 사람들은 자세가 다르다. 주어진 선택지를 그냥 받아들이는 것이 아니라 도전하고 실행하는 자세가 중요하다는 것이다. 이러한 자세는 자신의 인생도 바꿀 수 있다.

40대 중반에 명퇴를 당했다. 그런데 앞으로 살아갈 날이 까마득하다. 놀 수는 없고 치킨집을 차렸다. 그런데 어디에 치킨집을 차려야 하는지 생각을 안 했다. 치킨은 누가 많이 먹는가? 아이들이다. 그런데 아이들이 많이 사는 곳이 어디인가? 노인들이 많이 사는 곳인가? 아니면 젊은 부부들이 많이 사는 곳인가? 당연히 젊은 사람들이 많이 사는 곳이다. 그런데 노인들이 많이 사는 곳에 차렸다면 망할 것이다. 통계청이라도 가서 인구분포라도 알아봐야 하지 않겠는가?

그리고 치킨을 만들기 위해 레시피도 연구하고 몇 백번을 튀겨서 자신이 먹어보니 너무 맛있다. 그래서 치킨을 내다 팔았다. 잘 팔리겠는가? 아니다. 치킨을 많은 먹는 대상은 아이들이다. 그런데 내 입맛은 40대 중반의 입맛이고 아이들은 10대 중반이다. 그럼에도 내 입맛에 맞춘 것이 패착이다. 잘 팔릴 리가 없다.

그러나 실패의 가장 큰 이유는 다른 곳에 있다. 명퇴와 치킨. 치킨과는 전혀 관계없는 일을 하다가 치킨집을 차린 상식의 파괴 때문이다. 상식적으로 논리적으로 치킨과 관련 없는 일을 하던 사람이 갑자기 치킨집을 차려서 성공하기가 쉽겠는가.

제주도에 가면 중국인 관광객들로 북적인다. 어떻게 하면 이들을 상대로 돈을 벌 수 있을까? 조선족이 하나 있다. 그는 중국인 관광객이 많이 가는 제주도 명승지에 대기하고 있다고 한다. 예를 들면 성산 일충봉, 도깨비고개 등이다. 요즘 날씨가 너무 좋아 햇볕이 따갑다. 그러면 그는 관광버스에서 내리는 중국인 관광객들에게 썬캡을 판다. 1000원에 떼어다가 5000원에 팔아도 완판이라고 한다. 그가 하루에 버는 돈이 얼마인지 아는가? 적으면 100만원, 많으면 200만원이다.

앞으로 어떤 산업이 잘 될까? 사람들은 점점 더 오프라인보다 온라인으로 쇼핑을 할 것이다. 그래서 이마트와 쿠팡 사이에 전쟁이 붙었다. 최저가 전쟁 말이다.

전쟁이 붙을 만큼이니 온라인 마트가 잘 될까? 아니다. 거기에는 우리에게 보이지 않는 이면이 있다. 바로 엉뚱하게도 택배회사가 잘 된다. 직접 가서 물건을 사는 것보다는 배달을 해서 많이 산다는 얘기다. 그래서 쿠팡이 쿠팡맨을 채용하여 직접 배달하는 것이 아니겠는가? 최근에는 아마존도 직접 물류 배달을 한다고 선언했다. 일이 이렇게 되자 택배회사가 잘 된다고 보기도 힘들어져버렸다. 경쟁만 점점 더 치열해질 뿐이다. 한번은 물류회사가 쿠팡을 상대로 고소장을 제출했다. 쿠팡이 무료배송을 했다는 이유 때문이다.

여기서 대세를 읽어보자. 어떤 경우에도 돈을 벌 사람이 누구인지 살펴봐야 한다. 대세는 앞으로 택배물건이 많아진다는 데 있다. 대세가 물류회사가 아니라면 어디인가? 그 택배 상자를 만드는 골판지 회사의 가치가 올라갈 것이다. 무료배송이든 유료배송이든, 물류회사가 배송을 하든 온라인 쇼핑몰이 직접 배송을 하든, 언제나 필요한 물품은 바로 골판지기 때문이다. 앞의 회사들이 출혈경쟁을 하느라 이익을 내뱉는 사이에 골판지 회사만 온전히 수익을 올리게 된다.

생각의 힘은 우리를 부자로 만들어주는 원동력이다. 출퇴근을 하며 핸드폰만 볼 것이 아니라, 문명의 이기를 잠시 꺼두고 생각에 잠겨보는 것은 어떨까. 생각에 생각을 거듭하다 보면, 꼬리에 꼬리를 물고 돈 벌 일들이 떠오른다. 부동산 투자자라면 최소한 남들보다는 많은 생각을 해야만, 남들보다 더 큰 이익을 낼 수 있다.

시각을 바꿔라

시각을 바꾸면 안 풀리던 문제가 풀리고 안 보이던 이면이 보인다. 나는 상가투자자다. 법원 근처에 상가가 나왔다. 법원 근처의 상가는 토요일, 일요일 등 주말에는 쉰다. 게다가 공휴일도 죄다 강제 휴식일이다. 연중 100일은 노는 것 같다. 세입자가 들어오면 '이렇게 놀면서 월세나 제대로 낼 수 있나' 하는 생각이 든다. 이는 자영업자의 시각이다.

투자자의 시각은 조금 더 냉정하다. 법원 정문 건널목 앞이면 공실 날 위험이 없다. 세입자가 1년에 100일을 놀건 200일을 놀건 내 알 바가 아니다. 투자자는 그 세입자가 나가고도 장사할 세입자가 바로 들어올 것인지에 대한 계산만 끝나면 된다.

대로변 코너의 상가다. 사람이 많이 지나다닌다. 커피전문점을 냈다. 아직 상권이 활성화되지 않았는데 나중에 활성화가 되면서 많은 커피브랜드가 생겼다. 세입자는 버틸 수가 없다. 유명한 커피브랜드도 아니고 평수도 조금은 작기 때문에 유명커피브랜드에 밀려 망할 수밖에 없다. 세입자는 이렇게 상권이 변할 것을 미리 염두에 둬야 한다.

그러나 투자자의 시각은 다르다. 인근에 커피전문점이 생기는 것을 보니 상권이 제대로 형성되는 기미가 보인다. 세입자가 망해서 나가는 것이야 불쌍하지만 상가주인이야 상권이 형성되니 월세 밀릴 걱정 없고 세입자 나가도 바로 구할 수 있을 것 같아 마음이 놓인다.

스위스 시계는 1960년대 위기에 처해 있었다. 스위스 시계는 100년에 2초밖에 안 틀리는 정확성으로 성공했는데 그 성공 공식이 깨지게 되었기 때문이다. 일본 전자시계업체 세이코가 훨씬 더 싼 가격에 훨씬 정확한 시간을 맞추는 전자시계를 내놓았기 때문이다. 스위스 시계는 시계를 재빨리 패션 아이템으로 바꾸었다. 시계가 아닌 악세사리 말이다.

고3이다. 공부는 웬만큼 한다. 인서울 좋은 과는 못가도 하위권과를 갈 수 있다. 그러면 인서울 하위권과를 가는 것이 현명한 선택일까? 아니면 전문대 간호학과를 가는 것이 현명한 선택일까? 실제 인서울 하위권과를 선택한 사람이 더 많을 것이다. 그런데 나와서 무엇을 하나? 나와서 할 일이 없다. 취직시험을 봐도 다 떨어지고 만다.

그래서 임용고시를 보기로 결심을 한다. 임용고시가 보통 어려운 가? 서울의 임용고시 하위권과목 100:1이 기본이다. 그냥 놀면서 임용고시 보자니 집안형편이 안 좋다. 그래서 편의짐에서 일바를 뛴다. 편의점 알바 하면서 임용고시 공부하면 붙는가? 목숨 걸고 해도 붙을까 말까 하는데 그렇게 설렁설렁 해서는 어림도 없다. 3년 내내 떨어졌다. 그제서야 시각이 바뀐다.

전문대 간호학과와 같은 취업 잘 되는 학과에 취업을 했어야 하는데 잘못된 생각을 한 것 같다. 무려 대학4년, 알바3년, 총 7년을 돌다가 다시 시험 쳐서 늦은 나이에 전문대 간호학과를 갔다. 실화다.

트럼프는 왜 대통령이 되었는가? 노동자의 시각으로 바라봤기 때문이다. 러스트 벨트(산업쇠락지역)의 백인노동자는 백만장자의 말에 공감한다. 고등학교에서 성조기(미국국기)도 못 걸게 했다. 왜냐하면 다른 국적의 사람들이 성조기를 보면 위화감을 느껴서란다. 음식 배달하는 아랍 국적의 이민자가 배달통에 술이 있다는 것 때문에 배달을 거부했다. 종교적 이유였다. 주인은 그를 해고했지만 오히려 3억에 달하는 큰 벌금을 냈다. 중국인들이 싸게 만든 공산품과 각종 물품이 가정에 배달되는 바람에 일자리가 없어졌다고 믿는 백인들에게 트럼프는 그들이 듣고 싶어 하는 말을 쏟아냈다.

이게 다 누구 때문인가? 이게 다 이민자, 중국, 신흥국 때문 아닌가? 그런데 여성, 이민, 종교, 소수자에 대한 마음 속 깊은 얘기를 기성정치인들은 입 밖으로 꺼내지 않는다. 트럼프는 시각을 바꿔 대통령까지 되었다.

일자리에 대한 암울한 전망이 많다. 100만 개가 없어진다. 1000만 개가 없어진다. 말이 많다. 누구나 없어지는 것 가지고 고민을 한다. 그러나 누가 없애는가를 생각하는 사람은 많지 않다. 일자리를 없애는 주범은 글로벌 AI 개발업체다. 시각을 바꾸면 마음이 편해진다. 그 회사 주식을 사면 되기 때문이다.

트럼프가 대통령이 되면 국내경기가 안 좋아 진다고 한다. 국내경기가 안 좋아지면 미국은 좋아지는가? 미국이 좋아지니 미국 주식이 오르는 것 아닌가? 그런데 왜 미국주식은 안 사고 한탄만 하는가? 사상 최고치를 돌파하고 있는데 말이다.

유커가 제주도를 비롯해 세계 각국을 돌아다닌다. 그리고 돈을 엄청 쓴다. 그럼 유커를 끌고 돌아다니는 여행사 사장의 입장에서 바라보자. 무엇을 해야 하는가? 유커는 내가 가라는 데 가고, 먹으라는 데서 먹고, 놀라는 데서 놀고, 사라는 데서 사고, 자라는 데서 잔다. 그렇다면 먹으라는 데서 먹으니 식당을 사고, 놀라는 데서 노니

카지노를 개발하고, 사라는 데서 사니 상가를 사고, 자라는 데서 자니 콘도를 산다. 그렇다면 제주도의 땅을 사야 하지 않겠나? 그래서 제주도 땅이 올랐다.

중국이 사국 산업을 보호하려 각종 꼼수를 쓴다. 각종 인증을 안 해주면서 외국업체 보조금을 안 주고 자국 업체는 보조금을 준다. 중국 입장에서 보면 당연한 것 아닌가? 내 돈(보조금) 들여서 외국 업체 배 불려줄 리 있는가? 우리나라도 테슬라에 전기차 보조금을 주지 않으려고 큰 전기차 배터리는 보조금 대상에서 제외했다. 중국의 이런 모습은 일시적인 현상일까? 아니다. 예전 신흥국일 때 우리나라도 그랬다. 그러니 중국이 그렇게 행동하는 것이 어쩌면 당연한 일이다.

그런데 그 보조금은 어디서 나는가? 중국 정부 돈이다. 중국 정부 돈 들여서 민간기업 키워주고 있다. 예전에 우리도 그랬다. 그것을 정경유착이라 한다. 그럼 정경유착 안 하고 입찰해서 돈 많고 기술력 좋은 외국 업체 배 불려주는 것이 정의인가? 그것은 바보짓이다.

중국은 바보가 아니니 외국 업체의 배를 불려주지 않을 것이다. 대신 자국 업체의 배가 불러서 해외로 쭉쭉 뻗어나갈 때까지 지원을 아끼지 않을 것이다. 그리고 중국 입장에서는 어떤 업체의 배를 불려주어야 할지 고민이 될 텐데, 아무래도 차세대 중국 1등, 세계 1등이 될 가능성이 큰 기업일 것이다. 얼마나 많은 보조금이 뿌려질지 상상만 해도 그 업체가 어디인지 궁금해지지 않는가. 그런 종목을 찾아서 투자하면 일생일대의 성공적인 투자가 될지도 모른다.

맥도날드의 사장이 사원들에게 물었다.
"우리회사는 어떤 회사인가?"
사원들이 대답했다. "패스트푸드 회사요."
"틀렸다. 우리회사는 부동산회사이다."
"좋은 위치에 매장을 개발해 향후 가격이 오르면 팔고 나오는 부동산회사다."
실제로 맥도날드가 들어서면 그 위치 자체가 좋기도 하지만, 거기에 더해 맥도날드가 들어섰다는 이유만으로 상권이 활성화되고 부동산 가격이 뛴다.

한 번 더 생각하고, 시각을 바꿔 생각하면 이처럼 많은 투자 기회가 생긴다. 남들과 똑같이 생각해서는 남들처럼만 된다. 남들보다 앞서려면 남들이 생각하지 못하는 이면을 보아야 한다. 땅 투자로 성공한 사람들이 의도했건 의도하지 않았건 결과를 보면 아무도 보지 못하는 이면의 이유 때문이었다. 누구나 아는 정보는 돈이 되지 않는다는 말이다. 왜냐하면 누구나 알기 때문이다. 누구나 아는 곳에는 사람들이 많기 때문에 이미 가격이 높다. 투자자가 들어가서 크게 먹을 공간이 없다. 비싼 땅을 사서 더 비싸게 파는 것보다는, 싸게 사서 조금 더 비싸게 팔기가 쉽다. 그러면 어떤 땅을 사야 하는가. 바로 누구나 살 수 있는, 가격이 저렴한 땅이다.

그래서 땅 투자를 제안하는 바이다. 돈 많은 사람, 아는 것이 많은 사람들만의 전유물이 아니다. '내가 무슨 땅 투자를'이라고 생각하고 있는가. 생각을 바꿔보라. 이곳에서 소개하는 사례 속 사람들도 처음에는 그렇게 생각했다. 생각을 바꾸니 책 속에 등장하는 땅 부자가 되었던 것이다.

05

우리 주변
땅 부자들은
어떻게 부자가 되었을까?

우리 주변에 있는 수많은 땅 부자들! 그들은 과연 어떻게 부자가 되었을까?

이 책을 쓰면서 그동안 만났던 사람들을 떠올려 보고 또 직접 다시 찾아서 그들의 이야기를 들어 보면서 느낀 점들을 다시 한 번 정리해 보고자 한다.

금수저니 흙수저니 하면서 부자도 서민도 태어나면서부터 정해져 있다는 사회적 분위기가 만연하다. 현대 자본주의 사회에서 완전히 부정할 수 없는 사실이기는 하나 반드시 그렇다고 단정하거나 지레짐작할 수 없는 부분이기도 하다. 그동안 내가 보아온 부자들이나 이번에 만난 부자들의 90%는 조상으로부터 물려받은 부자가 아니라

자수성가하여 일가를 이룬 부자들이었다. 지금 부자로 잘살고 있으니 원래부터 부자였을 것이라는 선입견이 작용했던 것이다.

우리는 여기에서 희망을 찾을 수 있다. 우리가 부러워하는 부자들도 그 시작은 우리와 다르지 않았다는 사실이다. 다만 그들은 남들과는 조금 다른 삶을 살아오시 않았나 하는 생각을 갖게 되었다. 이렇게 이야기하면 뭐 특별한 노하우나 비법이 있는가 하겠지만 결코 그렇지 않다. 다만 그들에겐 평범함 속에서 남과는 조금 다른 면이 있다고 말하면 정확한 표현일 것이다.

부자가 되고 싶다면 '부자를 따라하라', '부자에게 점심을 사라' 등 부자와 가깝게 지내거나 그들이 하는 과정을 배우라는 말이 격언처럼 회자되고 있다. 공연히 열심히 살아오신 부모님 원망하지 말고 내가 어떻게 살아야 할지에 대하여 깊이 생각하고 다짐해야 할 것이다. 내가 부자가 되어 자식들에게 금수저를 물려줄 수 있으면 되는 것 아닌가.

빌 게이츠는 "가난하게 태어난 것은 너의 잘못이 아니지만 죽을 때도 가난한 것은 너의 책임이다"라고 말했다.

전세를 살던 사람이 돈을 벌어 드디어 내집을 사려고 하는데, 누구에게 자문을 받아야 할까? 대부분의 사람들은 자기와 비슷한 처지의 전세를 사는 친구들에게 묻는다. 그러면 그 친구들은 어떤 집을 어디에 사라고 조언하기보다는 "지금은 소유의 시대가 아니고 사용의 시대이니 좀 더 나은 곳에 전세로 가서 살아" 이렇게 말하면서 "야! 너 돈 벌었으니 오늘 술 한 잔 거하게 사라"고 말할 것이다. 사실 알고보면 내가 집을 사는 데 아무 도움도 주지 않았던 친구들인데 말이다. 그런데 우쭐한 마음에 그만 평소에는 꿈도 못 꾸던 큰돈을 푹 질러대고 마누라한테 바가지만 긁히게 되는 것이 우리 보통 사람들이 사는 모습이라면 과장일까.

집을 사려면 집을 가진 사람들에게 물어보아야 하고, 땅을 사려면 이미 땅을 가지고 부자로 잘 사는 사람들에게 물어보거나 그들이 앞서 실행한 방법들을 알기 위해 노력해야 한다. 그게 부자로 가는 올바른 지름길이다. 그래서 앞서 이야기한 땅 부자들이 어떻게 그런 부자들이 될 수 있었는지를 좀 더 살펴보고자 한다.

오직 땅만 파는 일벌레형 땅부자

"어느 지역이 개발되고 보상금이 나와 누가누가 졸부가 되었다더라."

이런 이야기를 들어보지도, 이런 사연의 주인공을 만나보지도 못했다면, 미안한 마음이지만 당신은 부자가 될 확률이 매우 낮다고 할 수 있다. 그런데 이렇게 졸부가 되었다고 하는 대부분의 땅 부자들을 만나보면 처음부터 부자인 사람들은 거의 찾아보기 힘들다. 오히려 남의 집에서 일하거나 소작농으로 일하면서 가난한 시절을 겪었던 사람들이 많다. 마치 땅에 한이 맺혀 한풀이라도 하듯이 그저 땅만 파며 열심히 일하고 근근이 모은 돈으로 땅을 사고 그 지역이 개발이 되든 말든 오직 더 이상 농사일을 할 수 없을 때까지 버티다가 결국 수용과 보상이라는 최종단계에 이르게 된다. 그 보상금이 너무 많다보니 '졸부'라는 부러움 섞인 비아냥을 듣게 된 경우가 대부분이다. 하지만 우리의 솔직한 심정은 졸부라는 비아냥을 들어도 좋으니 그 대열에 합류하고 싶다.

자기 하는 일을 하면서 땅을 사서 부자 된 땅 부자들

공무원이든 직장인이든 자기 일을 열심히 하면서, 벌어들인 돈을 저축하고 그 돈으로 조금씩 땅을 사들여가면서 불려간다. 마치 적금 붓듯이 투자하는 땅 부자들이 많다. 이들은 다른 사람들이 흔히 하는 아파트나 상가 투자에는 관심이 없다. 오로지 ①자신이 사는, 그래서 ②그 누구보다 잘 아는 인근지역에서, ③ 스스로 모은 돈으로, ④투자가 가능한 땅들을 기회가 될 때마다 사들이며, ⑤이를 다시 팔아서 조금 더 크고 좋은 물건에 다시 투자한다. 이렇게 부동산을 사고 가꾸고 키우고 불려가는 그런 스타일의 땅 부자들이다.

이들은 남의 일이나 남들이 하는 투자에는 관심이 없다. 그저 자기 하는 일에 최선을 다하면서 자기가 아는 범위 내에서 바보처럼 땅에만 투자한다. 단순한 방법이지만 부자가 될 확률이 매우 높은 투자법이 아닐 수 없다.

직접 이용하며 땅의 가치를 올린 땅 부자들

사실상 대부분의 땅 부자들이 하고 있는 투자방법이라 볼 수 있다. 이들은 대부분 직접 농사를 짓거나 그 땅을 활용하기 위하여 자기 능력에 맞는 땅을 구입하여 사용한다. 이후 땅의 가치가 높아져 부자대열에 오르게 되는 것이다.

앞서 소개한 약용작물이나 유실수, 산야초 재배 등의 경우처럼 우선 가치가 별로 없는 임야나 황무지 같은 싼 땅들을 구입한다. 그런 다음 이 땅들을 개간하거나 활용하여 직접 농사를 짓거나 그 땅에서 나는 작물들을 활용하면서 땅의 가치를 올린다.

이처럼 터전이 마련되면 그 다음부터는 자신의 능력 범위 내에서 추가로 땅들을 계속해서 매입한다. 땅 투자로 돈을 벌려는 욕심에서라기보다는 더 많은 일을 더 열심히 하려는 목표 때문이다. 순수한 의도로 땅을 사다 보니 야금야금 넓힌 땅들이 수천 평 수만 평이 되고 어느새 땅 부자라는 말을 듣게 되는 것이다.

처음부터 땅 부자로 태어난 사람들은 거의 없다. 대부분 근검절약하며 모은 돈으로 주변 땅을 사들여서 부자가 되었다.

사업과 연계하여 투자하는 땅 부자들

앞서 설명한 고물상이나 야적장 부지의 경우처럼 자신의 사업과 연계하여 투자를 하는 땅 부자들 이야기다. 이들의 공통점은 자기가 하고 있는 일과 연계하여 땅에 투자를 함으로써 그 시너지 효과를 일으키고 이로 인해 땅 값도 오르는 케이스들이다.

1부 사례에서 소개하지는 않았지만 비슷한 예를 하나 더 들자면, 건축업을 하는 한 사장님이 있었는데, 그는 직접 조경업에 등록하여 건축에 들어가는 조경수들을 재배하는 농지를 구입하였고, 본인 사업장은 물론 다른 건축업자들의 사업장에도 조경수를 납품하였다. 이 과정에서 많은 땅을 소유하게 되었다.

즉 건축에는 조경이 들어가는데, (지금은 그렇지 않지만) 과거에는 준공검사가 끝나면 대부분 다시 뽑아 버리고는 했다. 그는 이처럼 버려진 조경수를 구입한 농지에 다시 심었다가 다른 사업장에 또 심고 하면서 재활용을 하였다. 소위 땅 짚고 헤엄치기 식의 방식으로 사업을 키워나가면서 땅을 사들여 땅 부자가 되었다.

꿩 먹고 알 먹는 방식의 땅 부자가 한 명 더 있으니 공사장의 한 소장 이야기다. 공사장 흙은 돈을 주지 않고 처분하면 다행이다. 하지만 그는 매립이 필요한 깊은 땅을 구입하여 그곳에 흙을 갖다 버렸다. 그러다 보니 공사장의 흙을 버리면서 돈을 받게 되었고, 원래 깊은 땅이 매립이 되면서 가치가 올라가니 땅 값이 올라 시세차익도 발생했다. 일거양득이라는 말이 떠오르는 투자법이다. 그도 처음엔 이런 방법이 있는지조차 몰랐다. 지인이 그런 방법을 권유했고, 반신반의하면서도 직접 땅을 구입하여 흙을 처리했는데, 정말 그 말처럼 되더라는 것이다. 그 후로도 몇 년 동안 현장소장을 돌면서 흙을 처분해야 하는 곳에서 흙을 가져다가, 흙이 필요한 곳에 버리면서 땅 부자가 되었다.

  땅 부자가 되는 법을 정리해 보자.

  먼저 자신의 일에 최선을 다하고, 또 근검절약하면서 종자돈, 즉 투자금을 만들어 가야 한다. 다음으로 부동산투자를 취미로 만들어야 한다. 끝으로 기회가 되면 투자를 실천하면 된다.

  이렇게 하기 위해서는 부동산투자재테크에 관심을 갖고 언론매체의 경제뉴스나 경제정보를 챙겨봐야 하고, 책을 통해 지식을 함양하고, 무료든 유료든 세미나나 강의를 들으면서 지식과 정보를 축적해야 한다. 무엇보다 꾸준한 관심이 필요하다.

  다음으로는 개발계획이나 투자자들에 대한 사례 등 투자정보를 보다 세밀히 분석하고 공유하는 카페나 블로그 또는 강의수료생 모임, 단체 등에서 활동하는 방법도 좋다. 다른 사람들의 생각과 행동을 보면서 나의 생각이나 성취욕을 키워나가는 일도 중요한 투자덕목 중 하나다.

  끝으로 주변에 멘토가 될 만한 전문가(반드시 전문가일 필요는 없다. 경험이 풍부한 경험자라도 좋다)를 두는 것도 좋다. 함께하는 동료들이 많을수록, 검증을 받을 수 있는 그룹이 있을수록 시행착오를 줄일 수 있다. 세상을 혼자 살 수 없듯이 부동산 투자도 혼자보다는 둘, 둘보다는 여럿이 함께 하면 좋은 결과로 이어진다.

3부

어떻게
땅 투자를
할 것인가?

01

토지, 노동,
자본에 대한
깊은 생각

우리는 태어나서 먹고 자라고 배운다. 그리고 일하며 부양하고 늙고 병들어 죽게 된다. 앞으로 어떻게 살아야 하는가에 대한 보편 진리는 학교에서 배우지만 경제적인 활동에 대해서는 제대로 배운 바가 없다. 배운 바가 없기 때문에 남 탓만 하면 될까? 아니다. 지금이라도 깊이 생각해서 앞으로 어떻게 살아야 할지에 대해 생각해야 한다.

학교를 졸업하고 취직을 하면서 우리는 경제활동을 시작한다. 경제활동을 하는 이유는 먹고 살기 위해서다. 대부분의 사람들은 오로지 '노동'에 의지해 돈을 번다. 그렇게만 배웠기 때문이다. 하지만 사실 노동보다는 자본이나 토지(지대)로 벌어야 더 많이 더 쉽게 벌 수 있다.

그런데 왜 자본이나 토지로 돈을 벌지 않고 노동으로 벌까? 왜냐하면 자본이나 토지로 돈을 벌려면 부모가 물려줘야 가능하다. 그러나 그런 부모는 많지 않고 우리가 벌어서 그런 부모가 되어야 한다. 그리고 그런 부모 밑에서 태어났다고 하더라도 경제관념이 없다면 그 부를 제대로 지키지 못한다.

토지, 노동, 자본이란 무엇인가?

자본주의의 생산의 3요소이다. 이 중 노동을 빼고 토지와 자본이 생산수단이 된다. 생산수단을 점유해야 늙어서도 내가 직접 일하지 않고도 돈을 벌 수 있고 또한 자녀에게 물려주어 부의 대물림을 할 수도 있다. 하나씩 살펴보자.

토지는 무엇인가?

부동산이라고 보면 되지만 생산 3요소에서의 토지는 조금 다른 개념이다. 중세시대에 경제활동은 농노와 귀족의 관계에서 일어났다. 조선시대도 마찬가지다. 토지로 농사를 지어 토지에서 나는 농산물을 소작농에게 일부 주고 그 외에 잉여 생산물을 지주가 취하는 구조다. 그런데 중세시대의 유일한 생산수단인 토지는 대물림이 되었고 그런 지주의 자식으로 태어나면 영원히 일하지 않고 먹고 살 수 있었다.

그 생산수단이 산업혁명이 일어나면서 공장, 기계 등으로 바뀌었고, 사유재산제도가 생기면서 월세를 받는 건물 등도 생산수단이 되었다.

자본은 무엇인가?

자본도 마찬가지로 주식을 통해 '기업'이라는 생산수단을 살 수 있으며, 채권이나 은행예금을 통해서 이자수입을 올릴 수도 있다. 생산수단을 점유한 자의 수입이 자신의 생활비 수준을 넘어가게 되면 일하지 않고 돈을 벌 수 있고, 그 규모가 커져서 잉여생산물이 쌓이게 되면 부자가 되는 것이다.

생산수단을 점유하기 위해서는 어떻게 해야 하는가. 물려받지 못한 노동자의 자식으로 태어났다면 노동을 해야 한다. 노동을 통해 많은 돈을 벌 수 있다면 토지를 사거나 자본을 가지고 생산수단을 점유하여 높은 지대를 올리며 대를 이어 물려주는 것이 노동자가 생산수단을 보유한 부자가 되는 길이다.

노동을 통해 많은 돈을 벌려면 어떻게 해야 할까? 전문직에 종사하거나 월급을 많이 주는 기업에 들어가야 한다. 물론 사업에 기질이 있다면 사업을 하는 것도 나쁘지 않다. 왜냐하면 언제까지나 직장을 계속 다닐 수 없고 결국 자기 사업을 해야 하기 때문이다. 결국 빠를수록 좋다. 하지만 성공하기 힘드니 노동으로 돈을 버는 평범한 사람들을 예로 들어 설명하기로 한다.

대학을 졸업하고 대기업에 들어갔다. 얼마를 벌며 얼마를 다닐 수 있을까? '쓰는 것보다 조금 더 벌며 늙어 죽을 나이보다 훨씬 더 적게 다닐 가능성이 크다.' 일단 급여생활자가 회사에 있을 확률에 대해 알아보자.

신입사원 임원 승진까지 22년 걸려…
임원 승진 확률은 1000명 중 7명

사무직 대졸 신입사원이 임원으로 승진하는 데 평균 22년 걸리는 것으로 나타났다. 신입사원 1000명 가운데 임원으로 승진할 수 있는 인원은 7명 정도로 조사됐다.

한국경영자총협회는 전국 219개 기업을 대상으로 '2014년 승진·승급 관리 실태'를 조사한 결과, 사무직 대졸 신입사원이 임원으로 승진하는 데 실제 걸리는 시간은 평균 22.1년, 부장까지는 평균 17.9년으로 나타났다고 2일 밝혔다.

실제 승진 소요 연수는 2011년보다 늘어났다. 2011년 조사에서는 신입사원이 임원으로 승진하는 데 걸리는 시간은 평균 21.2년, 부장까지는 17.3이었다. 2011년과 비교하면 임원과 부장 각각 0.9년, 0.6년 늘어난 셈이다.

신입사원의 승진 소요 연수 추이/한국경영자총협회 제공 ▲ 신입사원의 승진 소요 연수 추이/한국경영자총협회 제공실제 승진 소요 연수와 규정상 승진 소요 연수의 격차는 2011년보다 더 벌어졌다. 실제 승진에 걸리는 시간은 규정상 승진보다 임원과 부장 각각 2.9년, 2.4년 더 길었다. 경총 관계자는 "2011년 조사에서는 실제 승진과 규정상 승진 소요 시간 격차가 좁혀졌지만, 이번 조사에서는 벌어졌다"며 "60세 정년 의무화 등 노동시장 변화에 대응하기 위해 기업들이 승진 연한을 늘리는 추세가 반영된 것으로 보인다"고 말했다.

경총은 기업들이 노동 시장 변화에 대응하기 위해 앞으로 승진 연한을 늘릴 것으로 예상했다. 승진·직급 제도를 변경한 기업은 응답 기업의 28.4%, 변경 계획이 있는 기업은 39.4%로 나타났다. 기업 규모별로는 대기업의 78.9%, 중소기업의 62%가 승진·직급 제도 변경 완료 혹은 변경 계획을 갖고 있다고 답했다

임금피크제와 명예퇴직제도의 도입 고려 비율도 2011년보다 늘었다. 임금피크제를 도입했거나 고려하고 있는 기업은 2011년 28.8%에서 2014년 45.4%로 약 17%포인트 증가했다. 명예퇴직제를 도입했거나 고려하고 있는 기업은 2011년 29.6%에서 2014년 39%로 늘었다.

대기업의 경우 임금피크제를 고려하고 있는 기업은 53.1%로 나타나 2011년(30.3%)보다 약 23%포인트 증가했다. 명예퇴직제도 관련 조사에서도 2011년 35.3%에서 2014년 58.1%로 늘었다. 중소기업의 경우 임금피크제를 고려하고 있는 기업이 2011년 27.7%에서 2014년 39%로

증가했다.

대졸 신입사원 1000명 중 승진자 수 추이/한국경영자총협회 제공 ▲
대졸 신입사원 1000명 중 승진자 수 추이/한국경영자총협회 제공현재
직급별 승진율이 유지될 경우 신입사원이 임원으로 승진하는 비율은
0.74%, 부장으로 승진하는 비율은 2.41%로 조사됐다. 이는 1000명이
입사하면 7명 정도가 임원으로 승진한다는 뜻이다. 2005년 조사에서는
12명, 2011년 7.9명으로 조사돼 임원 승진 비율은 점점 줄어드는 것으
로 나타났다. 규모별로는 대기업의 임원 승진 비율이 0.47%, 부장 승진
비율이 1.8%로 집계됐다. 중소기업의 경우 임원 승진 비율과 부장 승진
비율이 각각 5.6%, 11.5%였다.

한편, 전체 직급의 평균 승진율은 38.6%로 조사됐다. 대기업의 평균
승진율은 35.4%로 중소기업(59.4%)보다 월등히 낮았다.

2014년 11월 2일자 조선일보

우리나라의 급여생활자가 회사에 남아 있을 확률을 계산해 보자.
임원 승진 확률은 0.47% (1000명 당 4명), 부장 승진 확률은 1.8%(1000
명당 18명)다. 현실은 바늘구멍처럼 좁다. 부장까지 승진소요연수는
17.3년. 예를 들어 27세에 입사해서 17년이 지나면 44세가 된다. 여
기에 3년 정도 더하면 47세가 되는데 많이 버티면 이렇다. 그리고 통
계를 보면 승진은 점점 짧아지고 승진 확률은 점점 줄어든다. 그러

니 직장 생활로 부자가 되기는커녕 노동으로 평생 벌어먹고 살지 못할 지경에 이르렀다.

앞으로 우리가 얼마나 살 수 있을지도 계산해보자.

한국인의 기대수명은 여자 83.8세, 남자 76.8세로 현재 OECD 6위이다. 최빈 사망 연령은 한국이 86세이다. 최빈 사망 연령[사망 연령의 최빈치(最頻値)를 말한다], 다시 말해 가장 많이 죽는 연령대를 보자면 2008년에 86세이다.

고려대학교 박유선 교수의 〈100세 도달 가능성〉이란 연구를 보면 현재 45년생이 71세에 해당하는 나이인데 1/4의 확률로, 58년생이 현재 59세라면 1/2의 확률로 100세까지 산다. 그리고 현재 70년생 이하라면 특별한 사고나 큰 병에 걸리지 않는 한 거의 대부분이 100세까지 산다. 100세 시대가 더 이상 꿈이 아니다.

구글은 california life company(http://www.calicolabs.com/)를 만들었다. 세계에 2대밖에 없는 양자컴퓨터를 돌려서 인간의 DNA 등을 분석하고 있는데 2035년이면 그 분석이 완전히 끝난다. 이들의 1차 목표는 인간을 170살까지 살도록 해주는 것이다. 50세에 은퇴한다고 했을 때 무려 120년이 더 남은 것이다. 그래서 우리가 죽고 싶어도 구글 때문에 못 죽는 경우가 생긴다.

계산을 쉽게 하기 위해서 25살에 취직을 해서 50세까지 회사를 다닌다고 가정해 보자. 노동으로 돈을 벌 수 있는 기간은 25년이다. 그 후 50살부터 100살까지는 돈을 쓰는 나이가 된다. 그 기간은 50

년이다.

우리나라 노인의 최저생계비는 150만원이다. 그러나 조금 더 보태서 200만원을 쓴다고 하면 25년 동안 얼마를 벌어야 할까? 산술적으로 계산을 해본다면 25년 벌어서 50년, 2배의 기간을 써야 하니 매월 400만원씩 저축을 해야 한다.

50세 이후에 400만원씩 쓰면서 살아야 한다면 어떻게 해야 하는가? 5가지 방법이 있다.

① 매월 400만원씩 저축한다.

② 죽을 때까지 근로소득으로 번다.

③ 물가 싼 해외에서 노후를 보낸다('노후 파산 어떻게 대비할 것인가?'를 참조하라).

④ 50대에 매월 400만원씩 생활비가 나오는 구조를 만든다.

우선 부동산 임대소득을 만들거나 주식의 배당소득, 연금소득, 채권 이자소득, 은행 이자소득이 될 것이다.

⑤ 매월 10만원씩 투자해서 50세 은퇴 시 40배, 100배 오를 곳에 투자한다.

차근차근 알아보자.

① 매월 400만원씩 저축한다

누가 이렇게 할 수 있을까. 할 수 있다고 해도 너무나 비효율적인 방법이다. 원금에 이자가 붙는 구조인데 1970년대 경제발전기에 택해야 할 방법이다. 왜냐하면 그때는 이자가 10%가 넘었기 때문에 원금의 2배가 되려면 10년이면 충분했다. 그런데 지금은 1.6%의 이자로 돈을 예금하면 원금이 2배가 되려면 70년이 걸린다. 만약 시티은행에서 내놓은 0.1%의 이자로 계산을 하면 원금의 2배가 되는 데 걸리는 시간은 무려 13,600년이다. 그러니 시대에 맞지 않는 비정상적인 방법밖에 되지 않는다.

② 죽을 때까지 근로소득으로 번다

이것 또한 안전하지만 애처로운 방법이다. 나이가 들면 근로소득으로 일하기 매우 까다롭다. 각종 병에 많이 걸리고 실제로 70세가 넘어가면 아파트 경비도 시켜주지 않는다. 현실적으로 힘들다. 또한 죽을 때까지 일해야 하니 인생이 고달프다.

다만 어느 정도 월세나 일정한 소득이 나오는 가운데 봉사활동이나 자신이 평소 하고 싶었던 취미활동을 한다면 인생의 말년이 풍요로워지겠지만 생활비를 벌기 위해서 일하는 것은 개인적으로 매우 견디기 힘든 일이다.

그러나 이웃 일본의 예를 보더라도 이런 일은 흔하게 벌어지며 일본의 노인 중 봄에는 나물을 캐서 먹거나 나물을 캐서 먹지 않으면 저녁에 세일을 하는 반찬을 한 개 사서 밥 한 공기와 반찬 한 개를 놓고 먹는 생활보호 대상자가 많다고 한다. 그러나 벌어놓은 돈이나 매월 생활비 정도의 잉여자금이 나오지 않는다면 죽을 때까지 일하는 것이 하나의 방법이기는 하다.

③ 물가 싼 해외에서 노후를 보낸다. ('노후 파산 어떻게 대비할 것인가?'를 참조하라.)

④ 50대에 매월 400만원씩 생활비가 나오는 구조를 만든다

노후에 필요한 생활비가 얼마나 될까? 기초생활을 하려면 150만원 정도가 필요하다고 한다. 사람답게 살면서 생활비를 쓰려면 부부 2인이 300만원 정도는 있어야 한다.

400만원이면 많은 돈이다. 만약 월세 400만원이 나오는 안정적인 상가 부동산을 사려면 돈이 얼마나 필요할까? 1기 신도시(부천, 일산, 분당, 산본, 평촌)의 핫플레이스(시간당 1000명 정도가 지나다니는 곳)의 상가 중 1층 상가를 사서 월세를 받는다고 했을 때 현금이 약 12억 필요하다. 왜냐하면 상가의 1층 가격이 평당 3000만원 정도이기 때문이다.

그렇다면 분양면적 22평(전용면적 10평)의 가격이 6억6천만원이 된다. 이런 상가를 가지고 있으면 보증금 5,000만원에 월 200만원 정도의 수입이 발생한다. 그러니 400만원이 되려면 이런 상가 2개가 있어야 하고, 13억2천만원의 매수자금에 보증금 1억을 빼면 12억2천만원이 필요하다. 매수 시 2천만원을 깎으면 약 12억 정도가 된다. 12억을 모아서 한 번에 이런 물건을 사면된다.

광교나 위례, 동탄과 같은 곳의 상가에서 분양가는 얼마인 줄 아는가? 이 곳의 딱 2배이다. 즉 분양면적 22평의 분양가가 13억 정도 한다. 그런데 아직 상권이 활성화되지도 않았고 지하철이 없는 곳도 있다. 그런데 2배가 더 비싸다니 이런 물건을 사는 순간 6억 5천만원을 손해 보는 장사이다. 그런데 왜 사는가? 상가의 적정 가격을 정확히 모르기 때문이다.

1층을 고집하지 않는다면 3층 이상을 사도 된다. 3층 이상의 상가는 수익률이 1층보다 높다. 4억 정도면 월세 200만원이 나오는 사무실 용도의 구분상가를 살 수 있다. 이렇게 하면 8억으로 월세 400만원의 수입을 올릴 수 있다. 다만 3층 이상의 상가는 공실의 위험이 있으니 주의하길 바란다. 주택으로 내려오면 수익률이 더 떨어진다. 그러니 상가를 모르고 월세를 논할 수 없다.

그 밖에 연금소득, 주식의 배당소득, 채권의 이자소득 등이 있다. 우리나라의 국민연금소득은 평균 32만원 정도다. 그 이유는 1989년도에 국민연금이 생겨서 늦은 감이 있고, IMF 이후 명예퇴직 등으로 근속연수가 모자라는 사람이 많다. 향후 평균 수령금액은 80만원 정도가 될 것이다. 400만원에 비해 320만원이 더 필요하다. 국민연금의 최대 수령액이 약 160만원 정도밖에 안 된다.

필수적으로 월세가 나오는 부동산이나 배당소득 등이 필요하다. 배당소득은 삼성전자 주식 150만원을 기준으로 놓고 봤을 때 3억원

(200주)이면 매월 얼마가 나올까? 배당액은 주당 14,300원(2014년 기준)
X200주=2,860,000원이 연간 나오는 금액이고 이것을 월로 나눠봤
을 때 매월 약 238,000원 정도가 된다. 월 400만원이 나오는 구조를
만들려면 3억의 17배인 51억 정도가 더 필요하다.

예금은 1.8% 기준으로 10억 예치 시 18,149,200원/12월=1,512,433
원(세후 수령액 기준) 정도가 된다. 30억이 있어야 매월 400만원을 받을
수 있다. 그러나 향후 예금 소득은 더 떨어질 수 있고 마이너스 금리
나 제로 금리로 간다면 예금으로 소득을 올리는 것은 요원한 일이다.

채권은 어떨까? 선진국의 채권 즉 국채는 이미 마이너스로 가
고 있다. 유럽, 일본은 이미 마이너스이고 한국이나 미국의 국채 역
시 예금 소득보다 못하다. 그래서 신흥국 채권이 훨씬 유리하다. 다
만 환율의 하락 위험이 있는 것이 흠이긴 하지만 몽골, 우즈베키스
탄, 브라질, 러시아 채권은 연 10%가 넘는다. 아프리카 일부 나라는
20%가 넘는 곳도 있다.

⑤ 매월 10만원씩 투자해서 50세 은퇴 시 40배, 100배 오를 곳에 투자한다

가장 현실적인 방법이 아닐까 한다. 매월 10만원씩 투자해서 50세
가 되었을 때 매월 400만원이 나올 수 있는 곳에 투자하는 방법이다.

예금으로는 30억의 현금이 있어야 하고, 주식으로는 51억의 주식이 있어야 한다. 가장 손쉬운 공실 없는 1기 신도시의 3층 이상 상가를 산다고 해도 8억의 현금이 있어야 한다.

그럼 매월 10만원씩 저축을 해서 25년이 지나면 얼마나 될까? 3천만원이다. 3천만원이 가장 적은 상가 월세를 받는 8억의 현금이 되려면 26.7배가 올라야 한다. 예금이자 소득으로 400만원을 만들려면 30억이 필요하니 3천만원이 100배가 올라주면 30억이 된다.

적게는 30배에서 많게는 100배까지 올라주는 투자 종목이 무엇일까? 바로 땅과 주식이다. 그래서 땅투자와 주식투자는 기본으로 해야 한다. 앞서 발췌기사를 통해 지난 50년간 땅값 변화를 살펴보니 밭이 971배, 대지가 2309배 올랐다고 했다. 토지로 돈을 번 사람은 증거가 있다. 그런 사람을 우린 졸부라 부른다. 한국의 부자들은 다 이들 중에 나온다. 만약 산 땅이 오르지 않았어도 나중에 자식 대에 빛을 본다. 우리가 그들을 졸부라 부르지만, 사실은 부러워서 붙인 낙인에 불과하다. 모두가 졸부가 되고 싶기 때문이다.

주식은 어떤가? SK텔레콤은 지난 1999년 액면 분할하기 전 주가가 595만원까지 치솟은 바 있다. 이후 액면가 5000원짜리 주식을 500원으로 만들면서 주가는 1/10이 됐다. 1/10로 액면분할을 했는데도 현재 주가는 20만원을 훨씬 넘는다. 1991년 한국통신(KT의 전신)의 주가가 1만원이 안 되었으니 10년 만에 595배가 오른 것이다.

그래서 10만원씩 저축해서 강남의 빌딩을 사거나 소박하게 1층 상가 2개를 사려면 주식과 토지에 대한 투자는 기본이다. 부의 사다리를 올라타려면 맨 아래부터 하나씩 밟아 올라가야 한다. 꿈만 커서는 될 일이 아니다. 현실적으로 어떻게 해야 꼭대기까지 올라갈 수 있는지 방법을 생각해야 하고, 또 실천해야 한다. 그러니 빌딩을 사기 전 어떤 투자를 해야겠는가?

02

부자가 되려면
'투자자'의 단계를
반드시 거쳐야 한다

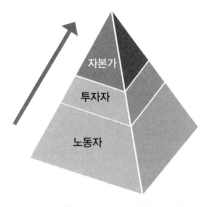

노동자, 투자자, 자본가의 단계 피라미드

노동자, 자본가가 의미하는 바가 무엇일까? 노동자는 월급을 받는 사람, 즉 월급쟁이를 의미한다. 자신의 노동력을 이용해 돈을 버는 사람이다. 이들은 앞으로 투자자가 되어야 하고 그 다음은 자본가가 되어야 한다. 자본가는 안정적인 수입구조를 만들어 놓은 사람이다. 여기서 마르크스의 자본론을 얘기하려는 것은 물론 아니다.

노동자가 어떻게 투자자가 되고 투자자는 어떻게 자본가가 되어야 하는가에 대한 이야기를 하고자 함이다.

노동자에서 자본가로 가려면 투자자라는 중간단계를 반드시 지나야 한다. 태어날 때부터 부모가 안정적인 자본가라면 투자자라는 단계를 거칠 필요가 없지만 대부분의 서민은 노동자로 태어나고 투자자를 거쳐 자본가로 거듭난다. 그렇기 때문에 투자자 단계를 거치지 않으면 자본가가 될 수 없다. 중간단계인 투자자는 어떤 사람인지 알아보자.

투자를 하는 사람이다

노동자와 투자자의 구분은 투자를 하느냐 마느냐에 달렸다. 투자란 토지와 자본, 생산구조를 만들어내기 위한 작업이다. 투자를 해야 하는 이유는 60세를 넘어가면 노동력이 현저히 떨어지기 때문이다. 그러니 60이 넘기 전 노동을 하지 않더라도 먹고 살 수 있는 기틀을 마련해 놓아야 한다. 노동을 하지 않고 먹고 살 수 있는 기틀이란, 은행 예금에서 나오는 이자, 부동산 임대소득, 주식의 배당소득, 연금소득과 같은 자본소득 등이다.

구체적으로는 어떤 투자를 해야 하는가? 투자는 가격 대비 성능비가 좋은 유망한 곳에 해야 한다. 예를 들어 월 300만원의 은행 이자가 목표라고 하자. 노동을 한다면 기준금리가 1%까지 떨어진 시점이라면 목표금액은 30억이 될 것이다. 만약 공실 없는 1층 상가에 투자를 한다면 18억이 필요하다. 앞서 언급했던 내용이다.

가격 대비 성능비가 좋은 곳은 후자가 될 것이다. 이미 목표금액에서 12억의 차이가 나고, 은행이자는 앞으로도 더 떨어질 가능성이 있기 때문이나. 유럽이나 일본에서는 이미 은행을 대상으로 마이너스 금리를 시행하고 있다.

그런데 문제는 노동만으로 이런 거액을 마련하기가 쉽지 않다는 데 있다. 잘 나가는 변호사, 의사 등 전문직이라면 모를까 월급쟁이에게는 꿈 같은 이야기다. 그러니 월급쟁이가 전문직을 이기려면 반드시 투자라는 행위를 해야 한다.

노동소득 〉 생활비

투자자가 되기 위한 전제조건은 노동소득이 생활비를 반드시 넘어서야 한다는 데 있다. 생활비를 넘어서는 자금을 잉여자금이라고 한다. 잉여자금이 있어야 부자로 가는 첫 단추를 끼울 수 있다. 잉여자금이어야만 토지나 주식에 장기투자를 할 수 있기 때문이다.

잉여자금으로 하지 않으면 어떻게 되나? 미래가 아무리 좋은 주식이라 하더라도 오래 가지고 갈 수 없다. 토지도 아무리 좋아도 단기간 사고팔 수밖에 없다. 아무리 좋은 상가라 하더라도 팔 수밖에 없다. 왜냐하면 생활비가 필요하기 때문이다. 생활비로 쓸 돈을 10년씩 묻어놓을 수는 없는 노릇 아닌가. 그러므로 투자자가 되고자 한다면 잉여자금을 만드는 일이 가장 중요하다.

잉여자금이 생기려면 반드시 두 가지 상황이어야 한다. 버는 것보다 생활비를 덜 쓰거나 생활비보다 더 벌거나 둘 중 하나다. 무조건 둘 중 하나의 상황이 되도록 만들어 놓아야 한다.

내가 벌어야만 먹고살 수 있는 노동자의 삶에서 벗어나고 싶다면 어떻게 해야 할까? 내가 벌지 않아도 다른 무언가가 내 대신 일을 해줘야 한다. 앞서 말한 대로 돈을 모아 수십억짜리 상가를 사기란 어려운 일이므로 일찌감치 포기하고, 사다리의 맨 아래 단계부터 시작해야 한다. 조금씩이라도 모아 종자돈을 만들고, 종자돈으로 투자에 나서야 한다.

그런데 여기서 착각하는 경우가 있다. 회사를 때려치우고 주식을 하거나 경매 등을 통한 단타 부동산 투자를 하려는 사람들이다. 어떤 면에서 착각일까? 주식투자, 부동산 투자를 하는 사람은 마치 평생 시스템을 만들어 놓은 듯 착각을 하고 돈을 많이 벌 수 있을 것이라 생각한다.

우선 평생 시스템을 만들어 놓은 듯 착각하는 경우를 알아보자.

주식투자로 생활비를 마련한다면 장기투자를 할 수 없다. 당장 생활비가 없는데 어떻게 장기투자를 하는가? 부동산 단타투자를 하는 경우도 마찬가지로 몇 채를 사서 급매와 미등기 전매 등을 통해 혹은 오른 가격에 단기매매를 한다. 그리고 자신이 자본가가 된 양 생각한다.

그러나 이들은 아직 투자자의 단계로도 들어서지 못했다. 오히려 이들은 제일 아래 단계인 노동자에 가깝다. 주식을 사고파는 기술, 부동산을 사고파는 기술을 갖고 있는 기술 노동자 말이다. 자신이 일을 안 하면 돈을 벌 수 없어서 매일같이 일을 해야 하는 노동자 말이다.

차라리 회사를 다니는 월급쟁이가 낫다. 왜냐하면 월급쟁이는 한 달 단위로 돈을 벌기 때문에 생활비를 줄이면 잉여자금이 생기고 그 잉여자금으로 투자를 할 수 있기 때문이다. 그러나 이들은 매일 일 단위로 돈을 버는 일용직 노동자에 불과하다. 단지 회사를 다니지 않을 뿐이지 그들이 일하는 오피스텔이나 원룸 그리고 경매법정은 단순히 물건을 사서 이문 박하게 남기고 파는 기술을 가진 노동자이다. 이들은 잉여자금을 만들 수 없다. 불안정한 돈의 수급 때문에 매월 일정액을 모을 수 없다. 그러므로 이들은 노동자다.

그래서 이들이 반드시 가야 할 길이 임대사업자다. 임대사업자에게는 일정액의 임대소득이 있기 때문에 생활비 이상의 임대소득이 생기면 그것이 곧 잉여자금이다. 잉여자금이 있다면 장기투자를 할 수 있다. 서민이 자본가가 되는 유일한 방법은 장기투자이다.

임대사업자도 월세 소득 자체가 생활비 정도에 머문다면 아직 투자자 범위까지 올라서지 못한 것이다. 반복되는 이야기지만 잉여자금이 없기 때문이다. 마찬가지로 장기투자를 할 수 없다면 노후에 아니면 얼마 후에 큰 어려움이 닥친다. 왜냐하면 그들이 가지고 있는 부동산이 완벽하지 않기 때문이다. 즉 지방에 있고 주택이며 대출을 많이 받아서 내 지분이 별로 없고 공실이 언제든 늘어날 수 있는 불량한 임대물건에 불과하기 때문이다. 또한 어차피 이런 물건은 평생 가져갈 수 없고 언젠가는 팔아야 한다. 그래서 주식 단타를 치는 기술자와 임대사업으로 생활비 정도를 버는 임대사업자는 크게 다르지 않다.

여기서 정리해보자.

투자자란 어떤 사람인가? 생활비 이상을 버는 사람이면서 그 잉여금으로 장기투자인 주식, 토지 투자를 하고 있는 사람을 뜻한다. 투자자는 우리가 흔히 알고 있는 임대사업자, 데이트레이더, 부동산 단타를 하는 매매업자 등이 아니다. 오히려 월급쟁이이면서 생활비 이상을 벌고 그 잉여금으로 장기투자를 하는 사람이다.

한마디로 투자자란 월급쟁이, 임대사업자, 주식 데이트레이더, 부동산 매매사업자 등의 직업이 중요한 것이 아니라, 매월 꾸준히 잉여자금이 생기고 잉여자금을 토지와 주식에 투자하는 사람들이다. 그러니 토지와 주식에 투자하지 않으면서 자본가가 되겠다고 선언하는 노동자가 되지 말아야 한다. 이 말은 곧, 자본가가 될 방법이 있는데도 실천하지 않으면서 가족이나 친구, 친척들 앞에서 "내가 앞으로 큰 돈을 벌면 무엇무엇을 해주겠다"라는 말을 해서는 안 된다는 말이다. 무책임한 허풍쟁이만 될 뿐이다.

03

결국
땅과
주식투자뿐이다

우리의 삶은 IMF 이후로 바뀌었다. 1953년 한국전쟁이 끝나고 근대화가 시작되었다. 우리와 같은 나라는 제조업으로 클 수밖에 없다. 1960년대는 경공업으로, 1970년대 이후는 중공업과 첨단산업으로 나라를 발전시켰다. 그러다가 1997년 IMF가 터졌다.

IMF는 직업선택의 방향이 180도 바뀌는 계기가 되었다. 왜냐하면 IMF 이후 한국의 제조업은 웬만하면 국내에 공장을 짓지 않는 방향으로 바뀌었기 때문이다. 인건비가 급격하게 올라서 우리나라에서 도저히 제품의 단가를 맞출 수가 없었다.

인건비 비교를 해보자. 우리나라의 인건비는 현대자동차 고졸 기준 연봉 4500만원이다. 잔업을 하면 1000만원 정도 더 받아서 5500

만원이다. 월 수령액은 500만원 정도 된다. 현대자동차의 평균 연봉은 9700만원에 이른다.

이제 제조업으로 뜨고 있는 나라들의 월급을 살펴보자. 북한 개성공단 월 13만원, 중국 월 30만원, 베트남 월 10만원, 미얀마, 캄보디아, 라오스 월 8만원 수준이다. 후발 신흥국의 월급을 10만원으로 놓고 보면 현대자동차의 고졸 초임은 50배, 평균임금으로 따지면 거의 90배 차이가 난다. 이 말은 베트남에서 현대자동차가 공장을 돌린다고 했을 때 현지 생산직이 하루에 1대 만들면 현대자동차 직원은 하루에 90대를 만들어야 한다. 말이 되지 않는다. 그래서 IMF 이후 우리나라에서 공장을 늘려 일자리를 늘리자는 구호는 말이 안 되는 얘기가 된 것이다.

현대자동차는 1998년 인도공장 준공을 시작으로 해외에만 공장을 늘리고 있다. 만약 국내에 공장을 짓는다면 아디다스가 독일로 다시 공장을 옮긴 사례를 따르지 않을까 생각된다. 아디다스는 100% 기계로만 공장을 돌려 스포츠용품을 생산하는 공장을 지었고 현재 가동 중에 있다. 사람이 아닌 로봇이 생산을 전담하는 것이다.

우리나라의 자동차 회사도 공장자동화가 거의 90%까지 올라왔고 노조의 저항만 없다면 100%도 가능하다는 얘기도 있다. 제조업이 일자리를 늘리지 않으니 다른 산업이 일자리를 늘려야 하는데 좋은 일자리가 없다. 왜냐하면 우리나라에서 대학을 가는 비율이 한 때 80%를 육박했고 현재는 70%대까지 줄었지만 다른 선진국(독일 40%)

에 비하면 상당히 높다. 그런데 대졸이 원하는 일자리는 정규직이며, 평균 임금이 최소 300만원 이상이어야 한다. 제조업이 일자리를 늘리지 못하는 마당에 그런 일자리를 구하기는 너무나 어렵다. 구직자 간 경쟁이 치열해질 수밖에 없다.

결국 그들은 공무원, 교사 등 안정적이며 사회적 지위와 높은 임금을 받을 수 있는 곳에 몰리게 된다. 그래서 공무원시험 경쟁률이 수십 대 1 아니 수백 대 1이 되는 것이다.

우리나라에서 양질의 일자리를 만드는 방법은 무엇인가? 2차산업(제조업)에서 3차산업(서비스업)으로의 변화다. 그런데 쉬운 일이 아니다. 제조업은 일자리를 많이 만든다. 그러나 서비스업의 일자리 창출 능력은 형편없다.

코닥이 1970년대에 창출한 일자리는 30만 명이었다. 하지만 최근에 페이스북에 인수된 인스타그램의 직원 수는 고작 12명이었다. 시가총액은 그리 차이가 없는데도 말이다.

2차산업의 대표적인 사례인 공장과 3차산업에서 대표적인 사례인 증권회사의 예를 들어 살펴보자.

노동자가 있는 공장과 펀드매니저가 있는 증권회사가 있다. 공장 노동자의 경우 30년을 한 공장에서 일했다. 그럼 30년간의 노하우가 쌓였을 것이다. 그는 공장의 기계가 고장이 났을 경우 기계소리만 들어도 어디가 잘못되었는지 알 수 있다. 그래서 공장에서 무슨 일이 터지면 직원들이 그를 찾아온다. 30년간 일한 만큼의 노하우가 쌓여 있다는 얘기다.

그런데 펀드매니저의 세계는 다르다. 펀드매니저는 수백억이나 수천억을 굴린다. 그가 30년을 일했다. 펀드매니저의 능력은 수익률에서 판가름 난다. 그런데 많은 수익률을 올리는 펀드매니저는 한정되어 있고 노하우의 공유도 되지 않는나. 30년간 차 심부름을 했다고 연봉 수억원을 받는 것이 아니다. 서류 복사 30년간 한다고 해서 그의 노하우가 쌓이는 것이 아니라는 얘기다.

여기서 문제가 생긴다. 공장의 경우 코닥에서 봤듯이 30만 명이라는 어마어마한 숫자의 사람을 고용한다. 이것이 제조업의 특성이다. 그런데 증권회사는 사람을 많이 고용할 필요도 없다. 그리고 그 중에서도 큰돈을 운영하고 관리하는 주체는 펀드매니저 몇 명만 있으면 된다. 그러니 숫자에서 차이가 나는 것이다.

그러면 이런 숫자의 차이가 의미하는 바는 무엇인가? 소비다. 코닥과 같은 회사가 주변에 있는 것과 인스타그램이라는 회사가 주변에 있는 것은 소비의 유발효과가 완전히 다르다. 코닥의 생산직은 한 도시를 먹여 살린다. 삼성공장이 있는 수원에서 삼성전자 월급날에는 핸드폰 가게, 옷 가게, 쇼핑몰 등이 인산인해를 이룬다는 말이 있다. 그러나 인스타그램 같은 회사가 옆에 있다고 한 도시가 들썩이지 않는다. 왜냐하면 이들이 하루 100끼를 먹는 것은 아니기 때문이다. 또한 아주 비싼 몇몇 품목 예를 들어 자가용 비행기, 수억짜리 슈퍼카 등과 같이 아주 비싸지만 소수만 가질 수 있는 품목은 잘 팔리지만 동네 상권을 살리는 일은 결코 없기 때문이다.

우리나라의 자영업이 점점 힘들어지고 경기가 뒷걸음을 치는 이유가 바로 여기에 있다. 경기가 뒷걸음을 치니 강제적인 경기부양은 이웃나라 일본과 같이 내수의 강제 부양이다. 예를 들자면 건설업을 활성화하는 방식이다. 제조업은 이미 국내 임금을 가지고는 세계시장과 경쟁할 만한 매력적인 가격구조를 만들 수 없다. 그러니 해외로 공장을 옮길 수밖에 없고 국내의 경기 활성화는 건설업밖에 남지 않는다.

건설업에 투입된 자금은 온전히 국내에 남게 되고 그들이 쓰는 돈은 국내 소비를 이끈다. 건설회사의 주택분양과 같은 건설활동은 가뜩이나 부족한 임대수요를 맞출 수 있고 건설회사에 동원된 근로자는 골목상권이나 가정경제의 부양을 이끈다. 게다가 그렇게 올라간 물가상승이 우리나라의 경제지표를 끌어올리는 역할을 하는 것이 아닌가? 민간 건설활동뿐 아니라 공공부문이라 할 수 있는 사회간접자본(도로, 철도, 교량, 댐 등)의 건설이 늘어나면 경제적인 활력이 넘칠 수밖에 없다.

그러나 여기에는 부작용이 필연적으로 일어날 수밖에 없다. 주택경기가 활성화되면 향후 저출산, 고령화로 인한 수요 감소를 감당할 수 없어 빈집이 늘게 된다. 사회간접자본 건설로 인한 대규모 예산 낭비는 정부나 지자체의 재정건전성을 떨어뜨린다. 즉 이러한 처방은 일시적인 모르핀(마약) 효과에 불과하다.

일시적인 처방이 아닌 전체적인 나라의 경쟁력을 끌어올리려면 어떻게 해야 하는가?

첫째 3차산업(IT, 벤처, 금융 등) 활성화를 한다.

둘째 대학 진학률을 40%대로 떨어뜨려 학력의 균형적인 발전을 도모한다.

셋째 청년층의 해외취업을 적극 장려한다.

넷째 제조업을 기계화해 인건비 부담을 줄이고 고용의 질을 향상시킨다.

다섯째 통일을 한다.

그러나 어느 것 하나 쉬운 일이 없다.

첫째 3차산업 활성화는 노력한다고 될 일도 아니고 국내 시장 자체가 좁아 페이스북과 같은 싸이월드를 만들어놓고도 밀리지 않았나? 그러나 우리나라에 고학력 노동자가 많은 만큼 앞으로 가야 할 길은 이 길이 맞다.

둘째 대학 진학률을 40%까지 줄이려면 대학구조조정을 해야 하고 사람들의 인식을 바꿔 놓아야 한다. 그러나 교육열이 높은 우리로서는 쉬운 일이 아니다. 핀란드, 노르웨이, 스웨덴과 같은 나라들과 우리나라를 비교하는 일이 요즘 잦은데 그것은 착각이다. 북유럽의 교육제도는 우리나라로 따지면 초등학교 6학년 때 일제고사를 치른다. 그래서 이 중 80% 이상을 걸러내서 우리나라로 따지면 실업계 반과 전문대학교 반으로 나눠 영원히 대학시험을 치를 수 없고 나머지 20%의 학생들이 인문계 고등학교로 진학한다.

　그리고 스웨덴 같은 경우 학과의 선택은 추첨으로 진행한다. 아무리 공부를 잘해도 의사가 될 수 없다. 추첨을 통해 의과대학이 나와야 의사가 된다. 그러니 학생들은 행복하다. 그리고 서구 유럽에서는 배관공이 의사보다 돈을 더 많이 번다. 험한 일을 할수록 더 많이 버니 직업의 자존감이 떨어지지 않는다. 그러나 우리나라는 이럴 수 없다. 만약 이랬다가는 학부모들 난리가 나고 초등 6학년 때 일제고사 준비를 위해서 아마도 태어나자마자 알파벳 공부부터 시킬 것이 뻔하다. 그러니 둘째는 꿈과 같은 일이다.

　그래서 셋째와 같은 방안이 필요한 것이다. 해외로 취업을 시켜야 한다. 대졸이 80%에 육박하는 상황에서 수많은 고급인력을 공무원 고시에만 매달리게 할 수는 없다. 지금 이들이 불행한 이유는 남과의 비교 때문이다. 예를 들어 내가 1000만원을 받는 월급쟁이라고 하자. 우리가 볼 땐 굉장히 많은 돈을 받는 사람이라 할 수 있다. 그러나 이는 아주 주관적인 기준을 놓고 얘기할 때이다. 현재처럼 평균임금이 300만원도 안 되고 최저임금이 120만원 정도일 때이다. 이러면 남들로부터 존경과 부러움의 시선을 받게 된다.

　그러나 만약 평균임금이 2000만원으로 바뀌게 되면 어떻게 될까?

나는 그들의 반토막 임금을 받는 사람이 된다. 그러니 불행하다. 더 많은 돈을 벌려고 노력하지만 학벌이나 집안 등에 밀려 올라갈 수 없다고 생각하면 정말로 불행해지는 것이다.

그런데 우리나라의 1960년대를 생각해보자. 우리나라 국민소득은 불과 몇 백불 수준이었다. 대기업 월급이 5만원 정도인 시절이었다. 5천원도 못 받는 사람이 부지기수였다. 그러면 5만원 받는 사람이 불행한가? 그렇지 않다. 5만원 받는 사람은 행복해서 죽으려고 했을 것이다. 이것은 5만원의 가치가 현재의 5천만원 가치에 육박하기 때문이다. 5만원을 받는 월급쟁이는 주변의 부러움 그리고 최고의 신랑감, 동네의 자랑이었을 것이다.

해외로 나가는 것은 무엇을 뜻하는가?

대학교를 졸업하고 해외로 나갈 수도 있지만 그보다는 대학교에서 교환학생으로 중국, 베트남, 몽골 등 신흥국의 대학으로 편입을 하거나, 처음부터 국내 대학을 진학하지 않고 해외대학으로 눈을 돌리는 것이 좋다.

어차피 국내의 SKY(서울대, 고려대, 연세대), 서성한(서강대, 성균관대, 한양대)급을 나오지 않으면 취업이 힘들다. 또한 그렇게 나온다 하더라도 의사, 약사, 한의사 등의 전문직이 아니라면 평생취업은 어렵다. 그러니 치열하게 스펙 경쟁해서 대기업에 입사하기도 힘들고 그렇다 하더라도 평균 재직기간은 17년에 불과하다. 그러니 처음부터 블루오션으로 가는 것이다.

앞으로 발전할 나라들에 가서 기회를 잡아야 한다. 이왕이면 부동산, 주식 지식을 가지고 가면 더 좋다. 왜냐하면 어차피 이 나라에서 사업을 하더라도 꼭 필요한 지식이고 월급쟁이를 하거나 머물더라도 필수적이기 때문이다.

예를 들면 부동산 지식은 땅에 관한 지식을 가지고 간다. 우리나라의 발전은 외국과의 교역이었기 때문에 항구나 대도시, 공업도시의 확장이 필수적이고 도로, 교량 등을 통한 사회간접자본의 확충이 필연적이기 때문에 토지의 투자는 병행되어야 한다는 점을 알고 가는 것이다.

주식에 관한 지식은 해외에 수출경쟁력이 있는 기업의 주식이나 내수에서 가장 인기 있는 주식을 장기 보유하는 지식 정도는 가지고 가야 나중에도 크게 성공할 수 있고 사업을 해도 이런 부문과 협업을 해야 성공할 수 있기 때문이다. 남의 나라 가서 힘들겠지만 우리나라 고학력 청년의 미래는 해외취업에 달려있다.

넷째로는 그래도 리쇼어링(reshoring : 제조업의 회귀)은 로봇이 모든 생산공정을 도맡아 한다고 해도 생산유발효과는 있을 것이다. 전기는 쓸 테고, 공장을 지을 때 건설은 할 것이고, 부동산을 매입할 것이고, 부품과 같은 소모품들은 쓰일 것이고 그들을 관리하는 직원들은 고임금으로 뽑을 것이기 때문이다.

다섯째 남북통일은 우리가 원해서 되는 일이 아니다.

　현재의 상태를 분석해 보자. 평균적인 월급을 받는 급여 노동자라면 앞으로 더욱 더 힘들어질 것이다. 40대 중반이면 공무원이 아닌 이상 거의 대부분 새로운 일을 찾아 나서야 한다. 대기업을 다닌다면 부장까지 승진하지 못하면 명퇴 대상이 되기 때문이다. 그리고 중소기업이라면 사태는 더 심각하다. 40대 중반에 핵심인재가 아니라면 해고의 위험은 항상 있는데다 더 큰 문제는 회사 자체가 경쟁력을 잃어버려 회사가 없어질 수도 있기 때문이다. 이러한 위험은 항상 도사리고 있다.

　게다가 집안 형편을 살펴보자. 맞벌이로 전세자금 대출을 받아서 전세를 살고 있는데 집주인은 전세금을 계속 올리고, 나는 서울에서 수도권으로 더 밀려날 수밖에 없는데다, 그 전세자금 대출금액이 생활비에서 차지하는 비중이 너무 높다.

　애들 학원비는 어떠한가? 둘 키우고 중고등학교 다니면 월 200만원도 넘게 들어간다. 게다가 물가는 왜 이리 비싼지 산 것도 없는데 카드 값은 100만원을 훌쩍 넘어간다. 거기다 아파트 관리비, 양가 부모님 챙기면 맞벌이를 해도 남는 돈이 없다. 많은 돈을 저축할 수 있는 입장도 아니고 그렇다고 암울한 미래를 지켜볼 수도 없다. 저축을 한다고는 하는데 이자율은 1%대까지 떨어져 있다.

어떻게 해야 하는가? 결국 땅과 주식뿐이다. 어떤 방향으로 글의 흐름을 잡아도 결론은 땅과 주식에서 끝난다.

왜냐하면 100배 오르는 종목 자체가 주식과 땅밖에 없기 때문이다. 주식은 시대의 거대한 흐름에 따라 투자를 해야 하고 사면 팔지 않아야 한다. 어떤 일이 있어도 산 주식은 팔면 안 된다. 따라서 처음부터 팔 주식이었다면 사지 말아야 한다. 그럼 주식투자는 어떻게 해야 하는가? 앞으로 올 제4차산업혁명에 투자를 해야 한다. 10년 후면 세상이 바뀔 것이다. 지금이 세상이 바뀌기 전 10년인 것이다.

땅 투자는 어떻게 해야 하는가?

싼 가격의 토지를 투자하되 남들이 쳐다보지 않는 토지에 주목해야 한다. 맹지, 분묘기지권, 공유지분, 그린벨트 등과 같이 남들이 볼 때는 쓸모없는 곳에 길이 있다. 앞서 사례에서 수없이 봤던 이야기들이다. 오르는 공시지가를 주목하고 농지연금과 산림조합 등을 잘 이용하면 큰 수익을 거둘 수 있다.

04

땅 투자자에게
요긴한
산림공간정보 서비스

산림청에서 개발한 산림정보서비스는 땅에 투자하는 사람들에게 매우 요긴하다. 많은 돈을 들여 사용하기 쉽도록 개발했는데, 아는 사람이나 이용자가 많지 않다. 이를 소개한다.

http://116.67.44.22/forest/#/

그림의 좌측을 보면, 임야의 지번을 직접 입력하여 임야를 알아볼 수 있는 시스템이다. 자, 임야를 한번 찾아보자. 먼저 경매로 낙찰 받을 임야를 직접 탐색해보는 것도 좋은 방법이다.

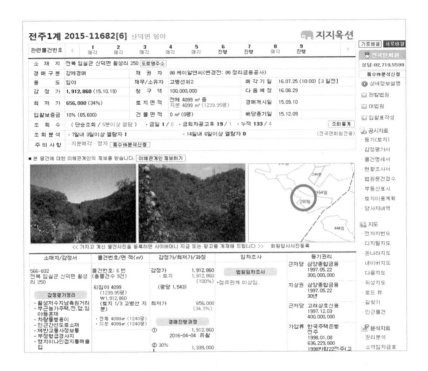

전북 임실의 한 임야를 검색해 보았다. 검색을 해보니 맹지이면서 급경사지로 통행이 어렵고 보전관리지역이다. 안 좋은 것은 다 있는 곳이지만 길은 나 있다. 이곳에 직접 가는 대신 산림정보시스템을 이용해 분석해 보기로 하자. 풀다운 메뉴를 이용해 지번을 직접 집어넣어 보자.

검색 결과 임야인데도 불구하고 지번은 산이 아니다. 만약 산이라면 산 250이 쓰여 있는 왼쪽 옆 네모 체크박스에 V 체크를 하면 된다. 체크를 하면 검색 결과가 뜨고, 결과지에서 '이동'을 누르면 전체 화면이 지도로 변하면서 구글지도처럼 찾아들어가도록 만들어 놓았다. 아래 그림에서 '지적정보'를 누르면 다음 페이지의 그림과 같은 화면, 즉 공시지가가 나온다.

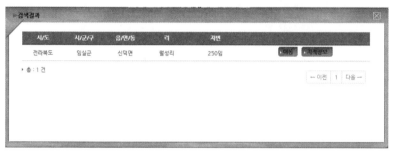

투자자에게 아주 유용한 정보가 아닐 수 없다. 최근 3년간 공시지가의 오름 폭을 알 수 있기 때문이다.

공시지가가 큰 폭으로 오르고 있어야 좋은 임야다. 공시지가가 오르고 있다는 것은 나중에 담보물건으로서의 가치가 높아진다는 뜻이다. 자세히 보면 매년 10원씩 오르고 있다. 어떤 곳은 100원씩 오르기도 한다.

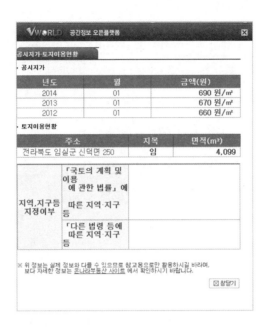

정말 궁금한 점이 있다면 산림정보시스템을 구축한 곳에 전화하면 친절히 설명해준다(산림공간정보시스템 전화번호 : 042-481-4169).

그밖에 산림지도 매뉴에서 툴바를 하나씩 누르면 유용한 정보가 뜨는데, 산림지도를 보면 등산로, 산길, 산림명소, 나무지도 등의 항목들이 나온다. 이 중 나무지도(임상도)는 무엇이 심어져 있는지 알 수 있으므로 중요한 정보라 할 수 있다. 또한 나무지도에는 수종별, 경급별, 영급별, 밀도별로 체크박스를 누를 수 있도록 되어 있다. 수종을 통해 소나무인지, 잣나무인지 나무의 종류를 알 수 있다. 경급별로는 소경목, 중경목, 대경목 등을 알 수 있고, 영급별은 나무가 몇 년이 되었고, 밀도는 조밀한지 아니면 넓게 펼쳐져 있는지까지도 알 수 있다. 이렇게 검색하면, 예를 들어 '그 지역에 기타활엽수가 심어져 있고, 중경목이며, 4영급이면서 조밀하다'는 식으로 정보를 획득할 수 있다.

산림토양도도 볼 수 있는데, 여기서는 토양, 지형, 기후대, 암석, 토양 배수 등 많은 정보가 나오고 상세설녕을 통해 더 자세한 정보를 얻을 수 있다. 게다가 산사태위험지도로 바꾸면 산사태가 날 수 있는 지역인지 알 수 있다. 참고로 1등급이 가장 위험한 곳이다. 1등급이라고 하여 반드시 산사태가 일어난다는 뜻은 아니다. 하지만 이 정보를 통해 여기가 급경사지라는 사실을 알 수 있다. 심지어 절벽일 수도 있다. 하지만 이 정보도 중요한 것은 아니다. 정말 중요한 정보는 '얼마나 싸게 살 수 있느냐'가 될 것이다.

여기서 우리는 어떤 점을 알 수 있는가? 경매를 통해 땅을 사기 전, '이 곳이 어떤 곳인지'에 대한 정보를 그곳에 가지 않고도 알 수 있다는 뜻이다.

사실 이런 임야는 직접 찾아가기도 어렵고, 간다 하더라도 산에서 길을 잃고 헤맬 가능성이 많다. 그러니 산림정보시스템을 찾아보고 낙찰 후 더 자세한 사항을 알아보려면 해당 산림조합을 찾아가서 알아보는 것이 확실하다. 예를 들자면 유실수가 얼마나 있는지 수종갱신이 가능한지의 여부 등 말이다. 이처럼 유용한 정보를 얻을 수 있으니 홈페이지가 익숙해지도록 찬찬히 살펴보도록 하자.

05

1000원짜리
임야
투자법

우리나라의 토지는 얼마나 올랐을까? 앞서 신문기사를 통해 알 수 있었다. 50년만에 밭이 971배, 대지가 2309배 올랐다. 비록 긴 시간이지만 땅값 상승률만 놓고 보면 정말 어마어마한 수치가 아닐 수 없다. 주식에서도 SKT가 595배 올랐지만 땅값 상승에는 미치지 못한다. 강남의 재건축 아파트도 20배 정도 올랐으니, 우리나라 부동산, 주식을 통틀어 가장 많이 오른 종목은 바로 '땅'이다. 그러니 가장 극적이고 드라마틱한 부자가 되려면 땅에 투자하는 것이 옳다는 결론에 이른다. 그래야만 부자가 될 수 있다.

만약 누군가가 1000만원으로 시작해 땅이나 주식을 사서 500배가 올랐다면 50억이 된다. 50억이면 월세 1000만원 이상 나오는 강남의 건물을 살 수 있다. 그러니 남은 인생은 더 이상 투자를 하지 않아도 돈 걱정 없이 부자로 살 수 있다.

우리나라의 땅이 어떻게 발전되고 올랐는지 점검해 보자.

두 가지 경우로 발전되었는데, 첫째 도시의 확장, 둘째 공업도시의 확장이다.

도시의 확장은 대구 법무사의 예에서 볼 수 있듯이 서울, 인천, 대구, 부산 등 대도시나 중소도시가 인구증가로 확장되면서 택지가 개발되는 효과를 보았다. 임야에 주거지가 들어서면 땅값이 올랐다. 1000원짜리 땅이 100만원이 되면 1000배가 올랐다는 말이다. 그래서 도심의 확장은 대도시 인근의 땅값 상승을 불러왔고 우리가 아는 땅 부자들이 탄생하는 배경이 되었다. 일산의 땅부자, 서초구의 땅부자, 판교의 땅부자들이 그런 부류다.

다음으로 공업지의 확장이다.

10년째 그대로인 한국 10대 수출품목

순위	2005년	2015년
1	전기기기와 부품	전기기기와 부품
2	원자로 등 기계류	차량 및 부품
3	차량 및 부품	원자로 등 기계류
4	선박과 수상구조물	선박과 수상구조물
5	광물성연료 광물유	광물성연료 광물유
6	플라스틱 제품	광학기기
7	철강	플라스틱 제품
8	광학기기	철강
9	유기화학품	유기화학품
10	철강제품	철강제품

새 수출품목 등장한 중·일·독·대만

국가	새 수출 품목	순위	수출액	비중
중국	차량 및 부품	7	627억달러	2.7%
일본	광물성연료	10	1조3799억엔	1.8%
독일	항공기·우주선	6	376억유로	3.4%
대만	화공품	10	33억달러	1.3%

앞의 표를 보자. 우리나라의 10대 수출품목은 예나 지금이나 큰 변화가 없다.

여기서 우리의 수출품을 둘로 나누어보자. 하나는 작고 가벼운 전기기기와 부품, 또 하나는 무거운 원자로 등 기계류를 비롯한 선박, 석유화학제품, 철강 등이다. 1위를 빼고는 모두 무거운 제품들이다.

작고 가벼운 휴대폰, 메모리반도체, 디스플레이 가전 등은 주로 내륙에 위치한다. 파주의 LG 디스플레이, 아산 탕정의 메모리반도체 공장 등이 대표적이며, 공장이 위치한 곳은 인천 국제공항과 가깝다. 크기가 작아 배를 통한 화물운송보다는 비행기로 실어 나르는 편이 훨씬 경제적이기 때문이다.

나머지 9개 품목을 만드는 공장은 어디에 위치하는가? 바다와 맞닿은 항구에 위치한다. 소위 남동임해공업지역이라는 곳에서 위 품목을 만들었다.

남동임해공업지역(南東臨海工業地域, Southeastern Maritime Industrial Region) 또는 남동연안공업지대는 대한민국 남동쪽 해안인 여수에서 포항에 이르는 수송 적환지 지향형 공업지역 벨트를 말한다.

대한민국의 최대 중공업 지역으로 여수시, 광양시, 사천시, 통영시, 거제시, 창원시, 부산시, 울산시, 포항시가 여기에 속한다. 원료 수입과 제품수출에 유리한 수송 적환지며 노동력이 풍부하다. 발달한 중공업으로는 제철, 자동차, 항공, 조선, 기계, 석유화학 등이 있다. 1960년대부터 이어진 국토종합개발계획에 따라 이곳의 항구 도시들은 공업 단지로 계획 개발되어 현재에 이른다.

왜 하필이면 다른 지역이 아닌 남해안벨트에 공업구역을 만들었을까? 사회시간에 배웠을 것이다. '조수간만의 차'라고 말이다. 조수간만의 차는 밀물과 썰물의 차이를 말하며 이 차가 클수록 갯벌이 많이 생겨 썰물 시에는 큰 배가 항구 가까이에 가지 못한다. 같은 값이면 조수간만의 차가 작고 수심이 깊은 바다가 있는 곳이 큰 배를 댈 수 있어 수출에 더 유리하지 않겠는가? 그렇기 때문에 남해안에 공업벨트가 생긴 것이다.

사실 지금까지 우리가 주로 무역하는 나라는 미국이나 유럽 등이기 때문에 남해안에서 출발하나 서해안에서 출발하나 전체적인 거리로 따지면 그리 큰 차이가 없다.

그러면 남동임해공업지역의 영향으로 인근의 땅 가격은 어떻게 되었을까? 도시의 확장만큼 땅 값이 올랐다. 공장이 들어서기 전에는 황량한 모래밭이었기 때문이다. 모래밭이 공업지역으로 변모했고 인근은 주거지로 바뀌었다. 한때 지역총생산(GRDP) 1위는 울산광

역시였으며, 4만달러에 이를 정도로 수입이 많은 곳이었다. 자연스레 그 돈은 인근 주거지와 상업지가 크는 데 큰 역할을 했다. 공업지가 늘어나고 또 다시 주거지가 늘어나고, 다시 공업지와 주거지가 늘어나기를 반복하면서 지금의 울산, 포항, 창원 등이 되었다. 그래서 남동임해공업지역의 인근 땅값은 폭등했다.

그러던 것이 중국의 부상으로 수출지형에 변화가 생겼다. 2015년 11월 2일 기준으로, 통계청과 산업통상자원부에 따르면 그해 9월까지 누적 기준 중국에 수출한 금액은 우리나라 전체 수출액 (3천969억 달러)의 25.7%인 1,021억 달러였다. 이는 이전 해 같은 기간 25.0%보다 비중이 커진 수치다.

대중국의 수출이 한마디로 압도적이다. 미국이나 EU보다 더 커지게 된 지 오래다. 그러면서 서해안이 주목 받게 되었다. 조수간만의 차를 중국의 수출로 극복하게 된 것이다. 그래서 평택항, 서산의 대산항, 군산의 새만금이 새로운 수출전진기지로 주목 받게 되었고 개발이 한창이다.

공업지역은 빈 땅이 많은 만큼 공장의 신, 증설도 활발히 진행되고 있다. 아직 개발이 덜 된 만큼 주거지가 부족하고 개발될 여지가 많다. 공업지역과 주거지역 간 거리 차가 존재하며 그 중간은 빈 땅 투성이다.

여기서 한번 생각해 보자.

'이런 지역 임야를 사면 어떻게 될까?'

향후 공업지역과 주거지역의 확장으로 수용이 되거나 개발이 되지 않을까라는 생각 말이다. 이 곳은 어제 사서 오늘 바로 팔 수 있는 땅이 아닌 만큼 좋은 땅을 살 필요는 없다. 좋은 땅이란 무엇인가? 개발 가능한 대지나 잡종지, 도로변의 토지, 계획관리지역과 같은 땅이다. 그러나 이런 땅은 가격만 비싸고 내가 개발할 것이 아니라면 당장 쓸모가 없다. 그래서 권리관계가 복잡한 땅을 경매로 사는 것이다. 지분경매, 분묘기지권, 맹지, 보전녹지 등 복잡할수록 땅의 가격은 더 떨어진다. 유찰도 5번, 6번씩 된다. 그러다 보면 평당 1000원짜리 땅도 되는 것이다.

평당 1000원짜리 땅이 1000평이면 얼마인가? 겨우 100만원 정도밖에 안 된다. 이래도 돈이 없어 땅을 살 수 없다는 편견을 버리지 않을 것인가? 이러한 땅을 경매로 사서 모으면 정기예금이 필요 없다. 현금이 아닌 땅으로 적금을 들 수 있기 때문이다.

그런데 사실은 평당 1000원짜리 임야의 가치는 개발로 인한 수용가치가 다가 아니다. 그보다 더 큰 효용은 수종갱신이라는 제도를 이용할 때 발생한다.

수종갱신이라는 제도가 왜 생겼는지 아는가? 일제시대 때 우리나라의 산에는 리기다소나무와 같은 땔감용 나무가 많이 심어졌다. 그러나 우리나라는 60년대 공업화를 통해 선진국의 문턱까지 왔고 땔감용 나무는 더 이상 필요 없게 되었다. 편백나무처럼 산림욕하기 좋은 나무나, 잣나무 등과 같은 유실수를 심어야 산의 주인도 좋고 우리나라 산림의 발전을 위해서도 좋다. 그래서 리기다소나무와 같은 쓸모없는 나무나 잡목이 우거진 곳을 산림조합이 대신 벌목을 해주고 새로운 나무를 심어주는 사업을 진행하고 있는데, 이를 수종갱신이라 한다.

산림조합은 무엇인가?

산림경영에 대한 경영지도, 임산업 보호, 조합원 이익증진 등을 목표로 하는 협동조합을 말한다. 그리고 산주(山主)의 위탁을 받아 산을 위탁경영하기도 한다. 그래서 경매로 저렴하게 낙찰을 받았다면 산림조합으로 달려가 조합원 신청을 하고 수종갱신여부를 물어봐야 한다. 다행히 수종갱신 대상이라면 거의 대부분의 돈을 나라에서 대준다. 90%는 나라에서 나오고 10%만 산주가 내면 된다.

그러나 실무상으로는 100% 산림조합에서 해주는 경우도 있다. 리기다소나무 등은 잘라서 판매하고 판매대금을 산주에게 주고, 관상수나 유실수 등을 산림조합에서 심어준다. 이때 이왕이면 대왕참나무를 심는 것이 좋다. 대왕참나무는 관상수로 사용된다. 한마디로 돈이 되는 나무이다. 그러므로 이러한 나무를 수종갱신으로 새롭게 심으면 꿩 먹고 알 먹는 일석이조의 효과를 얻을 수 있다.

또한 마침 낙찰 받은 임야에 잣나무가 심어져 있다면 산림조합에 위탁경영을 맡기고 이용고배당을 신청해서 정기적으로 잣을 판 돈을 받을 수도 있다.

강원도에는 장뇌삼을 심어 키우는 사람들이 있다. 강원도에 임야를 싸게 샀다면 그리고 마침 그 산이 북쪽이라 그늘이 진 산이라면 장뇌삼 밭으로 임대를 해주고 연간 100만원 정도의 소득을 기대할 수도 있다. 몇 백만원에 땅을 사서 이렇게 몇 년이 지나면 나중에 개발이 되지 않는다고 해도 본전은 뽑고도 남는다.

그리고 임야는 효도를 받는 데도 한몫 한다. 우선 금고를 하나 산다. 그리고 위와 같은 1000원짜리 임야를 경매로 낙찰 받는다. 낙찰 받은 임야의 등기권리증을 금고에 넣어둔다. 며느리나 사위가 오면 금고를 슬쩍 열어 수십 장의 등기권리증을 보여주며 말한다.

"나 죽으면 다 니들 꺼야!"

그리고 효도 받는다.

임야는 또한 공시지가가 매년 오른다. 돈이 필요하면 산림조합에서 공시지가의 70%까지 대출을 해준다. 그런데 경매로 낙찰을 받았다면 1000원짜리 땅은 공시지가의 1/10까지 떨어졌을 가능성이 높다. 왜냐하면 감정가가 공시지가일 가능성이 있는데 5번 이상 유찰되었다면 이미 샀을 때 1/10가격으로 산 것이다.

즉 감정가가 7000만원인데 유찰을 거듭해 1/10 가격인 700만원까지 떨어졌을 때 낙찰을 받았다고 가정해보자. 그러면 공시지가의

70%까지 대출을 해주니 700만원에 샀지만 4900만원까지 산림조합에서는 대출을 해줄 수 있다는 것이다.

구체적으로 알아보자. 위의 그림은 경매로 나온 임야다. 맹지이고 부정형 급경사지이며 유찰이 많이 된 부동산이다. 감정가는 1,912,860원이나 지금은 459,000원까지 떨어졌다. 해당 임야 공시지가를 보자.

	거래금액	지목	면적-㎡	㎡당 금액	계약년월	계약일	용도지역
본건비교	図 (지분) 459,000	임야	4,099 (1240평)	112	2016.08	29	보전관리지역
국토부 실거래가 [토지] ▶MORE	490,000	임야	96 (29평)	5,104	2016.06	11~20	보전관리지역
	310,000	임야	61 (18평)	5,082	2016.06	11~20	농림지역
	680,000	임야	89 (27평)	7,640	2016.06	11~20	보전관리지역
	900,000	임야	165 (50평)	5,455	2016.04	21~30	보전관리지역
	6,000,000	임야	869 (263평)	6,904	2016.04	21~30	보전관리지역

년도	개별 공시지가
2016	790 6.8%▲
2015	740 7.2%▲
2014	690 3%▲
2013	670 1.5%▲
2012	660

■ 관할정보

법원	·전주지방법원 1계 전화 : (063)259-5531 ·입찰시간 10:30~11:30 〈법원안내〉 ⑥ ·제일은행(별관1 지하), 우체국(신관1층 우측)

2016년 현재 790원이다. 4099㎡에다가 790원을 곱하면 현재 이 임야의 공시지가가 나온다.

4099 X 790=3,238,210원이다.

감정가보다 공시지가가 더 높다. 그리고 공시지가의 70%로 산림 조합에서 빌릴 수 있으니 2,266,747원이 된다. 즉 현재 24%까지 떨어진 금액에 낙찰을 받아도 나중에 급전이 필요할 경우 2,266,747원까지 빌릴 수 있다는 계산이 나온다. 물론 산림조합의 사정에 따라 다르고, 지분권자는 나머지 지분권자의 동의가 필요하나 급전이 필요할 때는 이러한 방법을 쓸 수도 있다.

게다가 매년 공시지가가 5%씩 오르는 곳도 많다. 그러니 20년이 지나면 원금의 2배까지 오르게 된다. 위의 경우도 거의 5% 가까이 공시지가가 오르고 있다.

그러면 임야가 개발이 되어 돈을 벌 가능성은 얼마나 될까? 하나의 임야만 놓고 보면 알 수 없다. 오직 그 가능성을 높이는 방법만이 있을 뿐이다. 어느 임야가 돈이 될지 알 수 없기 때문에 여러 곳에 임야를 사 두고 기다리면 된다. 많으면 많을수록 돈이 되는 임야가 나올 가능성도 높아질 것이다. 경매로 1000원짜리 임야를 받는 것은 그러한 확률을 높이는 방법이 아닐까 생각된다.

06

간단히
살펴보는
땅의 미래

땅의 미래를 예측해 보자. 10년 후 확실히 오를 만한 땅이 어디일까?

대표적으로 들 수 있는 지역은 서해안 국가산업단지 근처다. 남동 임해공업지역에서 서해안 국가산업단지로 산업물동량이 옮겨가고 있기 때문이다. 우리나라는 아직까지 제조업으로 먹고사는 나라다. 물건을 만들어 수출을 해야만 경제가 발전하기 때문에 이곳으로 돈이 몰릴 수밖에 없다. 그러니 서해안의 국가산업단지는 계속 확장될 것이다.

왜 서해안 국가산업단지 근처일까? 우리나라의 땅값이 올랐던 이유는 도심지의 확장으로 인한 도시화와 공업도시의 확장으로 인한 공업화 때문이었다. 최근 제주도 땅값이 오르는 것을 보면 이제는 서비스의 수요로 인한 효과가 땅값에 영향을 미치는 것으로 보인다. 그렇기에 향후에는 유커가 집중적으로 몰리는 지역의 땅값이 오를 것이라 생각된다.

> ### 유커(遊客)란?
>
> 중국인 관광객. 관광객을 통칭하는 중국어로, 일반적으로 중국인들은 뤼커(旅客, 여행객)라고 한다. 국내 여행업계에서는 중국인 관광객을 특정하는 단어로 자리잡았다.

서해안 국가산업단지는 수출입 교역국 1위로 오른 중국의 영향을 받고 있다. 그래서 평택, 서산, 군산 등지에 국가산업단지가 있고, 그 지역 외에도 보령과 같이 항이 있는 지역도 염두에 두어야 한다. 이런 지역에 수출산단이 발달하면서 공업화로 인한 확장이 일어날 것이다. 앞서 살펴본 남동연안 산업단지와 비슷한 길을 걷지 않을까.

이런 지역의 땅값은 10년 이후면 오르게 되어 있다. 국가산업단지의 확장, 주거시설, 상업시설의 확장, 기준지가의 상승 등의 이유로 앞으로 발전 가능성이 있다. 이것이 미래를 예측하는 투자가 될 것이다.

그런데 10년 후가 될지 20년 후가 될지 모르니 너무 많은 돈을 땅에 투자하는 것은 옳은 방법이 아니다(굳이 너무 많은 돈을 투자할 필요도 없다. 소액으로도 얼마든지 가능하다). 그러니 각종 **빨간** 글씨가 붙은 공유지 분, 보전임지, 분묘기지권 등이 있는 토지를 싸게 경매로 취득하는 방법이 있다. 돈이 별로 들어가지 않는 땅들이다. 이것저것 악조건 이 걸려 있는 물건 중에서 자신이 한 달에 동원할 수 있는 자금 정도 를 집어넣어 꾸준히 사 모으는 것이 여유자금으로 투자하는 길이다. 몇 억원을 대출 받아 도로 옆 대지, 잡종지를 사는 것이 아니라는 말 이다. 이렇게 여유자금으로 조금씩 투자하면 된다.

조금은 벗어나는 이야기가 될 수도 있지만, 해외 땅 투자를 생각 해 보자.

예를 들어 베트남에 투자를 한다면, 앞으로 저개발국은 우리나라 에서 그랬던 것처럼 제조업 중심으로 커나갈 수밖에 없다. 제조업 중에서도 조선, 자동차, 철강, 섬유 등은 내수 중심이 아니고 해외로 수출해야 하니 수출이 용이한 항구가 필요하다. 그래서 항구 근처의 땅을 매입해서 오랫동안 가져가면 10년, 20년을 내다 본 투자가 된 다. 향후 공업지역이 넓어져서 땅값이 오르리라는 것은 불을 보듯 뻔하기 때문이다. 베트남은 위치상 중국 근처에 있기 때문에 중국으 로 육로 운반 수출이 가능한 북부 공업도시가 더 유리할 수도 있다. 향후 물동량 증가는 당연한 수순이다. 북부의 항구와 공업도시를 겸 한 도시라면 더욱 좋다.

그러나 대부분의 개발도상국은 공산주의를 겪은 나라다. 토지소유가 국유인 경우가 많다. 그래서 토지를 사기 힘들다. 그런데 만약 살 수 있다면 무조건 항구 그것도 제일 큰 항구이면서 현재 공업지역으로 부지가 선정되고 이미 공단이 들어간 곳이면 더 좋을 것이다.

정책은 언제라도 바뀔 수 있다. 만약 땅을 살 루트가 생긴다면 소액으로 장기간 투자하려는 땅 투자자들에게는 최고의 상품이 될 수 있다. 우리나라와의 경제 격차도 큰 상황이니, 이런 나라에 투자한다면 정말로 한 평에 몇 십원 하던 과거 우리나라의 땅에 투자하는 효과를 낼 수 있을 것이다.

많지 않은 여유자금으로 싼 땅을 사서 부자가 되려면, 핵심은 땅을 싸게 사야 한다는 데 있다. 앞에서 추천한 서해안 국가산업단지보다 더 유망한 지역은 미래가치가 있는 싼 땅이다. 그곳이 어디일지는 알 수 없다. 전국에 넓게 분포하고 있기 때문이다. 산업 관련이 아니더라도 땅값이 상승하는 계기는 수없이 많다. 그러니 추천 지역만 고집하지 말기 바란다. 전국에 걸쳐 싼 땅을 군데군데 사두면 언젠가는 어느 곳에서 땅값 상승이 일어나 투자목적을 이루게 해준다. 1000원짜리 땅 투자란 바로 대한민국 곳곳에 내 땅을 조금씩이라도 펼쳐놓는 투자법이다.

07

농지(땅) 투자,
제대로
하는 법

부동산 투자의 꽃이라는 농지(땅) 투자 제대로 알고 하자

부동산 투자 대상으로써의 땅 투자는 매우 매력적이고, 좋은 투자 대상이라는 사실은 이제 잘 알게 되었을 것이다.

그러나 실제로 농지에 투자를 하려고 해도, 어떻게 해야 하는지를 도저히 알 수가 없는 것이 현실이다. 물론 일부 교육기관 등에서 토지전문가과정이나 토지투자 강의를 하지만, 토지투자에서 원시림인 농지를 어떻게 구입하고 관리하고 처분하는지에 대하여는 제대로 알려 주는 곳이 없다. 하나 같이 투자해서 개발을 하여 매도하면 돈이 된다. 개발을 하려면 어떻게 해라 하는, 농지투자라기보다는 개발을 부추기는 방법만 말하곤 한다.

이 책에서 나는 공무원 생활에서 얻은 지식과 부동산 중개컨설팅을 하며 얻어진 현장의 생생한 실제 사례를 가지고, 농지투자에 대한 정확한 정보를 제공하여 진정한 농지투자로 돈을 버는 방법들을 함께 생각해 보고자 한다. 또한 잘 보존 관리하다가 후손에게 넘겨 주어야 할 이 땅에 대한 사명과 의무를 다하면서도 나 혼자가 아닌 다 같이 부자 되는 방법을 찾아보고자 한다.

부동산 투자 대상으로써의 농지란?

부동산 투자 대상으로써의 농지는 매우 매력적이다. 우선 투자자들이 농촌에서 농사를 업으로 하는 분들이 아닌 경우는 전체 투자자의 5%도 되지 않는다. 극히 제안적인 사람들만 투자로 활용하고 있다는 말이다.

대부분의 사람들이 부동산 하면 아파트나 주거용, 조금 더 나아가 상가 등을 거론하지만, 이는 토지투자자들이 보기에는 어린애 장난하는 수준밖에는 되지 않는다. 실제 날고긴다는 주거용부동산 투자자들마저도 땅 투자는 엄두도 내지 못하고 있는 이유는, 땅이란 정가도 없고, 무에서 유를 창조해 내는, 예측이 불가한 상상력과 경험만이 통용되는 시장이기 때문이다. 그래서 돈이 된다는 사실을 알면서도 쉽게 접근하기 어려운 분야로 인식된다.

자 현재의 압구정 현대아파트를 예로 들어 보자. 1973년 당시 배밭이었던 이곳의 땅값은 3.3㎡(1평)에 17,000원이었다. 현재 이 땅의 가격이 5천만원이라고 한다면 2,940배, 6천만원이라면 3,528배가 되었다. 참고로 아파트와 토지를 비교해 보면, 75년 당시 이 아파트의 분양가는 40만원대, 프리미엄을 포함해도 44만원 정도였다. 지금 4천만원으로 잡으면 90배, 5천만원으로 잡아도 113배밖에는 되지 않는다.

농지투자, 무엇이 어려운가?

아마도 '도대체 땅값을 알 수가 없기 때문에 어렵다'고 느낄 것이다. 또한 이 땅을 어떻게 이용하여야만 최유효로 활용할 수 있는지 판단도 되지 않고, 어떻게 관리해야만 가치를 높일 수 있는지도 떠오르지 않는다. 그 외에도 용도가 명확히 정해진 건물만을 보던 시각으로 보면, 맨땅에 헤딩이라는 생각이 들고, 생각나느니 아파트나 건물을 지으면 어떨까만 생각난다. 그냥 눈앞이 캄캄하고 혼미하게만 느껴진다.

한번 살펴보자. 아파트나 상가 등 건물은 그 가격이 어느 정도 정해져 있다. 마치 우리가 마트나 시장에서 쉽게 접하는 공산품과 같다. 그러나 토지는 도로에 접했느냐 접하지 않았느냐의 개별적 개발가치여부와 그 땅에다 공장, 가든, 펜션, 단독, 창고 등 어떤 건물을 지을 수 있느냐를 결정하는 어느 용도지역에 속해 있느냐에 따라 신분이 구

별되고 가치가 달라진다. 또는 그 지역을 신도시나 택지개발 등으로 개발하는 개발지역에 속하느냐 속하지 않느냐, 속하지 않는 경우라면, 뒤쪽이냐 앞쪽이냐에 따라서도 달라진다. 또는 농촌지역에 속해 있느냐, 도시지역에 속해 있느냐에 따라서 같은 지목이라도 달라진다.

토지란 마치 산에 있는 나무나 광산에서 캐낸 금속이나 밭에서 채취한 농산물과 같이 이것을 어떻게 가공하고 요리하느냐에 따라서 그 가치가 달라진다. 즉 농지의 활용에 따라서 그 가치가 무한히 달라지는 것이다.

도대체 땅을 쳐다보거나 투자한 사람들의 성공 실패담을 들어보면, 꼭 도깨비장난 같다는 생각밖에는 들지 않는다. 맞는 말이다. 토지란 투자자가 생각하는 대로 이루어지는 요물이다. 믿음과 사랑으로 보살피고 가꾸면 그에 맞게 수십 수백 배로 보답하고, 찢고 까부르고 방치하면, 그에 맞게 헐값에 날려버리게 되어 있다. 토지란 투자자가 생각하고 키우는 대로 커나가는 그런 물건이다. 이미 지어진 아파트나 건물이 아니라는 뜻이다.

누구에게나 대박을 내주는 부동산은 없다

누구에게나 다 대박을 내주는 부동산은 없다. 그런데도 투자자들은 누구나 그런 부동산을 원한다. 지금도 땅에 투자한다면서 1년에 두 배, 3년에 세 배가 되는 땅이 있으면 투자하겠다고 한다. 아쉽게도 이 세상에 그런 땅은 없다. 그러나 어쩌다가 그런 부동산이 걸려들 수는 있다. 또한 현장에서는 흔히 볼 수 있는 일이기도 하다. 이는 정보를 가지고 잘 분석하고 판단하였거나, 아니면 성부정책이나 시책으로 인한 수혜이거나, 그 부동산에 가장 적합한 조건으로 최유효이용을 하거나, 최고의 수익을 낼 수 있도록 조건을 충족해 주었을 때의 일이다.

부동산 하면 생각하는 바로 그곳, 명동의 상가부지가 좋다는 사실은 누구나 알고 있다. 그렇다고 그 땅이 누구에게나 다 좋은 것은 아니라고 한다면 억지일까? 그곳에서 장사를 하려는 사람이나 임대를 하려는 경우에는 매우 좋은 부동산이라 말할 수 있을 것이다. 하지만 직접 장사를 하는 경우에도 누구에게나 좋은 자리라고 할 수는 없다. 거기에 적합한 장사를 하려는 경우에 좋은 것이지, 그곳에서 야채나 과일, 아니면 방앗간을 하면 과연 최선일까?

농사를 지으려는 사람에게 그 땅은 과연 좋은 땅일까? 단독주택을 지으려는 사람에게는? 바로 이렇게 누구에게나 다 좋은 부동산은 없다는 것이다.

농지투자를 위한 전문가를 만나라

지금은 전 국민의 부동산전문가 전성시대라고 말할 수 있다. 너도 나도 이곳저곳의 부동산 전문가과정을 이수하고는 전문가라고 한다. 사회교육원, 평생교육원, 문화센터, 전문학원, 개인 등 부동산 재테크강좌가 헤아릴 수 없이 많아서, 그만큼 부동산에 대한 지식을 접할 수 있는 기회도 많고, 성공한 사례나 몇 가지 투자사례 등을 듣고 보면, 마치 모든 걸 다 아는 것만 같기도 하다. 하지만 하루하루를 살아가는 것이 같은 듯 다르듯 어느 것 하나 똑같은 경우는 없다.

앞에서 말했듯이 23년간 공무원으로서 수많은 농지업무를 처리하였고, 12년간 농지 중개 컨설팅을 하고 있는 나도, 농지투자를 어떻게 해야 하는지 이제서야 조금 알 것 같다. 부동산 전문지식을 얻으려면 좋은 교육기관에서 훌륭한 교수님들의 지도를 받아야 하고, 부동산에 투자를 할 때도 내가 얻은 정보나 나의 지식을 과신하지 말고, 동료나 친지 전문가의 조언을 얻을 줄도 알아야만 한다.

농지투자의 매력 양도세 감면

농지에 투자를 하고도 누구는 60% 세금을 내야 하고, 누구는 35% 세금을 다 내야 하며, 누구는 세금을 내지 않아도 되는 경우가 있다. 바로 재촌자경 농지의 양도세 감면 혜택을 어떻게 활용했느냐에 달려있다.

부재지주가 농지에 투자하면 60%이고, 그것도 유예기간에 하면 6~35%이고, 2년 이상 재촌자경하고 매도하면 양도세가 일반세율이고, 3년 이상 재촌자경하고 대토를 하면 양도세 1억 감면이고, 8년 이상 재촌 자경하고 매도하면 양도세 2억 감면이다.

마치 주거용에서 1세내 1주택 3년 보유(일부는 거주요건이 있지만)하면 비과세인 것처럼, 농지에서 주어지는 감면제도를 잘 활용한다면 투자수익을 극대화 할 수 있다. 양도세 1억 감면이면 양도차익이 대략 4억 정도이고, 양도세 2억 감면이면 양도차익이 대략 10억 정도나 되기 때문이다.

진정한 투자의 승리자는 몇 배를 남겼느냐가 아니라, 어떻게 투자를 하고 관리를 하여 얼마만큼 최대유효이용을 하도록 했는지, 또는 수익을 달성했는지라고 말하고 싶다.

부동산투자 제대로 하는 방법들에 대한 생각

땅 투자를 제대로 하는 방법은 무수히 많지만, 일반인들에게 널리 알려져 있는 방법 중에서 잘못 알려져 있거나 수정이 필요한 몇 가지만 정리해 보고자 한다.

①전문지식을 습득해야 한다

투자자들이 전문지식을 습득할 필요는 없다고 본다.

- 필요할 때 조언을 받을 전문가를 옆에 두면 된다.
- 꾼들에게 걸려들지 않도록 투자물건에 대한 설명을 알아들을
  정도면 된다.

②발품을 팔아라

지금은 옛날처럼 덮어 놓고 현장으로 돌아다녀서는 안 된다.

- 눈품, 손품, 귀품부터 팔아야 한다.
- 요즈음은 인터넷에서 위성사진이나 3D까지 다 볼 수 있는
  세상이다.
- 마지막으로 최종 결정을 하기 전에 현장을 확인하면 된다.

③고급정보가 돈이다

고급정보가 아니라 정보를 분석하고 판단하는 능력을 키워야 한다.

- 아니면 전문가를 믿고 투자하는 것이 좋다.
- 여기서 전문가란 어느 날 갑자기 걸려온 전화나, 어느 날 강
  연에서 만난 전문가를 말하는 것이 아니고, 그동안 지켜보면
  서 신뢰할 수 있는 주변의 중개업자나 전문분야의 종사자를
  말한다.

④부동산은 타이밍이다

대부분은 구입하는 시기에만 신경을 쓴다.

- 그러나 부동산은 처분하는 시기와 처분할 때에 수요자를 보고 투자해야 한다.
- 즉 3년 후, 5년 후… 매도한다면, 어떻게, 누구에게, 얼마 정도에 매도할 것인지를 미리 예측하고 투자하는 것이라고 말할 수 있다.

⑤부동산 투자는 저질러야 한다

아무것도 모르고 남이 하니까, 옆집 누가 했으니까 하는 것이 아니라,

- 많은 정보와 자료를 분석하고, 판단하여 결정을 하고, 항상 준비하고,
- 그리고 확신을 갖고 과감하게 실천해야만 돈을 벌 수 있다.

성공하는 부동산 투자법

부동산 투자로 성공하는 길은 오로지 노력과 열정과 실천의 결실이 있을 뿐이다. 꾸준한 관심을 갖고 지식을 축적하고 정보를 수집 분석하며 실력을 키워야만 한다. 준비를 철저히 하고 투자금을 모으고 불리고 동원할 수 있는 능력을 키워야 한다. 기회가 되면 투자하고 이때다 싶을 때는 과감하게 투자를 하는 배짱을 키워야 한다. 내 자식 키우듯이 관리하여 누구나 탐낼 수 있는 좋은 물건으로 다듬고

만들어가야 한다. 그런 다음 필요로 하는 이에게 아낌없이 넘겨주고, 다시 투자해야 한다.

농지(땅) 투자는 노후생활을 보장해 준다

돈을 벌고 있는 시간 동안 농지에 투자해 둔다면, 노후가 든든하고 열 아들 안 부럽다. 요즈음 말하는 개인연금은 더더욱 부러울 리가 없다. 땅이란 것이 인플레 헤지 현상이 있어서 안정적이라 할 수 있고, 직접 농사를 지으면 소일거리와 함께 대부분의 부식들을 자급자족 할 수가 있으며, 농사를 못 짓게 되더라도 농지연금도 있어서 노후생활을 보장 받을 수도 있다.

개인연금이니 보험이니 금융상품을 권하는 분들이 과연 당신의 노후를 걱정해서 하는 말은 아닐 것이고, 인구가 줄어서 연금이 박살난다는 사람들인데, 공적연금이 먼저 박살날까? 개인보험회사 연금이 먼저 박살날까?

농지는 적어도 박살이 나지는 않고, 최소한의 생활유지는 보장해 준다면 과장일까? 그런 의미에서 한 살이라도 젊을 때 농지에 투자하고 농협 조합원이 된다면 노후를 보다 여유롭게 지낼 수 있다. 우선 65세가 넘으면 가지고 있는 농지로 농지연금을 탈 수 있으니 열 아들 부럽지 않다. 농지연금은 대략 공시지가의 3% 정도를 매월 지급 받게 되는데 종신형의 경우 죽을 때까지 일정액의 생활비며 의료비 등을 충당할 수가 있다.

또한 단위농협에 조합원으로 가입하면 출자금에 대하여 연 5% 전후의 배당금을 매년 초에 받을 수 있다. 또한 사업준비금이라는 것이 있는데 농협에 따라서 대략 5%~100%까지도 돌아올 수 있으니 이는 종신연금 또는 나중에 크게 돈이 필요할 때 조합원을 발퇴하면서 받을 수 있는 비상 시 보험용으로도 그만이다. 결국 농지를 보유하고 농협 조합원이 되면 생활비연금과 종신연금 또는 필요 시 쓸 수 있는 보험 같이 노후에 안정된 삶을 지켜줄 큰 버팀목이 된다.

토지는 유난히 대박 이야기가 많다. 주식이나 일반 주택은 저리 가라고 로또에 비견될 만하다. 이는 토지의 특성 때문이다. 토지는 필요한 땅이 될 때는 완전 '독점'이 된다. 그 땅은 전 우주에 유일무이, 대체제가 없다고 봐도 무방하다. 그러나 필요 없을 때는 경제재로써 가치조차 없다. 즉, 상품 자체가 아니라는 의미다.

그래서 개발계획이나 도로 등이 중요하다. 필요한 땅이 되는가 아닌가가 가장 중요하다. 필요한 땅이 되면 아무 것도 아닌 것에서 신데렐라로 탈바꿈한다.

그래서 토지를 하시는 분은 몇 년에서 몇 십 년을 내다보고 투자를 하고, 근면하고 성실하게 사시는 분들이 많다. 일단 목돈을 땅에 묻어 두었으니 쓸 돈이 없고, 주위에서 돈 빌려 달라는 사람도 거절

하기 쉽고, 그저 성실하게 살면서 기다릴 뿐이다. 그래서 토지를 하시는 분 중에서는 유난히 검소하고, 드러내기 싫어하고, 돈 자랑하는 분들이 드물다.

08

생산수단을
지배하라

공산주의와 자본주의의 차이점은 민간인
이 생산수단을 가지고 있는가 아닌가이다. 예를 들어 북한은 사유화
가 금지되어 있다. 그렇다면 북한 사람들은 TV, 자동차도 소유할 수
없을까? 아니다. 북한사람들도 가전제품과 같은 생활필수품은 소유
를 하며, 자동차에 집도 소유할 수 있다고 한다.

공산주의에 대해 오해하는 이유는 공산주의와 자본주의의 본질
을 가르는 생산수단의 본질을 이해하지 못했기 때문이다. 생산수단
이란 자신이 노동을 하지 않고 돈을 벌 수 있는 수단을 의미한다. 공
장, 부동산(토지, 건물), 택시, 비행기, 배 등이다.

과거에는 농사가 경제활동의 대부분이었기 때문에 이 목록에 땅
만 해당이 되었다. 그래서 땅을 왕이 소유했고 귀족이나 양반이 관

리를 하도록 했으며 그 아래 소작농이 땅을 부쳐 먹고 살았다.

생산수단을 갖는다는 것은 무엇을 의미하는가? 대지주를 예로 들어보자. 대지주는 소작농에게 땅을 빌려주고 생산된 농산물을 가져온 다음 그 소작농에게는 죽지 않을 만큼만 준다. 땅에서 쌀 10섬이 나왔다면 소작농에게 1섬만 줘도 관계없다는 얘기다. 오로지 소작농의 힘으로 쌀 10섬을 생산했음에도 말이다. 반면 대지주는 땀 한 방울 흘리지 않고 단지 토지를 지녔다는 이유만으로 9섬의 쌀을 곡간에 저장할 수 있게 되었다.

이러한 시스템이 가능했던 이유는, 땅은 유한하고 소작을 부쳐 먹으려는 소작농은 줄을 섰기 때문이다. 만약 쌀 1섬이 적다고 행패를 부리는 소작농이 있다면 그를 내쫓아버리고 다른 소작농을 들이면 된다.

그런데 우리는 아직도 이런 시스템 속에서 살아가고 있다. 현대로 치환을 시키면 고용주와 피고용인의 관계다. 대부분의 사람들이 피고용인으로 살아간다. 고용인은 소수다. 1명의 대지주가 여러 명의 소작농을 거느렸던 과거와 하나도 달라지지 않았다. 다만 생산수단이 달라졌을 뿐이다.

근대에 들어오면서 토지는 생산수단으로써의 가치가 떨어지기 시작한다. 산업혁명이 일어나면서 방직기 방적기를 통한 직물의 대량 생산이 일어났고, 그로 인해 물건이 남아돌기 시작했고, 그 물건을 해외 식민지에 팔아먹으면서 토지보다는 상공업이 훨씬 큰돈을 벌게 해줬기 때문이다. 큰돈을 버는 자본가가 나타난 것이다.

자본가들의 등장은 제국주의의 산물이다. 영국, 프랑스, 스페인 등의 제국주의 국가들이 해외 식민지 건설에 열을 올린 이유는 식민지 건설로 남아도는 옷감을 팔고 그곳에서 싼 값의 원재료나 귀금속, 아편 등을 수입히기 위해서였다. 그래서 실제로 영국은 방적기에서 짜낸 옷감을 인도에 팔고 인도로부터 아편을 받아 중국에 아편을 팔고 중국으로부터 대량의 은을 가져올 수 있었다.

산업혁명이 일어나기 전까지는 자영업자인 직물업자(베틀을 가지고 옷 한 벌 겨우 만들던 수공업자)가 하루에 겨우 옷 한 벌을 만들었다. 그래서 '세이'가 공급이 수요를 창출한다는 법칙을 얘기하지 않았나? 만들면 팔 곳은 줄을 서 있을 정도로 널려있다는 법칙이다. 그만큼 공급이 부족했는데 방적기가 나오고 물량이 넘치니 이젠 베틀을 가지고 직물을 짜던 자영업자는 망해버리고 말았다.

이후 그 많던 자영업자는 어떻게 되었을까? 죄다 방적기를 보유한 자본가들의 공장 노동자로 들어가게 되었다. 자본가들은 토지에서 지주가 했던 것과 마찬가지로 노동자들이 겨우 입에 풀칠할 정도만 월급을 주고 밤이고 낮이고 애들이고 어른이고 부려먹었다. 그때 무슨 최저임금, 근로기준법이 있었겠는가. 그러니 도시로 몰려든 노동자들의 환경은 열악했고 삶은 피폐해졌다. 그래서 공산주의가 나온 것이다. 국가가 자본가들부터 생산수단을 빼앗아 노동자들의 천국을 만들겠다는 것이 공산주의다.

역사를 이렇게 장황하게 늘어놓은 이유는 그 후로도 수정자본주의, 신자유주의를 거치며 국가의 사회보장제도로 노동자의 삶을 보장하는 장치를 만들었으나 생산수단의 자본가 독점은 현재도 크게 달라지지 않았기 때문이다.

이처럼 부자가 되려면 생산수단을 지배해야 한다. 그리고 우리가 가장 빨리 가질 수 있는 생산수단은 땅뿐이다.

09

부자의 기준,
꼬마빌딩을
살 수 있는 방법

서울에 역세권 빌딩을 가지고 있는 사람들을 우리는 부자라고 부른다. 이곳은 꼬마빌딩의 경우에도 최소 30억에서 50억이다. 그래서 일반 서민이 부자로 인정받으려면 이곳의 빌딩을 사야하는데, 방법은 한 가지다. 땅과 주식에 투자해 원금에서 10배 50배 100배는 벌어야 한다. 최소 3억에서 5억을 투자해 30억에서 50억이 되어야 하는데 그러려면 10배가 올라줘야 한다. 그러면 꼬마빌딩을 살 수 있다. 꼬마빌딩의 월세를 살펴보면 30억짜리에서 월 800만원 정도 나온다.

결국 부자의 기준을 최소 30억을 가진 사람으로 정의했을 때, 어떤 경로를 통하든 이 돈을 만들어야 하고, 월급쟁이가 월급을 부지런히 모으거나, 임대사업자가 월세를 부지런히 받거나, 자영업을 통해 부를 축적해야 한다. 결국 어느 경우든 쉽지 않다. 아니 거의 불가능에 가깝다. 어떻게 불가능한지 차근차근 알아보며 현실을 인식하고, 대안이 무엇인지 알아보자.

첫 번째 월급쟁이의 경우다.

월급쟁이는 연봉이 1억이어도 월급쟁이다. 그가 30년간 꼬박 벌어야 30억이 된다. 물론 레버리지를 일으키면 된다. 그렇지만 15억 정도의 레버리지를 일으키면 이자가 월세를 까먹어 실제로 손에 쥐는 돈은 별로 없다. 그러니 30억 정도 현금으로 지를 수 있어야 된다.

그러려면 월급쟁이이면서 투자에 나서야 한다. 물론 200만원 버는 월급쟁이도 마찬가지다. 그러니 이들이 부자가 되는 방법은 이렇다.

월급쟁이 → 여유자금으로 주식, 땅 투자 → 30배 차익 → 빌딩 투자 → 부자.

두 번째 임대사업자의 경우다.

임대사업자라고 하더라도 다 같은 임대사업자가 아니다. 지방에 아파트 몇 채 가지고 있는 임대사업자도 있고, 수도권에 구분상가 몇 개 가지고 있는 임대사업자도 있다. 그리고 빌라를 많이 가지고 있는 임대사업자도 있다. 일반인이 보기에는 꽤 훌륭하다고 볼수 있으나 실체를 들여다보면 그렇지 않다. 세입자 공실에 시달리고 전화 오면 가슴 떨려 두근대는 임대사업자는 또 다른 형태의 월급쟁이일 뿐이다. 그러니 이러한 임대사업자도 자신이 직접 노동은 하지 않지만 힘들여 일하는 노동의 대가로 임대수익을 얻는다. 그러니 진정한 의미의 임대사업자가 아니다. 자신이 그래도 임대사업자라고 생각한다면 이 테스트를 해보라. 세입자한테 전화가 왔다. 그런데 가슴이 콩닥콩닥 뛰고 전화를 받기 싫다면 진정한 의미의 임대사업자가 아니다.

잘 나가는 건물주라면 자신에게 직접 전화가 오지 않고 대부분 자신이 거래하는 부동산 사장에게 전화가 온다. 그들이 알아서 임대를 맞춰주고 들어오면 나가려 하지 않는다. 그리고 임대사업자가 전화를 하면 세입자가 황송해 한다. 혹시 나가라고 할까봐 또는 월세 올라 달랄까봐.

그리고 세입자는 집주인의 사소한 일에도 칭찬을 마다하지 않는다.

"우리 집주인은 들어온 지 몇 년인데 월세 올리지 않을 테니 장사나 잘하라고 해. 얼마나 고마운지 몰라!"라고 말이다. 그러니 세입자 두려운 건물주는 진정한 의미의 임대사업자가 아니다.

그러면 이 임대사업자가 어떻게 진정한 의미의 임대사업자가 될까?

임대사업자 → 여유자금으로 주식, 땅 투자 → 30배 차익 → 빌딩 투자 → 부자.

여기서도 여유자금이라는 말이 등장한다. 이 말은 생활비를 쓰고도 남는다는 말이다. 역으로 말하면 생활비가 남아도 진정한 의미의 임대사업자는 아니라는 말과 동일하다.

세 번째 자영업자이다.

프랜차이즈 3개, 4개씩 돌리면서 3개월만 되면 몇 억씩 잉여자금이 생기는 자영업자를 두고 하는 말이 아니다. 그냥 동네에서 자주 볼 수 있는 치킨집 사장님, 호프집 사장님, 편의점 사장님, 부동산 사장님 등을 얘기하는 것이다.

그럼 이들이 어떻게 부자가 될 수 있는가? 흔히 우리들은 부동산 중개업을 하면 부동산을 잘 알고 큰돈을 벌 수 있다고 생각한다. 그러나 넓은 시각으로 보면 부동산은 잘 아나 동네 부동산을 잘 아는 것이고 넓은 흐름은 모르는 경우가 많다. 신문, 방송에 자주 나오는 부동산 전문가는 잘 아는가? 그들도 잘 모르기는 마찬가지다. 책을 쓰고 유명하여 방송에도 자주 나오고 큰 기업에 소속되어 있는 부동산 전문가도 월급쟁이에 불과하다. 사실 그의 재산은 아파트 한 채가 전부다. 그것도 자신이 투자한 것이 아닌 자신의 부인이 산 아파트라고 한다.

그럼 이들은 어떻게 해야 하나? 이들도 마찬가지다.

자영업자 → 여유자금으로 주식, 땅 투자 → 30배 차익 → 빌딩 투자 → 부자.

부자의 기초적인 단위가 되는 꼬마빌딩을 사기 힘든 이유는, 통건물이기 때문이다. 구분등기가 되어있는 것은 거의 없다. 서울의 홍대나 강남을 가보면 대부분 1인이 건물 전체를 소유하고 있다. 그러니 현금으로 몇 십억은 지를 수 있어야 살 수 있다.

레버리지를 많이 일으켜서는 소용이 없다. 어차피 레버리지 때문에 순수 월세 소득은 얼마 안 되기 때문이다. 그리고 레버리지를 많이 일으켰다면 향후 은행 담당자가 바뀌었을 때 일부 상환해야 하는데 그게 몇 억이다. 돈이 별로 없는 상태라면 원금상환도 버겁다. 그러니 레버리지를 안 일으키고 살 수 있어야 한다. 그리고 건물을 재건축 할 수 있는 자금 정도는 가지고 있어야 한다.

이런 부자의 기초단위는 왜 중요한가? 대를 이어 부가 대물림되고 있기 때문이다. 자식을 많이 낳지 않으면 건물 하나만 있어도 대물림되고, 그 자식이 헛짓을 안 하면 그 자식과 그 자식에게도 대물림된다. 물론 입지가 좋은 곳이어야 하는데 우리나라에서 그럴 만한 곳은 서울의 역세권 빌딩 정도밖에 없다. 만약 자신이 주식투자와 토지투자를 안 하고 있다면 부자가 되는 것은 힘들다.

네 번째 사업을 하는 경우다.

사업을 하는 경우도 예외 없다. 사업은 얼마인지도 모를 큰돈을 벌다가도 한 순간에 그 많은 돈을 까먹는 경우가 있다. 그런데 그 사업을 살리려고 온갖 부동산을 다 털어 넣다가 알거지가 되고 만다.

이럴 경우에 대비해서 사업이 기울면 먹고살 만한 출구를 마련해야한다. 그런 경우가 와이프에게 빌딩을 사주고 자신은 부도를 맞는것이다. 우리가 TV에서 보는 〈38세금기동대〉가 맞닥뜨리는 그런 부류다. 자신은 세금 몇 십억을 체납하고 한 푼 없지만 이혼한 전부인이랑 호화 생활하는 부류다. 그는 진정한 의미에서 사업에 실패할것을 예상한 합리적인 비관주의자다. 그러니 너무 욕하지는 말자.

가장 불쌍한 사람은 처음 부도를 맞았는데 자신의 전재산을 다 털어 넣은 사람이다. 예를 들어 사업체가 무너질 정도의 어음부도를맞았는데 앞뒤 안 가리고 전재산 다 털어 넣어 부도를 막지도 못하고 빈털터리에 경제사범이 되어 구속되고 나와보니 처자식이 반지하에서 고생하는 경우다. 그러니 부도를 맞았는데 뒷골이 쎄 하다면일찌감치 포기하고 처자식 살릴 준비하는 것이 가장으로서의 도리다. 어차피 부도를 피할 수 없다면 말이다.

그러나 사업하는 사람들이 잘될 때는 이런 걱정 안 하고 있다가갑자기 위기가 닥치면 당황해서 앞뒤 안 가린다. 그러니 평소에 최악의 경우까지 생각하는 비관주의자가 되어야 한다.

사업 → 여유자금으로 빌딩 투자 → 부자.

사업하는 자는 여유자금이 일반인과 다른 만큼 바로 빌딩 투자에들어가도 된다.

다시 정리해보자.

자영업자, 월급쟁이, 임대사업자 → 여유자금으로 주식, 땅 투자 → 30배 차익 → 빌딩 투자 → 부자.

사업 → 여유자금으로 빌딩 투자 → 부자.

그러니 사업가가 아니라면 부자가 되는 한 가지의 길은 여유자금으로 주식, 땅 투자밖에 없다. 우리 시대 필수품이라 하겠다.

10

누가 주식,
땅 투자를
해야 하나?

여유자금으로 주식과 땅에 투자해야 한다고 했다. 그러면 여유자금이 없으면 못하는 것인가? 할 수 있다. 하지만 돈을 벌 수는 없다. 여유자금으로 투자를 해야 하는 이유는 없어도 되는 돈이기 때문이다. 없어도 되는 돈이기에 얼마든지 오랫동안 묻어놓을 수 있다. 이런 면에서 서민은 독한 각오가 필요하다. 왜냐하면 돈이 항상 모자라기 때문에 급한 일이 생기면 투자해 놓은 돈을 허물어 써야 한다. 묻어놓는다는 의미는 무엇인가? 절대 팔지 않고 최소한 10년 이상 가져가는 것을 의미한다. 그래서 독한 마음으로 없어도 되는 돈을 만들어내야 한다.

어떤 부자에게 가난한 자가 찾아왔다. 가난한 자는 부자에게 어떻게 부자가 되느냐고 물었다. 그러자 부자가 산꼭대기에 있는 낭떠러지 근처로 그를 데리고 갔다. 낭떠러지 끝에는 소나무 한 그루가 서 있었는데 그 소나무의 나뭇가지에 매달리라 했다. 그리고 가난한 자가 어떻게 부자가 되느냐고 재차 묻자 잡은 두 손 중 한 손을 놓으라고 했다. 그리고 또 부자에게 어떻게 부자가 되느냐고 묻자 이번엔 남은 한 손도 놓으라고 했다. 그러자 부자에게 가난한 자가 이 손을 놓으면 죽지 않냐고 물었다. 그러자 부자는 "돈이란, 당신이 잡은 그 소나무 가지와 같다. 절대 놓지 말라"고 했다.

여유자금으로 주식과 땅에 장기간 투자해야 하는 이유는, 누구도 내일 일을 알 수 없기 때문이다. 내일 일을 모르고 투자하는 것은 마치 장님이 지팡이 없이 길을 가는 것과 같다. 무리하게 투자하여 잠깐은 돈을 벌 수 있으나 장기간 꾸준하게 돈을 벌기는 어렵다.

"내일 일도 알 수 없는데 어떻게 10년 후를 보고 투자하라는 말인가"라고 반문할 수도 있다. 내일 일은 모르지만, 10년 후는 아주 어렴풋하게나마 알 수 있다. 그것이 흐름이고 트렌드다. 반드시 올 세상에 대해 알고 투자를 한다면 나중에 크게 오를 수 있다. 그런데 어떤 것이 오를지 확실하지 않으니 여러 개 혹은 수십 개를 꾸준히 사 모으면 언젠가 그 흐름대로 그 시기가 오면 큰돈을 벌 수 있는 것이다.

장기투자에 대한 확신은 어떻게 드는가? 반드시 올 미래라면 어느 정도 예측이 가능하다. 땅의 공시지가는 매년 5%에서 10%씩 오른다. 그 외에도 장기적인 안목에서 토지에 저축하듯 투자하면 생각지도 못한 호재가 발생하여 공시지가 상승을 뛰어넘는 수익률이 추가로 따라온다. 이처럼 저축도 되고, 대박의 가능성도 있는 것이 땅투자이다.

일반인들이 장기투자를 하지 않는 이유는, 생활비를 벌려고 투자를 하기 때문이다. 혹은 당장 쓸 돈을 마련하기 위해 투자하기 때문이다. 그것도 아니면 결과를 빨리 내고 싶기 때문이다. 어떤 경우든 길게 볼 마음의 여유가 없다는 말이다. 그래서 사람들은 곧 오른다는 곳을 비싸게 구입한다. 집도 그렇고, 건물도 그렇고, 주식도 그렇다. 땅은 금방 오를 것 같지도 않고, 비싸다는 편견에 빠져 거들떠보지도 않는다.

땅에 투자한다고 하더라도, 그 급한 마음은 크게 달라지지 않는다. 부동산 공법에 매몰된다. 예를 들어 토지의 용도변경을 통해 좋은 땅으로 바꾸고 곧바로 팔아 수익을 내려고 한다. 그런데 이런 투자는 특징이 있다. 큰돈이 들어가지만 큰돈을 벌지 못한다는 점이다. 시간 위에 굴리지 않고 빠른 결과만 바라는 투자로 부지런히 뛰지만 남는 게 없는 장사다. 사놓고 기다리는 게으른 투자자를 이길 수 없다. 물론 사놓고 부지런히 관리하면서 게으른 자처럼 기다리는 전략을 취하면 금상첨화다.

그런데 마음이 급한 투자자들은 주식자금 몇 천만원으로 매달 몇 백씩을 벌려고 하고, 땅 투자자들은 몇 억을 움직여 몇 천만원을 단기간에 벌려고 한다. 이처럼 투자가 도박으로 변질되어서는 애초부터 이길 수 없는 게임이다.

어떤 사람이 주식과 땅에 투자를 해야 할까? 월급쟁이, 자영업자, 임대사업자 등이 될 것이다. 생활비를 쓰고 남는 돈을 주식과 땅에 투자할 수 있는 사람들이다. 여기서의 투자는 기존에 우리가 알고 있는 개념과 다르다. **'투자'라는 단어를 사용했지만 '저축'에 가깝다.**

만약 1990년대라면 주식을 사야 할까? 저축을 해야 할까? 당연히 저축을 해야 한다. 그때는 이자가 10%를 훨씬 넘었기 때문이다. 이자를 20%로 계산하면 원금을 2배로 만드는 데 필요한 기간은 딱 4년이다. 그러니 굳이 투자를 할 필요가 없고 저축만 해도 큰 투자가 되었다.

그러나 시대가 달라졌다. 저금리, 저성장의 시대이다. 쉽게 말해 내가 맡긴 돈이 일을 거의 하지 않는다는 의미다. 내가 일하지 않아도 내 돈이 일을 하면 먹고사는 문제가 해결되는데, 돈이 일을 하지 않으면 내가 일을 해야 한다. 그런데 내가 일할 시기는 정해져 있다.

60세 이상 일하기 힘들고 웬만하면 50세 전후에 제2의 직업을 찾아야 한다. 그런데 불행인지 다행인지 100세 시대가 도래하여 은퇴 후 50년 동안 쓰기만 하면서 살아야 한다. 그러니 지금과 같은 시대에 저축을 하는 것은 너무나 비효율적이다.

그러므로 투자를 하려면 많이 오를 곳에 묻어두어야 한다. 그런 면에서 월급쟁이, 자영업자, 임대사업자 등이 제대로 된 마인드만 가지면 노후 걱정 없이 살 수 있다. 빨리 제대로 된 개념을 가져야 한다. 미래를 생각하고 투자하되 투자금을 저축하듯이 주식과 땅을 사고, 절대 팔지 않는 투자원칙을 가져야 한다. 절대 팔지 말라는 말은 100배가 올라도 팔지 말라는 얘기가 아니다. 50% 정도 올랐다고 팔지 말라는 얘기다. 주식이든 땅이든 50%만 올라도 팔 작정이라면 하지 않는 것이 좋다. 그렇게 해서는 뒤바뀐 세상에서 살아가기가 어렵기 때문이다.

11

여윳돈을 가지고
많이 오를 곳에
투자하라

투자를 하는 데 있어서 몇 가지 원칙이 있다. 그 원칙은 다음과 같다.

앞으로 반드시 올 미래에 투자한다.

앞으로 반드시 올 미래란 어떤 것인가? 예를 들자면 '사람은 죽는다'라는 미래다. 그러니 누구와 내기를 한다면 나는 사람은 반드시 죽는다에 돈을 걸 것이다. 사람이 죽지 않는다는 명제에 돈을 거는 사람은 누구인가? 희망이 없는 곳에 돈을 거는 사람이다. 예를 들어 이미 지고 있는 산업에 투자하는 경우다.

현재는 활황이지만 앞으로는 지는 산업은 무엇인가? 석유산업을 들 수 있다. 앞으로는 지구 온난화를 비롯해 많은 부작용이 예상되므로 대체에너지 세상이 올 것이다. 그런데 지금은 이 산업이 호황이다. 자동차, 비행기, 선박, 기계 등 모든 산업이 석유로 굴러간다. 그러니 지금은 호황이 맞다. 그러나 투자 관점에서 석유산업은 지는 산업이 될 것이다.

부동산을 예로 들자면 미래는 수도권을 비롯한 지방이 어려워질 것이다. 왜냐하면 인구는 줄어들고 불황은 지속되는데 구조조정되는 곳은 아무래도 제일 좋은 곳보다는 차선책 혹은 안 좋은 곳이 먼저 구조조정될 것이기 때문이다. 보다 자세한 내용과 살아남는 방법은 이전 책 「대한민국 부동산의 미래」에서 다루었으니 참조하기 바란다.

미래에 투자하기 위해서는 과거로부터 어떻게 흘러왔고 앞으로 어떻게 흘러갈 것인가에 대한 분석이 있어야 한다. 분석을 위해서는 충분한 자료조사가 있어야 하고 무엇보다 통찰이 필요하다. 자료조사는 인터넷을 통해, 통찰은 강의를 통해 얻을 수 있다.

여윳돈으로 투자한다

전세금을 빼서 산간 오지에 개발이 된다는 땅을 사면 누가 봐도 무리수다. 전세금이란 현재 내가 살아가는 데 필요한 돈이다. 그런데 그런 돈을, 확실히 개발된다 하더라도 언제 될지 모르는 곳에 장기간 투자할 수는 없는 노릇이다.

여윳돈이 없으면 절약을 해서라도 돈을 만들어야 한다. 쓸 것 다 쓰면서 돈이 없다는 핑계는 통하지 않는다. 체면 때문에 이것도 사야 하고, 저것도 해야 한다면 투자자가 될 마음의 자세가 되지 않은 것이다. 이유를 불문하고 여유자금을 만들어야만 투자를 향한 항해에 돛을 올릴 수 있다.

여윳돈으로 투자를 하면 오르건 내리건 걱정이 없다. '잘' 기다리기만 하면 된다. 예를 들어 한 달 생활비를 쪼개서 아무도 관심을 갖지 않는 시골의 100만원짜리 땅을 샀다. 그런데 대출 하나 없어서 이자 나갈 일이 없고 재산세도 얼마 안 나간다. 종부세 낼 일 없고 가서 관리를 해야 하는 것도 아니다.

그런데 여기가 오를 곳인지는 생각해 봐야 한다. 그래서 투자원칙 1번이 필요한 것이다. 앞으로 반드시 올 미래에 투자하는 것과 결합하여 여윳돈으로 투자하고 기다리는 전략이다.

많이 오를 곳에 반드시 투자하여야 한다

많이 오를 곳의 특징은 확장성이 높다는 데 있다. 확장성이란 한계를 의미한다. 동네의 가게는 동네사람들을 상대로 장사를 하기 때문에 확장성이 높지 않다. 하지만 세계를 상대로 사업을 하는 기업은 확장성이 높다.

투자로 보면 주식과 토지다. 이 두 종목은 100배, 1000배도 오르기 때문에 투자 확장성이 높다. 채권처럼 2배 오르기도 어려운 상품들이 아니다. 확장성이 높은 투자처는 쉽게 오르지 않지만 한번 오르면 많이 오르는 속성이 있다. 전재산을 혹은 큰 금액을 투자한다면 모를까 여윳돈으로 장기투자를 해야 하는데, 그러면 금액이 크지 않을 확률이 높고, 크지 않은 금액이라면 상승폭이 큰 투자를 해야 부자가 될 수 있다.

위의 이야기를 종합하여, 여유자금으로 장기간 투자하면 어떤 장점이 있는지 살펴보자.

첫째 외풍에 시달리지 않는다.

미국 금리가 오르건 금융위기가 오건 석유값이 내리건 브렉시트[영국의 유럽연합(EU)탈퇴]가 되건 그리스, 브라질이 파산하건 내 문제가 아니다. 오히려 싸게 살 수 있는 기회가 된다.

둘째 내가 산 종목이나 땅이 오르면 싫고 내리면 좋다.

앞으로 장기간 투자를 해야 하는데 지금 오르면 안 된다. 그렇다고 여기다 빚 내서 한꺼번에 살 수도 없고 살 필요도 없으니 지금 당장 오르는 것은 기분 좋은 일이 아니다.

셋째 여유가 있다.

오르고 내리는 가격에 일희일비할 필요가 없다. 돈이 생기면 투자를 하니 한결 여유가 있다. 떨어질까봐 안절부절 안 해도 되니 마음이 편안하다.

넷째 희망이 생긴다.

부자가 될 수 있다는 희망이 생긴다. 주식이 커나가는 것이 보이고 토지가 커나가는 것이 보인다. 가격을 모르고 지내다가 가끔 확인하면 올라 있는 것에 부자가 될 수 있다는 희망이 생긴다.

12

쓸데없이
돈 쓰지
말자

가난해지려면 번 돈 보다 더 많이 쓰면 된다. 부자는 많이 버는 사람이 아니라 돈을 아껴서 매월 10원이라도 저축하는 사람이다. 이런 사람에게는 크든 작든 미래가 있다. 아무리 많이 벌어도 남지 않으면 미래가 없다. 이 점에 있어서는 나도 반성을 많이 하고 있다. 지금까지 지키지 못했으니 말이다.

쓸데없는 데 쓰는 돈은 무엇일까? 먹고 입고 사는 데 필요한 최소한의 비용 빼고는 쓸데없이 쓰는 돈이고 사치이고 낭비이다. 리스트를 작성해 스스로 줄이는 노력을 해야 남는 돈이 생긴다.

쓸데없이 사람 만나 술 마시지 말자. 한번 술자리를 가지면 2차, 3차로 이어진다. 술값과 대리비, 다음날 숙취로 인한 약값이 쓸데없이 쓰는 돈이다. 정말 쓸데없는 일은 괜히 친구, 동료, 후배들 만나서 돈을 펑펑 쓰는 것이다. 쓸데없이 만나서 별 쓸데없는 얘기만 하다 헤어진다.

쓸데없이 취미활동 하지 말자. 나도 반성 많이 한다. 왜 그렇게 살았을까? 야구, 축구 이런 스포츠 보며 쓸데없이 흥분하고 돈 쓰지 말자. 경기장 가서 스트레스 푼다고 술 마시고 안주 먹고 경기장에 돈 퍼붓지 말자. 골프 친다고 골프채 사고 주말마다 라운딩 뛰고 아는 사람들과 내기해서 돈 잃고 그 돈 찾으려고 새벽같이 골프연습장 다니며 돈 쓰고 시간 낭비하지 말자. 어디 한 군데 꽂혀서 쓸데없이 물건 수집하지 말자.

쓸데없이 사교육에 돈 쓰지 말자. 애초부터 공부 못할 아이에게 돈 퍼붓지 말자. 우리 노후부터 책임지자. 아이가 정 걱정된다면 직접 관리부터 하자. 밖으로 쓸데없이 다니지 말고 일찍 들어가서 아이들과 함께 공부하자. 부모가 거실에서 TV보고 아이들 보고 공부하라 하면 아이들 자괴감 느낀다. 공부방에 앉아서 같이 공부하고 같이 EBS 보고 애가 어리면 책이라도 읽어주자. 사교육 기관에 돈 퍼부어봤자 자기 자신이 공부해야 공부하는 것이지 학원으로 돌면 자기 공부할 시간 없어 결국 공부 못한다. 정 필요한 사교육은 시키지만 웬만하면 인터넷 강의로 해결되니 조금만 노력하면 사교육비

반으로 줄일 수 있다. 학원 많이 다닌다고 공부 잘하는 것 아니다.

쓸데없이 기호식품 만들지 말자. 커피 마시다 커피 머신 사고 원두사고 그럼 또 산 만큼 뽕 뽑으려 커피 마시고 커피 많이 마셔 건강 나빠지고 위염증세 심해진다. 하루 커피 4000원 아끼면 한 달이면 12만원이고 1년이면 144만원이다. 쓸데없이 커피 마시고 사람들이랑 노닥거리지 말자.

쓸데없이 TV 보지 말자. 결합상품 때문에 TV, 스마트폰, 인터넷 연결해서 돈 아끼려고 하지 말고 TV 끊으면 결합한 돈보다 더 아낀다. TV는 우리의 뇌를 정지시키는 아주 좋은 수단이다. 그 시간에 책을 보고 신문을 보자. 연예인 얘기에 열광하지 말고, TV 드라마에 목숨 걸지 말고, 축구 월드컵 예선에 밤새지 말고, 메이저리그 국내파 선수 보려고 눈 벌개지지 말자. 몇 년 지나고 나면 생각도 안 날 드라마, 생각도 안 날 월드컵, 승패 생각도 안 날 메이저리그 승패 이런 것에 발을 구르며 안타까워하지 말자.

쓸데없이 차 갖고 돌아다니지 말자. 차가 없으면 더 좋겠다. 차는 있으면 놀러가고 싶다. 차 타고 임장 다니는 것 아니면 대중교통 이용하자.

쓸데없이 쇼핑하지 말자. 신상 노트북에 꽂혀 잘 쓰던 노트북 버리고 새로 장만하고, 마우스에 꽂혀 인체 공학 마우스 사고, 저렴한 가격이라고 블루투스 스피커 사고, 각종 전자제품 사지 말자. 계절 바뀐다고 옷 사고 가방 사고, 철 지났다고 멀쩡한 것 재활용으로 버리지 말자. 지금이라도 카드 이용내역 쭉 살펴서 쓸데없는 데 돈 썼다면 앞으로 이 돈을 어떻게 안 쓸까 고민해보자.

쓸데없이 사람 만나지 말자. 외롭다고 만나고 심심하다고 만나고 안 봤다고 만나고 연말이니까 만나고 습관적으로 만나지 말자. 만나면 돈이다. 그렇다고 도움이 되는 사람 별로 없다. 만나려면 차비 쓰고 시간 쓰고 정력 쓰고 돈 쓴다. 꼭 만나고 싶은 사람이 있다면 가려서 만나자.

이외에도 많을 것이다. 너무 혹독해서 지키기가 어렵다면, 어쩔 수 없이 부자가 되는 꿈도 버려야 한다. 지금이나 나중이나 그저그렇게 살 수밖에 없다. 하지만 혹독하게라도 아껴서 미래에 묻어두면, 미래에는 현재의 삶을 벗어나 부자로 살 수 있다. 그 돈 아껴서 유망한 주식 사고 아주 싼 땅 사자. 주식은 배당 나오고 올라주고 땅은 공시지가 올라줘서 노후에 큰 힘이 된다.

4부

농부가 아니어도
관심 가져야 할,
농지연금
땅 투자법

농지연금
투자법

농지연금은 농업소득 외에 별도의 소득이 없는 고령농업인의 안정적인 노후생활을 보장하기 위하여 도입된 세계 최초의 농지담보형 역모기지제도이다. 여기서 말하는 농지는 전, 답, 과수원 등이다.

만 65세 이상의 농민이면 가입이 가능하다. 단 영농경력 5년 이상의 자경농이어야 한다. 농부라면 문제가 없지만, 농부가 아닌 경우 준비를 해야 한다. 은퇴를 앞둔 시점에서 농촌으로 내려가 적어도 60세에 농지를 취득하여 5년간 농사를 지으면서 농민 조건을 유지하면 농지연금 신청 자격이 생긴다. 농업인의 판단 여부는 농지원부를 기준으로 하며, 농지원부로 판단할 수 없는 경우에는 현지 확인을 통하여 판단한다. 그러니 농지원부가 우선이라는 얘기다. 농지원부란 소위 농민이라는 증명서라고 생각하면 된다.

농지원부는 어떤 조건일 때 주어지는지 알아보자.

* 1,000㎡ 이상의 농지에서 농작물을 경작하거나 다년생식물을 재배하는 자
* 농지에 330㎡ 이상의 농업생산에 필요한 시설(고정식온실·버섯재배사·비닐하우스 등)을 설치하여 농작물 또는 다년생식물을 경작 또는 재배하는 자

위 경우에 해당하면 농지원부가 주어진다. 정리하면 은퇴 후 고향에 내려가거나 농촌에 정착하여 농사를 지으면서 연금도 받고 싶다면 농지연금이 아주 유리한 제도이다. 또한 종신 보장이며 오래 살아서 초과된 금액은 더 청구하지 않으며, 일찍 사망하여 받은 연금보다 농지의 금액이 더 많을 경우 자녀들에게 돌려준다. 1석 2조의 연금이라고 볼 수 있다.

농지연금을 받으며 자신이 농사를 지어서 소득을 올릴 수도 있고 농사를 지어서 농지은행에 맡겨놓을 수밖에 없다 하더라도 소득을 올릴 수 있다.

농지연금의 상한은 얼마일까? 월 300만원을 넘을 수 없다. 농지의 상한은 30,000㎡다. 아마도 이렇게 상한을 두는 이유는 소규모 농사를 지으면서 한평생을 농사로 보낸 이들을 위한 나라의 배려가

아닐까 한다.

최근 농지연금에 관심을 두고 고향이나 가까운 시골로 내려가 귀농해서 농지연금 혜택을 보려는 사람들이 많아졌다. 5년 동안 농사를 지어야 하는 조건이니 60세 정도에 귀농해서 농지를 사고 5년 동안 자경을 한 다음 65세에 농지연금을 받는 것이 순서이다. 그러면 농지가격 대비 연금액은 어느 정도일까? 농지연금 수급표를 보자.

농지연금 수급표

단위:천원

연령	1억원	2억원	3억원	4억원	5억원	6억원
65세	364	728	1,092	1,456	1,820	2,184
70세	412	824	1,204	1,605	2,007	2,408
75세	472	945	1,417	1,890	2,362	2,835
80세	553	1,104	1,660	2,214	2,767	3,000□
85세	674	1,348	2,021	2,695	3,000□	3,000□
90세	903	1,806	2,709	3,000□	3,000□	3,000□

1억원의 농지를 65세에 신청했다면 매월 364,000원의 연금을 받는다. 요즘 1%도 안 되는 시중은행의 상황에서 위 조건은 꽤나 훌륭하다. 은행에 1억을 넣으면 매월 10만원이 나오니 3배 이상 더 이득이다. 기존의 연금처럼 늦게 연금을 받기 시작하면 연금액수는 더 많이 올라간다. 즉 6억의 농지를 80세에 농지연금에 맡기면 최고 금액인 300만원을 매월 받을 수 있다.

농지연금 홈페이지에 들어가 보면, 한국농어촌공사(사장 박재순)는 12일 경북 봉화군에 거주하는 김선구씨(70세)와 배우자 김영옥씨(67세)가 농지 2만1710㎡를 담보로 매월 104만7370원을 받는 농지연금에 가입했다고 밝혔다

그렇다면 여기서 나오는 농지는 농지연금의 상한인 30,000㎡까지 가지고 있다 하더라도 매월 받는 금액이 300만원이 안 될 수 있다는 얘기가 된다. 그러니 더 많은 연금을 받으려면 땅값이 더 비싸야 한다.

그렇다면 땅값은 어떻게 정해지는가? 농지연금의 땅값은 거의 공시지가로 정해진다. 농지연금 신청 시 공시지가로 연금을 계산하는 방법이 있고, 감정평가 금액의 80%로 계산하는 방법이 있는데 거의 대부분 농지연금을 신청한 분들은 공시지가로 한다. 아마도 감정평가를 하려면 비용이 들고 번거롭기 때문일 것이다.

투자법은 다음과 같다. 예를 들어 농지의 공시지가 9억일 때 300만원의 연금을 받을 수 있다. 그런데 요즘은 금리 1%대의 시대이다. 그러면 10억을 은행에 맡기면 매월 얼마를 받는가? 세금 등을 제외하면 월 100만원 정도가 나온다. 그런데 9억인 농지는 300만원의 농지연금을 받으니 은행예금보다 훨씬 유리하다. 게다가 경매 등으로 구입하면 잘하면 70%대에도 도로가 접해 있으며 농

사를 지을 수 있는 제법 괜찮은 농지를 받을 수 있다. 그렇게 농지를 구입하고 농사를 5년간 지으면 6억3천만원에 낙찰 받아 300만원의 농지연금을 받을 수 있는 것이다.

얼마나 유리한가? 은행에서는 10억을 가지고도 월 100만원밖에 나오지 않는데, 농지연금은 더 적은 돈을 들이고도 은행의 3배에 해당하는 연금을 탈 수 있다. 그리고 농지연금은 연금을 타면서 농사를 지으면 농작물도 고스란히 내 수입으로 잡힌다. 1석2조라 아니할 수 없다. 귀농이 유행이다. 귀농 후 안정된 노후생활을 보장받으려면 농사를 지으며 농지연금도 타는 방법을 고려해 봐야 한다.

농지연금포털

02

농지연금,
타야 하나
말아야 하나?

나연금(가명)씨는 농촌에서 가난한 농사꾼의 아들로 태어나서 땅만 파면서 농사일로 80 평생 농사만 지으며 살아온 사람이었다. 평당 몇 십원 하던 일제시대 때부터 농사를 지었으나 농지를 장만하게 된 때는 50년대였다. 남의 농사를 짓던 6000㎡의 농지를 분배농지로 받았고, 이후 5년간 잘 갚아서 내 땅을 마련하였다. 당시 가을 추수한 벼와 여름에 수확한 보리로 상환을 하였는데, 나연금씨의 기억으로는 당시 평당 가격이 아마도 몇 십원 정도였던 것 같다.

그 후로도 농사를 지으면서 3~5년에 한 번씩 주변에 나오는 땅을 사들였고, 땅값이 많이 오른 70년대 이전에 이미 3만㎡가 넘는 땅을 가진 땅 부자가 되었다. 거기서 멈추지 않고 그 후로도 계속 땅을 사들여서 지금은 6만여㎡의 땅을 가진 부자가 되었다. 이제는 나이가 들어 농사를 지을 수도 없고 자식들은 모두 서울로 나가서 직장 생활을 하므로 대를 이어 농사지을 놈이 없다. 또 농사를 짓지 않으면 특별히 소득이 없어서 고민이 많은데, 옆집에 사는 기노인은 농지연금을 들어서 한 달에 100만원이 넘는 돈을 꼬박꼬박 받고 있다고 한다. 나연금씨는 '나도 농지연금에 들어볼까' 하고 몇 번이나 망설였지만, 땅을 자식들에게 물려주고 싶은 마음에 선뜻 농지연금 가입을 못하고 지냈다.

그러나 이제는 자식들도 생활비 대줄 놈은 없고 그렇다고 계속 농사를 지을 수도 없어서 가진 재산의 절반인 3만㎡를 농지연금으로 맡기고, 매월 120만원의 농지연금과 기초생활연금, 국민연금으로 150만원을 타서 농촌에서는 풍족하게 생활하고 병원비도 충당하고 있다.

자식들에게 다 주지 못하는 아쉬움은 있지만 그것도 자식들이 나중에 돈을 내서 상환하면 가질 수 있다니 그건 자식들의 선택이라고 생각한다.

03

농지연금으로
가재 잡고
도랑 치기

농지연금이라는 새로운 제도가 도입된 해는 2009년이다. 농촌에서 농사만 짓다가 노령으로 생활비가 부족할 때 보충해 주는 방법으로 제정 마련된 제도인데, 고령의 농촌 노인들은 내 땅을 자식에게 물려주고 싶은 생각에 선뜻 농지연금에 가입을 못하여 첫해에는 가입자가 몇 명 되지 않았었다.

연도별 가입 통계

구 분	2011년	2012년	2013년	2014년	2015년	2016년	누계
가입건수	911	1,291	725	1,036	1,243	970	6,176
(누적 건수)	(911)	(2,202)	(2,927)	(3,963)	(5,206)	(6,176)	–
총 지급액(백만원)	7,171	15,333	22,684	29,035	40,241	24,496	138,960

나는 부동산투자전문가라고 하는데 이런 제도를 잘 활용할 방법이 없을까를 궁리하다가 '그래 이것도 투자로 접근해 보자' 하여 농지연금투자를 고객들에게 권하게 되었다. 우선은 농지연금을 신청할 자격이 되는 분들로서 현재 '농업인 5년 이상'을 한 사람들이라면 가능성이 있다고 생각을 히였다.

마침 최여유(가명)씨가 인근 물류단지에서 수용을 당하여 보상금으로 3억여원의 여유가 생겼으니 노후에 세가 나오는 수익형 부동산을 찾아 투자하게 해 달라는 것이다. 우선은 근린주택이나 상가를 찾았는데 대부분이 10억 이상이어야 하고 그 미만은 세가 100여만원밖에 나오지 않았다. 상가 아파트형공장까지 뒤져 보아도 내 돈 3억에 대출 1억 정도까지 생각해도 100만원 남짓한 수준이었다. 그렇다고 젊은이들처럼 대출을 잔뜩 끼고 할 수는 없는 노릇이었다.

그래서 농지연금투자를 권유할 요량으로 경매물건을 뒤지기 시작했다. 처음에는 반신반의하면서 그래도 시도라도 한번 해보자는 심정으로 찾고 있노라니 의외로 많은 물건들이 있었다. 때는 2011년, 당시만 해도 농지연금 투자라는 개념이 없었고 마침 부동산도 바닥을 헤매고 있었다.

공시지가가 8억5천인데 감정가는 10억이 넘었고 최저가가 2억 초반까지 내려온 그런 땅을 찾을 수 있었다. 개별적인 개발은 거의 불가한 못 생긴 땅이므로 다른 사람들은 가치가 없게 보았겠지만 농지연금투자 대상 물건으로는 아주 제격이라고 판단하였다. 또한 비록 개별이용가치는 낮더라도 도시근교에 있어서 그 주변에 대한 개발 압력 등으로 충분히 향후에도 가격상승이 예상되는 물건이었다. 당장에 활용할 수 없으니 아마도 이렇게 유찰이 거듭되었을 것이나 농지연금투자에서는 공시지가를 보는 것이니 개념치 않고 경매에 참여하였다.

등기이전까지 하는데 총 3억5천 정도가 들어갔다. 물론 5년 이상 재촌자경하는 농업인이 당장에 농지연금을 신청할 수도 있었지만 공시지가 대비 너무 낮게 낙찰이 되어서 한해를 넘겨 6개월이 지난 후인 2012년 초에 농지연금을 신청 매월 285만원의 연금을 받게 되었다.

여기서 근린생활시설이나 상가 또는 아파트형 공장과 농지연금의 수익률을 비교해 보자.

단위:원

구 분	근생주택	상가	아파트형공장	농지연금
자기자본	300,000,000	300,000,000	300,000,000	300,000,000
대출 활용	100,000,000	100,000,000	100,000,000	50,000,000
월 수입액	1,500,000	1,500,000	1,600,000	2,650,000
현재 가치	450,000,000	500,000,000	450,000,000	1,000,000,000

위 도표에서 자산가치는 당시에 구입하려던 물건들을 현재 가치로 판단해서 표시한 것이다. 수익형은 상가나 공장이라는 인식을 버린다면 농지도 수익형이 될 수 있다는 사고의 전환이 일어난다. 뿐만 아니라 농지연금투자가 수입이나 자산가치 면에서 훨씬 뛰어나다.

지금은 많은 곳에서 농지연금 투자에 대한 강의를 하고 많은 전문가들이 농지연금을 추천하고 있어서 그 대상을 찾기도 쉽지 않고 이런 물건들이 잘 나오지 않는 것이 현실이다. 그렇지만 다시 잘 보면 틈이 없는 것도 아니다. 지금은 저평가된 공시기가가 낮은 농지를 사서 65세 또는 농지연금을 타게 되는 시기까지 공시지가를 매년 끌어 올리는 것도 한 방법이 될 수 있다.

공시지가를 높이는 방법은 맹지를 해소하여 도로에 접하게 한다든지, 아니면 경사진 땅을 잘 정리한다든지, 여하튼 농지 상태를 양호하게 하여 공시지가를 높일 수 있다.

수익형이냐
농지연금형이냐

비록 1000원짜리 땅 투자법은 아니지만 작은 돈으로 투자하여 부를 일군 투자사례를 하나 소개하고자 한다.

박현명(가명)씨는 2000년 초 1650㎡의 땅을 5천만원에 구입하였다. 가진 돈이 없었기에 아파트를 담보로 대출을 받아서 논을 구입하였다. 그리고는 이자와 원금 일부를 갚아 나간 지 12년만에 이 땅은 온전히 그의 땅이 되었다. 이자까지 계산해 보니 약 7천만원 정도가 들어갔다.

하지만 후회하기는커녕 아주 잘 한 일이라고 말하고 싶다. 지금 이 땅은 거래가격으로 4억을 하고 있으니 그 때 그가 주저하고 구입하지 않았다면 가질 수도 꿈도 꾸지 못할 그런 물건인 것이다. 내 돈 없이 남의 돈으로 그것도 할부식으로 12년을 버텨내어 얻은 수확으로는 대단하지 않은가. 우리 서민들이 내 돈을 모아서 온전히 투자한다는 건 생각도 못할 일이라고 본다.

지금 처분하면 4억이라는 목돈이 생기므로 다른 무엇을 할 수도 있으나 그건 안 되는 것 같고 이 땅에다 건물을 지어서 세를 놓고 싶은데 아직은 주변이 좀 덜 성숙해서 수익이 많지 않을 것 같다. 그럼 다른 방법으로 농지연금이 있는데 이는 어떨까 한다.

단위:원

구 분	자산형(매도)	수익형(개발)	노후형(농지연금)	비고
구입비용(대출)	50,000,000	50,000,000	50,000,000	
대출이자	20,000,000	20,000,000	20,000,000	
현재가치(매도시)	400,000,000	400,000,000	400,000,000	
추가부담(비용)	0	6억 이상	0	
월수입 예상액	?	50만~200만	100만	

자산형으로 매각하여 사용한다면 그냥 4억이고 수익형으로 만들자니 개발비용으로 6억 이상을 투입해야 하는데 그것도 만만치 않은 현실이다. 대신 농지연금으로 한다면 월 100만원의 수익을 올릴 수 있다. 표를 보면 수익형이 가장 좋고 농지연금이 매우 작아 보이지만 수익형으로 하느라 쓴 6억을 쓰지 않고, 농지를 추가로 구입하는데 쓰면 월 300만원인 수익형과 같은 결과를 얻을 수 있다.

농지연금으로 했을 때의 장점은 노후에 안정된 수익을 얻을 수 있고 자녀들에게 사전에 재산을 물려주거나 빼앗기지 않고 노후생활을 안정적으로 할 수 있다는 점이다. 또한 주변이 개발이 되고 개발 압력이 높아져서 결국 개발을 하게 된다면 그때 농지연금을 상환하고 개발을 하여 수익형으로나 자본형으로 얼마든지 전환이 가능하다. 농지연금을 탄다고 해서 영원히 농지연금만 수령해야 하는 것은 아니기 때문에 저렴한 이자의 농지연금을 적극 활용하는 투자도 필요하다고 본다.

경매물건으로 농지연금을 한번 살펴보자

의정부6계 2015-16586/임의

용도	전	감정기관	원림감정(2015.04.30)	채권자	인천강화옹진축협 옹현
매각방법	일반	감정가	572,616,000원	채무자	박시천
접수일자	2015/04/21	최저가	137,485,000원 (24.0%)	소유자	김정순
유찰/진행	4회/5회	최종결과	낙찰 (낙찰일: 2016/10/10, 낙찰가:203,880,000(36%))		

♣ 부동산현황

현황조사서내역
가.현황 (1) 목록 1.은 양주-광적간 도로변에 위치하며 임야 사이에 지상에 잡초가 우거진 잡종지 상태의 휴경지임.

주의사항
현황:묵전, 토지일부 대로1류에 저촉, 농지취득자격증명 필요(농지취득자격증명 미제출로 매각불허가 결정이 된때는 매수신청보증금을 몰수함)

소재지/특성면적		감정가외기타정보
경기 양주시 유양동 686(전)		•토지이용계획 •공시지가
자연녹지지역,반환공여구역주변지역 개발제한구역,문화재보존영향겁토대상구역 성장관리권역	전 1,446.00m²(437.42평): (현:묵전) *입목등포함 *농취증필요	총감정평가: ₩572,616,000 · 토지감정: ₩572,616,000
*백석삼거리남동측인근 *주위근린생활시설,전,답및임야등혼재한 지방도주변농경지대 *차량접근가능 *노선버스(정)인근소재 *제반대중교통사정보통 *부정형북하향완경사지 *북측편도2차선의지방도접합 *대로1류(35~40m)저촉		표준공시지가: ₩290,000 감정지가: ₩396,000

진행사항 •상세보기	임차내역	등기내역
유찰 2016/03/14 (572,616,000) 유찰 2016/04/18 (400,831,000) 유찰 2016/05/23 (280,582,000) 유찰 2016/06/27 (196,407,000) 변경 2016/08/01 (137,485,000) 낙찰 2016/10/10 (137,485,000원) 203,880,000 (낙찰율: 36%)	※ 양주1동 주민센터 관할 ♣ 배당요구종기일 : 2015/07/13	※ 토지등기(발급: 2016/09/23) 소유이전 2010/02/08 김정순 전소유자:박승진 저당 2011/09/09 4억5,500만 농협자산관리 지상권 2011/09/09

농지연금 투자 분석

구입가 분석 : 2억2000만원

　　　공시지가 : 400,975,800원

　　　낙찰가 : 203,880,000원

　　　입찰 : 윤00포함 10명

　　　감정가 : 572,616,000원

농지연금 수령액

　　　월 연금액 : 1,459,650원(만65세)

　　　* 70세 수령시에는 1,675,940원

　　　투자수익률: 월 0.66% 연간 7.96%

20년 후 정산한다면

　　　지가상승 예상 : 연 3%

　　　20년 후 사망 정산 시 : 총합계액 4억7600만원 정도

　　　　　　　　　　　　(3억5000만원+이자액 1억2600만원)

　　　공시지가 : 61.7% 상승, 648,377,868원

　　　잔존가치 : 최소 9억 이상 예상

내연금알아보기

◈ **예상연금산출표**

❶ **조회결과**
  ▸ **종신지급** : 가입자의 사망시까지 매월 일정한 금액을 나누어 지급받는 방식
  ▸ **기간지급** : 가입자가 선택한 일정기간 동안 일정한 금액을 매월 나누어 지급받는 방식

❷ **주민등록상 생년월일 입력**
  ▸ 대상 농지 소유자와 배우자 중 적은 연령 기준

❸ **조건입력**

생년월일	소유자 : 1952 년 1 월 1 일 배우자 : 선택 년 선택 월 선택 일
단위선택	제곱미터(㎡)
농지평가	○감평가 (평가율 : 80.0%) ●공시가 (평가율 : 100%)
농지시세 ➕ ➖	277,300 원 ×면적 1,446.00 (437.41 평) = 400,975,800 원
합계	면적 : 1,446.00 ㎡ (437.41 평) 농지가격 : 400,975,800 원

결과조회

❹ **결과출력**

구분	종신형	기간형		
		15년	10년	5년
월지급금	1,459,650			

* 월지급금 지급 상한금액은 300만원 입니다.

농지연금 홈페이지에 방문하여 내가 받을 연금이 어느 정도인지 직접 계산해 보는 것도 좋다.

150만원으로 살아남는 매우 현실적인 조언

은퇴 후 앞으로 몇 년을 살아야 할지 모른다. 그 날이 점점 더 길 어져만 가고 있다. 우리가 알아야 할 2개의 팩트가 있다. '①과학기 술이 발달하고 ②모아둔 돈은 없다'이다. 구글은 양자 컴퓨터를 돌려 인간이 170살까지 살게 하겠다고 엄포(?)를 놓고 있다. 오래 사는 것 은 축복이지만, 거기서 발생하는 여러 문제들은 우리가 당면하게 될 현실이다. 한 번도 오지 않은 현실이기 때문에 사람들은 오지 않을 거라 생각하지만, 학계나 과학계에서 하는 소리에 귀를 기울여 보면 반드시 올 미래로 보인다. 한 번도 경험하지 않았지만 결국 경험하 게 될 미래, 최소비용으로 살아남는 법을 한번 연구해보자.

'월 150만원으로 살기.'

60이 넘어가면 일하기 힘들어진다. 70, 80이 넘어가면 더 힘들어 진다. 일을 통해 150만원을 벌기가 매우 힘들어진다. 그러니 근로소 득이 아닌 다른 방법으로 만들어야 한다.

가장 쉬운 방법은 예금이다. 그런데 현재의 이자율로는 원금을 2

배 만드는 데 70년이나 걸린다고 하니 '150만원으로 살기' 리스트에서 제외하자. 어차피 그 방법으로는 어렵다.

채권을 알아보자.

우리나라 채권은 볼 필요 없다. 이미 1%대를 찍고 있다. 노후 준비로 부족하다. 외국 채권을 볼까. 선진국 채권은 마이너스로 가고 있다. 그러니 노릴 수 있는 채권은 신흥국 채권이다. 그런데 만만치 않다. 국채에 투자하려면 일단 국경을 넘어야 한다. 외화는 가져가는 데 한도가 있으니 신고를 해야 한다. 1년에 5만달러까지 신고하고 가져갈 수 있다. 1번 나가는데 1만달러(한국 돈으로 약 1200만원)까지만 들고 나갈 수 있다. 그래도 신흥국 중 채권 금리가 16%를 넘는 곳이 있다. 물론 약간의 위험은 있다.

먼저 환율을 고려해야 한다. 브라질 국채의 이자가 16%인데, 헤알화 가치는 20%가 떨어졌다. 이럴 경우 이자금액이 아무리 커도 환차손이 발생하기 때문에 결국 손해다. 국가 부도의 위험성도 있다. 아르헨티나 같은 곳은 조금만 힘들어도 부도를 내고 돈을 못 주겠다고 버틴다. 이 경우 원금의 손실이 일어나기도 한다. 그런데도 왜 외국의 채권에 투자해야 할까? 3억으로 채권을 샀을 때 16% 기준 월 400만원이 나오기 때문이다. 자본이 일을 해야만 노후가 편하다. 확률상 3억으로 국내에서 치킨집을 했을 때 망할 확률이 높을까, 브라질 국채에 투자해서 원금을 날릴 확률이 높을까. 이를 따져

봐야 한다. 베트남의 이자율이 20%를 넘을 때, 교민들이 1억을 통장에 넣어두고 월 200만원씩 받아쓰었다고 한다. 베트남에서 월 200만원이면 상류층으로 살 수 있다.

디폴트 하는 나라들의 특징을 보면 자원이 많다. 대표적인 나라가 러시아, 아르헨티나, 브라질이다. 원자재 가격이 높을 때는 최대한 빚을 끌어쓰고 원자재 가격이 떨어지면 쓰던 씀씀이를 줄이지 못하고 디폴트로 무너진다. 이들은 자급자족이 가능해서 달러가 없어도, 즉 디폴트를 신청해도 돌아가는 나라다.

그러나 절대 디폴트 할 수 없는 나라들이 있다. 자원이 없고 노동시장은 풍부한 나라다. 우리나라가 대표적이다. 따라서 국채나 예금과 같은 투자는 우리나라 증권사를 이용하면 된다. 국내지점이 아니라 해외지점이다(KDB대우증권이 해외지점이 많다). 인터넷으로 적당한 나라를 골라 해외증권사 지점에 문의하면 정기적으로 이메일로 소식지를 보내주기도 한다. 이왕이면 아프리카보다는 아시아 신흥국이 좋아보인다. 물론 달러화 표시채권보다 현지화 표시채권이 훨씬 이자율이 높다.

다음으로 연금소득이 있다.

국민연금 평균 연금수령금액은 월 32만원이다. 1989년에 시작되어서 너무 늦었고 중간에 그만두고 연금을 임의가입자로 하지 않았기 때문이다. 지금이라도 임의가입자로 가입하여 10년 이상을 채우자. 죽을 때까지 나오는 소득이기에 최대한 많은 돈을 넣는 것이 중요하다. 최대 월 160만원까지 나온다고 하니 월 80 만원 정도까지는 국민연금으로 마련하는 것이 좋다.

다음으로 집이 있다면 주택연금을 선택하는 것도 나쁘지 않다.

60세에 3억짜리 집이 있다면 80만원 정도 나오고 70세에 가입하면 100만원까지 나온다. 기한은 사망 시까지다. 만약 담보가치 3억의 집에 살고 있으면서 너무 오래 살아 연금으로 받은 돈이 3억을 넘어가도 죽을 때까지 나온다. 반대로 조기에 사망하면 나라에서 정산해서 자식들에게 돌려준다. 나이가 많을수록 일찍 가입하는 것이 좋다. 왜냐하면 기대수명이 점점 늘어나서 수령할 수 있는 금액이 줄어들고 있기 때문이다.

주택연금이 좋은 점은 자신이 거주하면서 방 한 칸 정도는 월세를 놓아도 되기 때문이다. 단, 보증금이 없어야 한다. 셰어하우스도 좋다. 셰어하우스를 하면 연금도 타면서 가외로 월세 수입을 올릴 수 있다.

셰어하우스(share house)란?

다수가 한 집에서 살면서 지극히 개인적인 공간인 침실은 각자 따로 사용하지만, 거실·화장실·욕실 등은 공유하는 생활방식. 일본에서 유행하고 있으며 최근 우리나라에도 셰어하우스가 늘어나는 추세다.

다음으로 주식의 배당소득이 있는데, 요즘은 예금이자와 비슷하게 줄어드는 추세다. 3%을 받기도 어렵다. 그러니 해외주식에 투자하여 배당소득을 바라는 편이 더 낫다고 본다.

일단 이러저러해서 월 150만원을 확보했다고 가정해 보자. 그러나 우리나라에서 생활하려면 최소 월 250만원 아니 300만원은 필요하다. 추가로 150만원을 벌기 위해 퇴직금을 몰아넣어 자영업을 할까. 요즘 같은 상황에서는 성공은 고사하고, 자칫하면 그 돈 써보지도 못하고 반지하로 옮기는 신세가 될지도 모른다.

그러면 월 150만원으로 우리나라에서 어떻게 생활을 해야 하나? 생활하기 힘들다는 결론이 나온다. 이 돈 가지고는 외국에 나가서 살 수밖에 없다. 북유럽의 은퇴자들도 동남아로 와서 산다. 물가가 싸기 때문에 현재의 수입으로도 누리면서 살 수 있다는 생각 때문이다.

우리나라도 이제 그런 시대가 되었다. 유럽사람들의 이야기가 아니라, 바로 우리도 동남아로 가야 하는 상황이다. 농담으로 하는 소리가 아니라 매우 현실적인 조언이다.

그런데 왜 동남아인가? 동남아는 노인들 살기에는 물가가 싸다. 패키지로 여행 가서 호텔에서 자면 비싸지만 장기체류하는 사람들이 사용하는 곳은 하루 방값이나 밥값이 상상 외로 싸다. 삼시세끼와 잠을 자면서 하루에 만원 쓰기도 어렵다. 물론 고급 호텔은 어림

없지만 해변이 보이는 방갈로에서 장기체류할 수 있다. 해변이 심심하다면 도심지로 나와서 살아도 된다.

이것이 왜 가능한가? 이들의 노동자 월급여가 얼마인지 가늠해보면 알 것이다. 중국이 30만원, 베트남, 캄보디아 같은 곳은 10만원 수준이다. 참고로 우리나라 개성공단이 13만원 정도 한다. 그런데 한 달에 150만원씩 쓰면 놀면서 잘살 수 있다. 그러니 우리나라 반지하에서 고생하지 말고 외국으로 나가자. 돈 부족에 시달리지 않으면서도 평생 원했던 일을 하며 살 수 있는 기회다.

아직 젊다면 세계일주를 하며 살아도 괜찮을 것이다. MBN 예능 프로그램 〈황금알〉에 나왔던 50대 중반 아줌마의 세계일주 여행코스를 보면, 중국으로 들어가서 동남아와 중앙아시아를 거쳐 유럽에서 아프리카를 종단하고 배 타고 남미부터 미국까지 올라와 한국으로 오는 데 무려 18개월이 걸렸다. 그 동안 쓴 돈을 월로 계산해보니 월 130만원 정도였다.

영어가 문제인가? 이젠 언어 걱정도 필요 없는 시대다. 구글 번역기(http://techjun.com/1379)를 스마트폰으로 받으면 100개가 넘는 외국어를 실시간으로 번역해준다. 한번 스마트폰에 깔아보시라. 아마존 밀림에서 원주민과 대화할 것이 아니라면 아프리카 오지에서도 데이터만 있으면 통역이 된다. 그리고 이번에 CES 2016에 출품되어 대상을 차지한 ili는 데이터 없이도 영어와 일본어를 실시간으로 번역해준다. 한국어 버전도 조만간 나올 것이다.

그러니 외국 나가서 말 안 통할까봐 걱정하는 것은 이제 핑계일 뿐이다. 오토바이로 세계일주를 한 남자도 있고 자동차로 세계일주를 한 가족도 있다. 그러나 가장 좋은 방법은 캠핑카로 세계일주에 도전하는 것이다. 오토바이는 너무 춥고, 자동차도 좋기는 하나 호텔을 마땅히 찾기 힘들 때는 차 안에서 쪽잠을 자야 한다. 하지만 캠핑카는 차 안에서 잘 수 있다. 그리고 까르푸와 같은 곳에서 장을 봐서 식사를 해결할 수도 있다. 이처럼 월 150만원이면 세계일주도 가능하다.

노후 파산 어떻게 대비할 것인가?

2014년 9월 28일 일본 NHK스페셜(노인표류사회-'노후파산'의 현실)은 일본의 현재 상황을 적나라하게 보여주었다. 홀로 사는 고령자가 연금만으로 근근이 버티다 결국 파산을 맞이함을 보여준다. 노후파산이 일어나는 이유는 다음과 같다.

첫 번째는 평균수명의 증가다.

70년대만 하더라도 한국의 평균수명은 58세 정도였다. 그런데 지금은 평균수명이 여자 83.8세, 남자 76.8세이며, 증가 추세에 있다. 그러나 이는 평균수명이고 최빈사망연령, 다시 말해 가장 많이 사망하는 연령대를 보자면 2008년에 86세, 현재는 90세에 달한다. 그러니 앞으로 100살까지는 웬만하면 산다는 얘기다. 상황이 이런데도 미래를 대비해서 젊었을 때부터 준비하는 사람은 거의 없다. 그래서 노후파산에 대비하려면 지금까지 갖고 있던 생각을 뜯어고쳐야 한다.

두 번째는 물가가 오르면서 기본 생활비가 높아졌다.

우리나라가 후진국이었을 때는 일자리가 넘쳐났다. 하지만 지금은 일자리가 모자란다. 잘살게 되면서 인건비가 상승했기 때문이다. 1950년대 가장 못사는 나라에서 지금은 남의 나라를 원조해주는 나라로 발전했다고 하지 않는가. 이것이 우리나라를 정확히 표현해 주는 말이다. 우리나라는 선진국 수준으로 나라가 잘 살게 되면서 생활수준이 높아지게 되었다. 그러면서 생활비 수준이 높아졌고 그만큼 벌어야 할 돈이 많아졌다. 예를 들어 지금 베트남에 가면 월급을 10만원 받는 노동자가 대부분이다. 그리고 생활도 그에 맞게 할 수 있다. 월세도 싸고 식비도 싸고 교통비도 싸다. 그리고 일자리도 많다. 세계의 공장이 인건비가 싼 나라로 몰려든 탓이다.

그러나 우리나라는 최소 200만원은 벌어야 하는데 아무 일이나 해서는 200만원을 벌 수 없다. 제대로 된 직업을 가져야 한다. 50만원 정도 벌 수 있는 일은 있지만 그것으로는 생활이 불가능하다. 인건비가 오르고 물가가 오르면서 최소 생활비 수준도 높아졌다. 그런데 노인들은 직업을 가질 수도 없고 벅찬 생활비를 감당할 수도 없다. 그러니 노후 파산이 일어날 수밖에 없다.

세 번째는 과도한 자녀 교육비 지출이다.

우리나라 사람들은 자녀 한 명당 한 달에 최소 100만원의 교육비를 지출한다. 돈을 모아야 할 시기에 이렇게 자녀에게 투자하고 나면 자신의 노후는 누가 책임지는가?

　네 번째 연금제도의 취약함이다.

　서구유럽은 이미 연금으로 노후를 보낼 수준이 되었다. 그러나 우리나라 국민연금은 1989년도에 시작되어 너무 늦었고 45세 전후로 잘리는 바람에 연금을 붓는 기간이 평균적으로 짧다. 그래서 현재 평균 수령연금은 32만원 정도밖에 되지 않는다. 앞으로 늘어난다 하더라도 평균 수령 연금이 80만원을 넘기기 힘들다.

　그렇다면 왜 파산을 할 수밖에 없는지 생각해 보자. 평균수명 100세 시대다. 일할 수 있는 기간은 대략 50세까지 일 것이다. 요즘 45세 전후로 잘리니 50세로 생각하는 것도 크게 무리는 아니다. 산술적으로 계산해 보아도 답이 나오지 않는다. 아무리 벌어도, 허리띠를 최대한 졸라매서 적금에 들어도 노후대책으로는 부족하다. 그렇다면 어떻게 해야 할까?

　첫째 국민연금으로 최대한 많은 돈을 확보한다.

　국민연금은 금액은 적지만, 사망 시까지 나오는 돈이다. 그러니 연금액을 올릴 수 있을 만큼 올려야 한다. 자영업자나 주부라고 소홀히 하면 안 된다. 지역가입자로 가입을 해서라도 국민연금액을 늘려야 한다. 주부는 남편이 있으니 안 들어도 된다고 생각하는데 남편과 이혼을 하거나 사별하면 유족연금은 쥐꼬리만큼 나온다. 최소 100만원 정도 나올 수 있도록 플랜을 짜는 것도 나쁘지 않다.

둘째 부동산 임대소득으로 마련한다.

부동산 임대소득은 매월 나오는 월세가 있는 만큼 200만원까지 만들어놓으면, 이론적으로 은퇴 이후 100살까지 200만원이 나오는 것이 가능하다.

그러나 부동산도 늙는다. 노후화되어 리모델링을 해야 하거나 재건축을 해야 할 수도 있다. 그 때 목돈이 들어간다. 상권이 죽을 수도 있고 주거단지가 대규모로 공실이 날 수도 있다. 이런 일은 흔하다. 앞으로 인구가 줄어드는 만큼 신중하게 임대소득 할 곳을 골라야 한다. 게다가 대출을 끼고 부동산을 매입했다면 나중에 나이가 들어서 신용문제나 여러 가지 정책문제 때문에 대출금을 갚아야 할 수도 있다. 그러니 대출금이 없고 공실이 없고 수익률이 좋은 상가나 주택을 사야 한다. 그러려면 부동산 임대에 관한 공부를 게을리 하면 안 된다.

잘 잡은 임대물건으로 50살 이후 죽을 때까지 살아가는 것도 현실적인 방안 중 하나이다. 그렇다면 25년간 내가 임대물건을 만들기 위해 공부하고 사고, 안 좋으면 팔고 하는 일을 반복해 좋은 부동산을 확보해야 한다.

셋째 돈을 많이 버는 것이다.

사업을 하건 전문가가 되건 돈을 많이 벌어서 한 달에 400만원씩 저축하는 것이다. 그러면 노후문제는 곧바로 해결이 된다. 그러나 현실적으로 어려운 일이다. 더구나 저금리 시대는 앞으로도 계속해서 이어질 것이다. 방법이 무엇이든 돈을 많이 벌어야 하는데, 그 방법이 무엇인지 조언하기는 쉽지 않다.

넷째 25년간 매월 50만원씩 투자하고 최소 4배로 불릴 수 있는 곳에 투자한다.

가장 현실적인 방법이 될 것이다. 그 대상은 무엇인가? 반복해서 했던 이야기다. 토지와 자본, 즉 땅과 주식이다.

25년간 월 50만원씩 땅 투자를 한다면 공시지가만 올라도 최소 4배는 더 오른다. 어떤 땅에 투자해야 할까? 좋은 땅에 투자해야 할까? 아니다. 이미 좋은 땅은 가격도 비싸고 싸게 살 수도 없다. 그러니 아주 싼 땅을 사 모아야 한다.

주식도 마찬가지다. 그러나 주식은 땅과 반대로 좋은 주식을 사서 25년간 꾸준히 투자할 수 있다. 좋은 주식이란 지금 많이 오른 주식이 아닌 앞으로 오를 유망한 주식, 앞으로 다가올 4차산업혁명과 같은 주식을 사서 25년간 사 모으면 그것이 내 노후를 보장할 수 있다.

예를 들어 네이버는 2002년 12월에 처음으로 광고를 시작했다.

'뜨거운 감자가 왜 뜨거운 감자일까?'

'극장에 가면 팔걸이는 오른쪽이 내 팔걸이일까? 왼쪽이 내 팔걸이일까?'

지식인 광고다. 그때까지만 해도 네이버는 존재감이 없었다. 그때 1위 업체는 라이코스와 야후였다. 그런데 2003년도에 1등으로 올라서고 이후 지금까지 인터넷 포탈, 검색 1위 업체다. 네이버가 1등으로 올라서고 나서 네이버의 주가가 얼마였을까? 8605원이었다. 그리고 2008년에도 13만원이었다. 그러다가 2014년 88만원까지 올라갔다. 2003년부터 2014년까지 11년간 무려 100배가 올랐다.

샤오미의 레이쥔 사장은 "태풍을 만나면 돼지도 하늘을 날 수 있다"고 했다. 한 달에 50만원씩 4배 오르는 종목을 찾아 팔지 않고 25년간 투자를 하면 충분히 최소 12억을 모을 수 있다.

다섯째 해외에서 대부분의 생활을 한다.

생활비가 싼 해외에서 생활을 하는 방법이다. 해외에서는 노동력으로 돈을 벌며 살 수 없다. 우리나라에서 임대소득이건 배당소득이건 연금소득이건 내가 일하지 않고 돈을 버는 시스템이 구축되어 있어야 한다.

수입과 생활비의 차이를 이용하는 방식인데, 우리나라 사람이 베트남에서 살 수는 있지만 베트남 사람이 우리나라에서 살 수는 없다. 이유는 우리나라 한 달 최저 생활비가 126만원이고 베트남의 한 달 최저 생활비가 10만원이기 때문이다. 이는 최저임금과 관련이 있다. 최소로 생활할 수 있는 최저 생계비에서 양국 간 차이가 있기 때문에 양국 간 차이를 이용해 살 수 있는 것이다. 베트남에서 6개월 동안 어떻게 살 수 있는지 구체적으로 알아보자.

스카이스캐너(https://www.skyscanner.co.kr/)의 초기 화면이다. 인천공항에서 출발해 베트남 하노이까지 가는 항공편을 예약해보자. 옵션은 가장 저렴한 달, 그리고 편도로 끊어보자. 성인 1인으로 검색하면 결과가 나온다. 가장 저렴한 달은 12월, 편도 금액은 93,880원이다. 7월을 보니 100,612원짜리가 있다.

비키니 스튜어디스로 유명한 Vietjet Air도 살펴보자. 6개월 정도 예상하고 베트남에 들어간다면 역시나 편도로 끊는 것이 좋다(일주일 정도의 여행이라면 왕복으로 해야 가격이 저렴해진다). 총 요금이 98,000원 정도가 나온다.

　항공권을 구했다면 이제 호텔을 잡아야 한다. 스카이스캐너에서
맨 위 메뉴 중 항공권 옆에 호텔 메뉴가 있다. 정렬을 가격(낮은 순서대
로)으로 하면 뻑적지근한 호텔은 아니지만 와이파이 되고 1인실인데
하루에 1만원이 안 되는 호텔들이 검색된다. 일단 하노이 에버그린
호텔로 정하고 Expedia 1인실로 9,484원짜리 예약을 해보자. 외국인
부부들도 꽤 많이 머무는 곳이다. 아침은 주는데 가격은 따로 받고
에어컨과 냉장고도 있고 샤워부스는 있는데 화장실은 따로 써야 하
나보다.

　식사는 어떻게 하는가? 현지식으로 먹으면 한 끼에 3000원이 넘지

않는다. 하루에 식대는 만원. 해변으로 가서 바다가 보이는 곳에서
시푸드코스요리와 맥주를 즐길 수 있는 곳도 3만원이 넘지 않는다.

이제 계산을 해보자.

항공권이 10만원이니 가고 올 때를 합하면 20만원, 6개월이니
180일로 나누면 1111원 꼴이다. 그리고 하루 식대 1만원, 하루 숙박

비 1만원 하면 하루 쓰는 돈은 21,000원이다. 밥 먹고 잠만 잘 수 없으니 여기저기 다니는 비용을 포함해 3만원으로 가정해 보자. 베트남 가서 푹 쉬다 온다 치더라도 한 달에 90만원이면 충분하다.

예를 들어 연금이건, 월세건, 배당소득이건 100만원씩만 나온다 하더라도 해외에서 사는 데 문제가 없다. 책도 보고 노트북으로 영화도 보면서 그렇게 보내는 것이다. 100만원으로 우리나라에서 반지하 살면서 고생하며 사는 것보단 낫지 않은가? 그리고 100만원으로 산다면, 매월 수입으로 150만원을 책정해 놓았다면 50만원씩 저축도 가능하다. 혹은 1000원짜리 땅을 사면 될 것이다.

여기서 말하고자 하는 바는 돈 벌 수 있는 25년간 사교육비 덜 쓰고, 매월 저축보다는 꾸준히 50만원씩이라도 땅이나 주식에 장기투자하라는 얘기다. 물론 앞으로 유망하면서 망하지 않을 곳을 사야 한다. 안정된 월세 나오는 부동산을 사는 것도 좋다. 그러나 노후화되는 만큼 공실이 생기지 않을 곳을 사야 한다. 그리고 만약 그렇게 모으지 못하고 노후를 맞았다면 최후에 해외에 나가서라도 살아야 한다. 왜냐하면 일본처럼 노후파산을 맞지 않으려면 돈을 최대한 적게 써야 하기 때문이다.

한국의 1000원짜리 땅 부자들

지은이 김장섭(조던), 윤세영(농지오케이)
1판 1쇄 발행 2017년 3월 20일
1판 11쇄 발행 2022년 9월 1일

펴낸곳 트러스트북스
펴낸이 박현
기획총괄 윤장래

등록번호 제2014-000225호
등록일자 2013년 12월 3일

주소 서울시 마포구 성미산로1길 5 백옥빌딩 202호
전화 (02) 322-3409
팩스 (02) 6933-6505
이메일 trustbooks@naver.com

값 16,000원
ISBN 979-11-87993-02-5 03320

믿고 보는 책 트러스트북스는 독자 여러분의 의견을 소중히 여기며,
출판에 뜻이 있는 분들의 원고를 기다리고 있습니다.